WOLFGANG BÜSCHER

Berlin–Moskau

Eine Reise zu Fuß

SPIEGEL-Verlag

Mit einem Nachwort von Reinhard Mohr

Ungekürzte Lizenzausgabe des SPIEGEL-Verlags
Rudolf Augstein GmbH & Co. KG, Hamburg
für die SPIEGEL-Edition 2006/2007

Typografie, Ausstattung, Herstellung
Farnschläder & Mahlstedt Typografie, Hamburg
Gesamtherstellung Clausen & Bosse, Leck
Printed in Germany
ISBN-10: 3-87763-004-9
ISBN-13: 978-3-87763-004-4

Für Susanne und Anna Delfine

Inhalt

SCHWEDEN
Gotland
Ostsee
Bornholm
Ösel
Pernau
ESTLAND
Peipussee
Pskow
Ilmen-See
Rybinsker Stausee
RUSSISCHE FÖDERATION
Kalinin
Riga
LETTLAND
Daugavpils
Rshew
Moskau
RUSS. FÖD.
LITAUEN
Memel
Kaunas
Polozk
Mojaisk
Sofonowo
Wjasma
Smolensk
Katyn
Vitebsk
Gdansk
Kaliningrad
Stettin
Vilnius
Oka
Tula
Berlin
Bydgoszcz
Küstrin
Seelow
Frankfurt
Oborniki
Znin
Torun
Poznan
Warthe
POLEN
Białystok
Grodno
Nowogrudok
Minsk
Orscha
Roslawl
Bug
Brjansk
Orjol
Oder
Kalisz
Łodź
Warszawa
Wrocław
Brest
WEISSRUSSLAND
Dnjepr
Gomel
Pinsk
Pripjet
Radom
Lublin
Prag
Opole
Kursk
TSCHECHISCHE REPUBLIK
Weichsel
Krakow
Konotop
Rowno
UKRAINE
Brno
Lwow
Kiew

Teil 1

BERLIN VERGESSEN

Abschied

EINES NACHTS, als der Sommer am tiefsten war, zog ich die Tür hinter mir zu und ging los, so geradeaus wie möglich nach Osten. Berlin war ganz still an diesem frühen Morgen. Alles, was ich hörte, war das Pochen der eigenen Schritte auf den Dielen, dann auf Granit. Eine Süße lag in der Luft, das waren die Linden, und Berlin lag wach, aber es hörte mich nicht. Es lag wach wie immer und wartete wie immer und hing wirren, gewaltigen Träumen nach, die aufblitzten wie das Wetterleuchten dort über dem Häusermassiv. Es hatte geregnet die Nacht, ein Bus fuhr vorüber, seine Rücklichter zogen rote Spuren über den nassen Asphalt. Verkehr kam auf, in den Alleen schrien die Vögel, zitternd sprang die Stadt an, bald würden Angestellte in breiter Formation in ihre Büros fahren. Damit hatte ich nichts mehr zu tun.

Wie schnell war dieser Morgen am Ende näher gekommen, jetzt war er da. Was wirklich nötig ist, über die Schulter werfen und den Rest fort, den ganzen tröstlichen Ballast. Die Tür zu, morgen früh eine andere und wieder eine und noch eine und weiter, weiter. Über die Oder, die Weichsel, die Memel. Über die Beresina, über den Dnjepr. Bis in die Nacht. Bis in den Tag. Bis es gut ist. Etwas wie Scham fiel auf mich angesichts der Ungeheuerlichkeit des Satzes, ich gehe heute nach Moskau. Ich war froh über die Stille von Berlin. Blicke hätte ich nicht ertragen.

Seitlich bewegte sich etwas. Ein Schaufenster, darin ein Mann. Er geht durch den dunklen Spiegel in seiner nagelneuen olivgrünen Militärhose, dem olivgrünen Hemd, in guten Stiefeln. Die sind geschenkt, und sein Gang ist fester als nötig. Spiegel, wenn dieser Sommer zu Ende ist, wo bin ich dann? Das Schaufenster war aus altem, blasigem Glas, es zitterte, als ginge Wind übers Wasser, und das Bild verlor sich in psychedelischen Schlieren. Dann fuhr eine S-Bahn ab, die letzte für lange, ich horchte ihr nach, ihrem Anrucken und Aufheulen, wie es sich beruhigte und im Westen verlor. Etwas war im Auge gewesen zuletzt, ein Kratzen in der Kehle, ein Zögern vor dem honigfarbenen Licht auf den Dielen, jemand blieb zurück.

Dann war da noch der Supermarkt am äußersten östlichen Rand der Stadt, zwei Männer in kurzen Hosen warteten auf einer Bank, dass er aufmachte. Ein dritter kam. Ick trinke allet, rief er, Cola, Bier, Schnaps, allet, und schob sein Wägelchen vor sich her wie die alte Frau Weigel auf dem Theater der Stadt, die ich jetzt verließ. Mach'n Fisch, riefen die zwei von der Bank, und der Allet-Mann machte den Fisch und haute ab in den neuen Tag, der hatte die Farbe von feuchtem Kalk und roch auch so. Das wirklich allerletzte, was ich von Berlin sah, war eine tote Maus. Als alles forthuschte von den Gemetzeln der Nacht, war sie liegen geblieben, und obwohl sie bemerkenswert beleibt war, hatte keine Katze sie gefressen. Sie streckte alle viere von sich, und der trostlose Kasten von einem Kindergarten, der in der Nähe stand, hieß »Tausendfüßler«, ein lustiger Riesentausendfüßler war darauf gemalt. Ich überging den Spott und die Maus, zog den Rucksackgurt fester, bog in die erlösende letzte Kurve und war weg.

Allee der Geister

AM ERSTEN TAG auf der Straße geschah nichts weiter, als dass ich ging und ging und mir im erstbesten Dorfladen hinter Berlin ein Nähset kaufte, das warf ich weg. Ich behielt nur die Schere, weil sie so leicht war, darauf kam es an. Sie war so winzig, dass sie mir immer wieder von den Fingerkuppen rutschte, aber mit etwas Mühe und Übung gelang es, passende Streifen vom Pflaster zu schneiden, um die Druckstellen am rechten Fuß zu polstern, bevor Blasen daraus wurden. Es war immer der rechte Fuß, nie der linke, dabei blieb es bis Moskau.

Der Tag, der so kalkig begonnen hatte, war heiß geworden und schwül, das Dorf Werder lag eben hinter mir. Mit ostelbischen Dorfnamen ist es wie mit den Berliner Proletarierbetten der zwanziger Jahre, doppelt und dreifach belegt. Malchow. Wustrow. Glienicke. Werder gebärdete sich wie ein Dorf im Dreißigjährigen Krieg, es hielt den Atem an, als ich durchzog, und tat hinter den mannshohen gelben Backsteinmauern seiner geschlossenen Höfe, als sei es nicht da, und seine Feldsteinkirche nahm Deckung unter den alten Kastanien. In ihrem Schatten hatte ich ein paar Minuten gesessen, dann war Werder wieder allein mit seinen kommunistischen Dorfstraßen, die nach Karl Marx und Ernst Thälmann hießen, und seinen zärtlichen Sandwegen und seiner sirrenden, flirrenden Mittsommerstille, die etwas Brütendes, Dämonisches hatte.

Ein Radfahrer holte mich ein und wollte plaudern. Bis Müncheberg und zurück, das sei seine Tour. Ich murmelte etwas von einer längeren Wanderung und ließ ihn stehen. Schon in den Wochen vor dem Abmarsch war der Widerwille, darauf angesprochen zu werden, stark gewesen. Ich würde es tun, aber was hätte ich sagen sollen? Ich ging schnell durch die stillen Dörfer, nahm Feldwege wie diesen, mied Menschen und ihre Blicke.

Der gerade Weg ostwärts war jetzt der lange, schattenlose Sandweg durchs Rote Luch, eine tausend mikroskopische Leben und Tode brütende Senke. Es arbeitete und arbeitete. Rotorenflügel in der Luft, unten im Gras gefräßige braune, schwarze, metallicgrünblaue Panzer, ganze Armeen kleiner Leiber am Werk. Die Senke schwirrte und pochte, und ich blieb stehen, um das reine Mittagsrauschen nicht durch das Nebengeräusch meiner Schritte zu stören. Nach einer Weile hörte ich einen Puls heraus, er hatte die bebende Monotonie moderner Tanzmusik. Aufebben, abebben, wieder hoch pegeln. Das Luch kochte und tanzte. Rinnsale liefen in rascher Folge an mir herab, die Wellen der Luchmusik waren nun deutlich zu hören, ich wunderte mich, dass ich den kosmischen Sound zuvor nie so klar vernommen hatte und näherte mich der Idee, dass das Rote Luch gleichzeitig sendete und empfing, eine riesige Satellitenschüssel, eingestellt auf die Frequenzen dort draußen. Das war nicht so abwegig, wenn man aus Berlin kam, wo auf dem einzigen Berg der Stadt, einem Trümmerberg, noch immer die gewaltigen Kuppeln der Anlage standen, mit der in der Zeit des Kalten Krieges der Osten abgehorcht wurde wie ein lungenkrankes Kind. Und immer wieder waren verrückte Propheten in Berlin aufgetaucht und hatten die Existenz geheimer Sender verkündet, die uns alle steuerten und folterten. Ich dachte an den Sendermann, der vor vielen Jahren mit hohen, schwankenden Antennen auf dem Kopf durch die Stadt gelaufen war. Hier hätte er sich seine Peilposition suchen sollen, hier wäre er gesund geworden, hier im Roten Luch. Als ich die Augen aufschlug, sah ich, wie vor meinen Füßen ein kleines Heer großer roter Ameisen ein Pfauenauge zerlegte. Die bepuderten Segel bebten, als ob es gleich losfliegen wollte, aber das war nur die Folge der Heftigkeit, mit der die roten Schlachter den Schmetterling tranchierten, er lebte nicht mehr.

Ich stieß auf die alte Reichsstraße 1 bei »Anjas Rasthaus«, und die Welt sah wieder aus wie im Fernsehen. Ich bestellte Brot, Schafskäse und viel Wasser und warf den Rucksack auf einen Stuhl, er war mir schwer geworden, zu schwer, ich musste etwas tun, bevor ich über die Oder ging. Ich hatte gemeint, nur das Nötigste gepackt zu haben, nun wusste ich, dass ich mit sehr viel weniger würde auskommen müssen.

Gegen Abend ging ich auf das letzte große Schlachtfeld des Zweiten Weltkrieges zu, die Seelower Höhen. Hinter Münchehof lag wie ein Wegzeichen der Pergamentballon eines sonnengetrockneten toten Frosches, vor Jahnfelde ein Fuchs, sein Kopf war zerfetzt. Von den Rapshügeln vor Diedersdorf trieben Staubwolken heran und färbten mich gelb, eine Formation gewaltiger roter Mähdrescher rückte langsam gegen eine Gewitterfront vor, während der Himmel schwärzer und schwärzer wurde. Ich erreichte Seelow in dem Augenblick, als es losbrach, glücklicherweise war das Hotel eines der ersten Häuser auf meiner Seite der Stadt.

Während das Gewitter tobte, verbrachten drei Männer drei einsame Abende an drei Tischen des Hotelrestaurants. Einer sah wie ein englischer Tierfilmer aus in seiner Cordweste, er bestellte ein Kännchen Tee nach dem andern und korrigierte, als säße er im abendlichen Monsunguss allein in seinem Tierfilmerzelt, sein Skript, von dem er kaum aufblickte. Er war der Stoiker in den Kolonien. Der, welcher überlebt. Der andere war der Lou-Reed-Look-Alike-Man auf der Durchreise. Er hielt die Stille im englischen Tierfilmerzelt nicht aus. Er war der, den die Tropen kirre machen und in Versuchung führen und am Ende fressen. Die Irrlichter hinter seiner rot getönten Brille suchten einen Kumpel gegen die Melancholie des Monsuns, und passte man eine Sekunde nicht auf, schlug er Pontonbrücken von Tisch zu Tisch.

Ich wollte es nicht darauf ankommen lassen. Ich nahm die Taschenlampe und ging zum Soldatenfriedhof. Ich brauchte sie nicht, die Steine von Seelow lagen gut lesbar im Vollmond, sie lasen sich wie die mürbe gegriffenen Kärtchen in den langen Schubkästen der Bibliothek einer geisteswissenschaftlichen Fakultät, sagen wir in Marburg an der Lahn. Der Mayer. Der Conrad. Valentin. Schiller. Deutsch. Süß. Jung. Sie fehlten alle. Ich versuchte mir vorzustellen, was für ein Land es geworden wäre, bei dem sie alle dabei wären und nicht Namen in Stein. Ein umständehalber nicht nachgelassenes Werk, eine ausgebliebene, was auch immer umwälzende Revolution. Der deutsche Pop war auch da, der ältere, abgebrochene. Der Schmeling. Der Albers. Einer hieß Gutekunst. Normalerweise eine Martinwalsererfindung, Leberecht Gutekunst oder so, aber zum Grübeln über Deutschland war nicht die Zeit. Die Steine summten sich ein und schunkelten schon, der ganze Friedhof pfiff jetzt die bekannte Melodie: Where have all the Mayers gone? The Deutsch. The Süß. The Jungs. Die Jungs von 1945 waren nicht einmal zwanzig gewesen, es war eine Schlacht der Achtzehnjährigen, von der Schulbank weg. Die meisten wurden in Granattrichtern verscharrt, nicht aus nazistischer Boshaftigkeit oder pazifistischer Abschreckung, sondern weil die Schlacht wüst war und schnell und grausam und es anders nicht ging. Am häufigsten fand sich auf den Steinen von Seelow der Name Unbekannt.

Ich war müde, meine Laune war übel. Ich ging und ging und kaute und kaute diese Namen und diese Geschichten und ging im Kreis durch eng beschriebenes Land. Ich dachte an ein Land, in dem man tage- und wochenlang keinen Menschen trifft. Ich holte mir ein Bier und setzte mich auf ein Grab, es war ein Unbekannt. Ich musste lachen. Unbekannt war hier gar nichts. Ich kannte alles, ich wusste immer genau, wo ich ging und stand, und wenn ich es einmal nicht wusste, war ganz sicher jemand in der Nähe, der es gut mit mir meinte und es mir sagte.

Vorhin im Seelower Kriegsmuseum hatte man mir erklärt, dass ich den halben Tag die Allee der Gehenkten gegangen sei und morgen weiter gehen würde. Die ganze lange Chaussee von Müncheberg bis Küstrin an der Oder hieß so im Frühjahr '45, unter vier Augen, versteht sich, Sie wissen schon, die SS. Ja, ich wusste schon. Seltsame Früchte hatten von den Bäumen gehangen, deren Schatten ich suchte. Die SS war ganz verrückt gewesen nach der Delikatesse. Während links und rechts der Heerstraße Männer fielen wie die Fliegen, weil eine wilde und nicht völlig unberechtigte Angst vor den Russen sie zum Letzten trieb, schienen die SS-Männer, welche die Bäume zwischen der Oder und Müncheberg dekorierten, nicht so sehr Lust zu verspüren, sich an die Front zu werfen als Mordlust am eigenen Volk. Deserteur war man schnell, und gefackelt wurde nicht lange. Rauf auf den Lastwagen, und Halt dort unter der Linde, ja die da, die nehmen wir, und Schlinge um den Hals, und gib Gas. Wieder einer. Die SS ergab sich hier draußen derselben beleidigten Rachsucht wie der gemütskranke Bräutigam in Berlin. Wenn schon alles aus ist, dann wollen wir der Braut doch noch einmal zeigen, wen sie nicht verdient hat. Wessen sich das deutsche Volk am Ende als unwürdig erwies. Was wir, die es erwählten aus dem Morast seines germanischen Mittelmaßes, von seinem Verrat am Führer halten.

Ich hatte das Gefühl, jemand setzte sich neben mich, ich sah nicht hin, ich wusste schon, wer. Wie schnell er mich eingeholt hatte, gleich am ersten Abend, und es würde jetzt immer so sein, sein Weg war meiner, und mein Weg war der Weg Napoleons und der Heeresgruppe Mitte, und der letzte wiederum war seiner gewesen. Ich ging nach Moskau, und der Landser ging mit, um mir ein wenig auf die Nerven zu fallen mit seinen Einflüsterungen von Granattrichtern und Gehenkten. Ich musste ihn nun fragen, wer er denn sei, und ihn bitten, mehr von seinen Geschichten zu erzählen, die historische Höflichkeit erforderte das. Ich kenne dich, murmelte ich, du bist der Gymnasiast aus München, der mit dem »Faust« in der Tasche seiner Uniform. Ich kenne dich aus dem Seelower Museum, sie sammeln dort Fälle wie deinen in grauen, etwas zerbeulten Aktenschränken; seit dem Einbruch kreischen die Blechtüren, wirklich, es hatte dort einen Einbruch gegeben, so weit ging die Liebe zur deutschen Geschichte. Ich weiß alles über dich. Vom Goethe weg in den Aprilschlamm der letzten Ostfront geworfen, sollst du die Höhen von Seelow halten, die letzte Linie vor Berlin, und dann ist es drei Uhr in der

Frühe, und neuntausend russische Geschütze und Granatwerfer brüllen los und reißen dich hoch aus deinem bleiernen Schlaf und drücken dich tief in dein Erdloch zurück, und jetzt gehen hundertdreiundvierzig russische Flakscheinwerfer auf einmal an und blenden dich, und es ist der 16. April 1945, ein warmer, sonniger Frühlingstag wird das werden, und der Iwan pflügt das Oderbruch um, und der Fritz feuert von den Höhen herab auf die Anstürmenden, und am Abend sind sehr viele Russen tot und vielleicht auch du, Gymnasiast, der du deine Zuflucht nimmst zu »Faust« I und II und versuchst, es auszuhalten, und du klammerst dich an das, was du eben hast und was dir bleibt, und das ist jetzt der Schulgoethe, und du rezitierst mit schlotternder Kinnlade den Osterspaziergang hier im blutigen Schlamm, und um dich her spritzen Garben, und Granaten schlagen ein und so weiter – ich sah zur Seite, da saß niemand. Aber ich wusste, wer es war. Keiner von den Steinen, keiner aus dem Museum. Ein ganz Verlorener da draußen in den Weiten, der verlorenste von allen. Kein Stein, kein Ort, kein Name, nichts. Wir kennen uns nicht, er ist mein Großvater. Er weiß nicht, dass ich existiere, ich weiß nicht, wie er starb und wo er liegt, niemand weiß das. Sei ruhig, flüsterte ich, ich werde über dich gehen, ohne dass du es merkst. Sei ganz ruhig, ich werde durch dich hindurch gehen wie der Wind.

Am Feuer

DRÜBEN WAR POLEN. Ich saß auf dem Deich und sah zu, wie Rauch aus den beiden Schloten am anderen Ufer der Oder quoll, reich und fett wie in optimistischen alten Wochenschauen, sie stieg und stieg, die schwarze Fahne, dann fuhr der Westwind hinein und schwenkte sie weit nach Osten. Ich drehte mich nach Deutschland um, wo die letzte Sonne die mürben Ziegelsteine des Tagelöhnerhauses unten am Deich noch einmal durchglühte, bevor sie verlosch. Rauch, Wind, das niedrige alte Haus an den Deich geduckt – einen Moment lang konnte ich den Winter riechen, der drüben auf mich wartete, weit, weit drüben an anderen Ufern. Ein afrikanischer Mond ging auf, eine monströse Orange über dem Oderbruch. Wo der Garten des Backsteinhäuschens endete, begannen die Felder. Rehe raschelten in der Frucht. Von hier war der Angriff geführt worden auf die Höhen von Seelow, und so sehr hatte der Krieg die Erde gedüngt, dass immer noch Sammler nach Helmen und Waffen und Orden wühlten.

Auf den Höhen dort lebte ein alter Soldat, heute früh hatte ich ihm gesagt, wohin ich ging, und er hatte mich beschimpft. »Sie jagen einer Phantasie nach, Mann, Sie sind ein Phantast! Ich war Flieger, ich habe Verwundete vom Ladogasee nach Königsberg ausgeflogen. Meine Ju machte 200 Kilometer die Stunde, ich bin fünf, sechs Stunden geflogen. Wald, Wald, nichts als Wald, tausend Kilometer Wald, und nach Moskau ist es doppelt so weit. Was wollen Sie da? Suchen Sie sich eine Arbeit, kommen Sie zu mir aufs Feld, und mit dem Geld fliegen Sie dann nach Moskau, ach Unsinn, nicht nach Moskau, fliegen Sie nach Mallorca.«

Ich hatte ihn aus einer Telefonzelle am Straßenrand angerufen, ich war nicht sicher, was ich eigentlich von ihm wollte. Ich sagte ihm, ich würde weder nach Mallorca fliegen noch auf seinem Feld arbeiten, und er fuhr fort, mich zu beschimpfen. »Warum laufen Sie dem Tod nach, schon durch Polen kommen Sie nicht, die schlagen Sie tot. Und noch weiter – ach, hören Sie auf, bis Sie in Moskau sind, sind Sie dreimal tot. Die Beine kriegen einen Krampf, das schafft kein Mensch, Sie bleiben liegen im Straßengraben, und niemand liest Sie auf. Wenn Sie wenigstens zu zweit wären. Sie sind verrückt!«

Ich fragte mich, was ich von ihm gewollt hatte, und die Antwort war, ich hatte eine Geste gewollt, ein Wort, ein Wortamulett. Etwas, das mich zu schützen vermochte, etwas, woran der Geist meines Großvaters mich erkennen würde, sollte ich ihm begegnen. Ich hatte den Segen des alten Soldaten gewollt. Er gab ihn mir aber nicht, und ich machte seiner Verfluchung ein Ende, legte auf und ging weiter. Vielleicht wäre es mir aufs Gemüt geschlagen, wäre nicht das unverhoffte andere Telefonat gewesen, das mich ebenso sehr beschäftigte, es hatte mich von der Chaussee fortgeführt, über die Festung Gorgast hierher an die Oder.

In dem Tagelöhnerhaus, das jetzt im Dunkel lag, lebte einer, den ich vor über zwanzig Jahren gekannt hatte, er war Ost gewesen, ich West. Wir waren uns in Ostberlin begegnet, in der Brechtbühne, bei einer Vorstellung, an die ich mich nicht erinnere. Dann hatten wir uns aus den Augen verloren. Gestern Abend im Hotel, beim Blättern in einer Broschüre über preußische Spuren im Oderland, hatte ich seinen Namen und seine Nummer gefunden. Die Annonce wies auf seine Ausstellung hin, er war Maler. Damals hatte er am äußersten östlichen Rand von Ostberlin gewohnt, in einem kleinen Haus, es stand in einem Garten voll provisorischer Sitzgelegenheiten und halb fertiger Holzskulpturen und war diesem Haus hier und diesem Garten nicht ganz unähnlich. Nur dass er jetzt am äußersten östlichen Rand von Deutschland wohnte statt an dem von Berlin, östlicher ging es nicht. Dabei war er alles andere als ein Romantiker, eher ein Forscher von naturwissenschaftlichem Temperament. Auf meine erste Frage am Telefon, was hat dich hier hingebracht, sagte er, jeder hat so sein Programm, und wenn die Umstände günstig sind, erfüllt man es.

Wir saßen am Feld, wo die Rehe raschelten, er hatte ein Feuer gemacht, das jetzt langsam in sich zusammenfiel, die Nachtkühle kam und strich um unsere nackten Füße und wärmte sich an den nachglühenden Backsteinwänden, es roch nach Gras und Heu und Bauschutt und anderen erdigen Dingen. Er sprach über die Arbeiten am Haus, die getan sein müssten, bevor der Winter komme, über den Betrieb in Berlin und die heilsame Wirkung des Fernseins von Berlin und erzählte von anderen Neusiedlern hier draußen; einige Adelige waren hergezogen, fünfzig Jahre nach der Vertreibung ihrer Familien, gelegentlich kauften sie seine Bilder. Das alles war seltsam und wunderbar, meinem kleinen, engen Märklinland waren weite Säume gewachsen, es hatte wieder Ränder, halb leere Provinzen, so etwas wie einen Osten. Berlin lag zwei Tagesmärsche zurück, und ich fand mich in einer Ernst-Wiechert-Welt, in der abtrünnige Großstadtmaler und Nachfahren des verschwundenen Landadels einander zum Tee einluden, und ich sah es jetzt klar, Wiechert war ein melancholischer Bruder von Mark Twain, die Huckleberry-Finn-Stimmung mit Katzen und Tanten und Fluss und Silberlicht war doch im Grunde sehr deutsch, wenn man Ostelbien mit bedenkt. Dann hatte das Feuer sich verzehrt, den Rest traten wir aus, und die große Orange stieg höher und wurde ein ganz passabler Julimond. Es war mein letzter deutscher Moment für lange.

Am andern Morgen machte ich Inventur und packte so lange aus, bis mein schöner neuer Rucksack schlaff herabhing. Ich ließ ihn da, borgte mir einen schäbigen alten, halb so großen, und tat hinein: ein Hemd, eine Hose, ein Paar Socken – das andere Hemd, die andere Hose, die anderen Socken zog ich an –, die Regenjacke, sie wog fast nichts, die Fleecejacke gegen die Kälte, mit der ich im russischen Herbst rechnen musste, die üblichen Dinge, Rasierzeug, Notizhefte, Karten, Schlafsack. Das Wichtigste war ohnehin an den Füßen: die Stiefel. Dieser Rucksack saß ganz anders. Mit ihm konnte es gehen. Nun war ich wirklich so weit, erst jetzt, dachte ich, machst du ernst.

Unter einem ausgebleichten Sommerhimmel ging ich zur Grenze. Die Allee der Gehenkten war nun baumlos und hieß Straße der Freundschaft. Sie hielt unmittelbar auf die Oder zu. Die schattenlose Glut und die schnurgerade Allee waren ein Vorgeschmack auf die Endlosigkeit des Ostens, die mich erwartete. Seit einer halben Stunde ging ich am selben Kornfeld entlang, davor war ich zwischen Sonnenblumenfeldern gelaufen. Junge Männer schossen in frisierten Autos an mir vorbei, als seien sie auf der Flucht. Auf dem Kietzer Friedhof lag ich unter Linden und Kastanien und sah einer Schnecke beim Aufstieg auf den Grabstein von Emil und Minna Munk zu, die Frau hatte ihren Mann um zweiundzwanzig Jahre überlebt.

Niemand interessierte sich für mich, als ich die Oder überquerte. Sie trieb schnell und führte Hochwasser und frisches Astwerk, das sie auf ihrem Weg von Schlesien mitgerissen hatte. Gurgelnd, strudelnd drängte sie zwischen der verlassenen, von staubigen Spinnfäden versiegelten Kaserne am deutschen und der unter der Mittagsglut dösenden Grenzanlage am östlichen Ufer hindurch. Ein paar Minuten lang hackten meine Schritte über die Brücke, dann war ich in Polen. Eine wuchtige Festung aus rotem Backstein tauchte auf, ganz oben auf der höchsten Stelle der Mauer saß ein junger Kerl und starrte über den Strom.

Es gibt Küstrin und Küstrin, das wirkliche und das wahre. Das erste war ausgeschildert und ausgepreist, es liegt gleich links, aber ich ignorierte die Aussicht auf kalte Getränke und bog rechts in die Büsche. Wenige Schritte, und ich stand vor einer gewaltigen Stadtmauer von der Art der Anlage, die ich von der Brücke aus gesehen hatte. Preußischer Backstein von aztekischen Ausmaßen. Auf einem Schild war zu lesen: Fledermausparadies. Etwas klatschte auf Wasser. Ein Angler warf den Köder in die algengrüne Soße des Festungsgrabens. In der Mauer war ein Tor, ich ging hindurch und stand vor einer breiten, sandigen Piste. Sie führte geradewegs ins Zentrum, und nur ein Pfad aus großen Granitplatten ließ vermuten, dass sie einmal die Hauptstraße der verschwundenen Stadt gewesen war und dieser holprige Granitweg ihr Trottoir. Ein Fasan flog aus dem hohen Buschwerk auf, das links und rechts der Piste wucherte. Wenn ich mit dem Fuß die Ranken zur Seite schob, kamen die verwitterten Sockel der einstmals besseren Häuser von Küstrin zum Vorschein, ihre eingefallenen Keller, gut gefüllt mit Vorräten an Erde, Unrat, Schutt. Eine Katzenkopfgasse schlich seitlich in die Wildnis und auf den Schriftzug McDonald's zu, groß und bunt drüben in Neu-Küstrin, hier aber, wo die polnische Fahne hing auf hohem Mast, hatte das Schloss gestanden. Die aztekische Stimmung blieb. Es war windstill. Wie eine welke Agavenblüte hing die Fahne von ihrem lang aufgeschossenen Stängel. Kein preußisches Pompeji, wie man Küstrin genannt hat. Kein römischer Tag, von einer Laune der Götter aus dem vollen Leben gerissen. Eher ein präkolumbianischer Untergang – das grün überwucherte, liegen und stehen gelassene Werk einer Jahrhunderte andauernden Gleichgültigkeit, nicht der vulkanischen Laune eines einzigen Morgens.

Ich betrat den Luftraum des verschwundenen Schlosses, ging durch seine Luftkorridore, stand in seinen Luftsälen, und alles, was davon übrig war, war das in den Boden gebrannte Muster seines verkohlten Eichenparketts. Ich kam vor ein Fenster, jedenfalls hatte hier eine Außenwand gestanden mit einem Fenster darin. Eines zum Schlosshof. Vielleicht das, an dem am frühen Morgen der Kronprinz erscheint, man zwingt ihn, es ist Teil seiner Strafe, mit anzusehen, was gleich dort unten geschieht. Friedrich bittet Katte unter Tränen um Vergebung, der aber beträgt sich sehr tapfer im Angesicht des Todes, wie sein geistlicher Beistand anerkennend nach Berlin berichtet, nicht ohne Abscheu vor dem tyrannischen Vater, der sich die makabre Szene ausgedacht hat als seine Rache und Friedrichs Prinzenerziehung in einem. Katte hatte gehofft, mit dem Leben davonzukommen, bis zuletzt glaubte er, günstige Zeichen zu erkennen; dass es dann anders war, warf sein Weltbild kaum aus der Bahn. Er hatte es gewagt, den zur Thronfolge ausersehenen jungen Mann nicht nur in dessen privaten Eskapismen zu bestärken, er hatte mit ihm zusammen die Flucht nach England geplant. Ein Verbrechen, wie er wusste. Ein todeswürdiges, wie sich nun zeigte, im fahlen Frühlicht des 6. November 1730. »Je meurs pour vous, mon prince, avec mille de plaisirs.« Für Euch, mein Prinz, sterbe ich mit tausend Freuden, ruft der Freund zum Fenster hinauf, bevor das Richtschwert ihn fällt.

Die Huckleberry-Finn-Stimmung vom Garten des Malers hielt noch einen ganzen Tag an und die ganze Nacht. Kastanien rauschten. Flüsse rauschten. Ich lag im Gras. Oder und Warthe flossen genau unter der Bastion zusammen, auf der ich eingedöst war, der Schlaf der Festung hatte mich zu sich gezogen. Ich fuhr hoch, der Kerl, den ich anfangs erblickt hatte, saß immer noch da. Mit seinem sonnenverbrannten Gesicht, dem zerlegenen Strohschopf und den schrundigen Lippen sah er aus wie ein Bootsjunge vom Mississippi, was er zweifellos nicht war, denn er dachte nicht daran, sich um sein Boot zu kümmern, er starrte immer nur über den Fluss nach Westen, als erwarte er etwas. Mir wäre lieb gewesen, er hätte es woanders erwartet, denn die Nacht war warm, der Platz war gut, ich hatte nichts Besseres vor und wollte bleiben. Ich ging hinunter zur »24-h-Bar« an der Grenze, Wasser und Schokolade holen, wartete, bis die Liebespaare aus den Ruinen verschwunden waren, vergaß den falschen Bootsjungen und beschloss, der einzige Mensch in Küstrin zu sein.

Ich erwachte vom Geschrei der Elstern und von der Morgenkühle über den Flüssen, zog die Polenkarte heraus, zog eine gerade, siebenhundert Kilometer lange Linie von Küstrin nach Białystok, zog in Gedanken nördlich an Posen vorbei zum gotischen Thorn, ging über die Weichsel, ging durch Ostpolen auf die weißrussische Grenze zu, ging hinüber nach Grodno, stand auf, dehnte meine steifen Glieder, bemerkte, dass der Streuner fort war, drehte mich noch einmal nach Deutschland um, nahm den Rucksack und warf auch diese Tür hinter mir zu.

Jenseits der Oder

DIE LUFTLINIE, die ich auf der Karte gezogen hatte, gab es wirklich – eine erschreckend gerade Landstraße, einfach nur dazu da, Strecke zu machen, tagelang, versüßt allerdings durch die angenehme Erfahrung, dass der Autoverkehr nachgelassen hatte, seitdem die Grenze hinter mir lag. Der polnische Westen, das sind endlose märkische Kiefernwälder, mit russischen Birken versetzt. Eine Mahlzeit zu finden, ein Bett für die Nacht, war keine große Sache. Dann und wann tauchte ein Landstädtchen auf, ein Gasthaus. Am Ende von Slonsk, das früher Sonnenburg hieß und für sein Zuchthaus bekannt war, hatte jemand ein Rasthaus im Burgzinnenstil errichtet und nach dem Polenfürsten Chobry benannt, dem es vor tausend Jahren gelungen war, das Land bis an die Oder zu erobern.

Vom Weg nach Skwierzyna, das einmal Schwerin hieß, und weiter nach Szamotuły sind wenige stille Bilder übrig. Wälder und Felder. Felder und Wälder. Irgendwo im Wald hielt am Ende des dritten Tages auf der Luftlinie ein Auto, und ich leistete keinen Widerstand, als der Fahrer mir anbot, einzusteigen. Er war Vertreter für Melkanlagen, und weil er im Autoradio etwas über ein Pfadfinderlager in der Gegend gehört hatte, hatte er mich für einen Pfadfinderführer gehalten.

Im Wald bei Pniewy übernachtete ich in einem kleinen Ferienparadies am See bei einem ehemaligen Richter, der sein Amt aufgegeben und eine Sommerpension eröffnet hatte. Seine Frau war Deutschlehrerin, eine folgenreiche Begegnung, denn ab jetzt spannte sich, ohne dass ich etwas dafür tat, ein, wie sich zeigen sollte, ziemlich reißfestes Netz aus Telefonleitungen zwischen

Warthe und Weichsel und sogar noch weiter: Als ich am andern Morgen aufbrach, steckte ein kleiner, eng beschriebener Zettel mit Deutschlehrerinnennummern in meiner Hemdtasche, und wenn ich tatsächlich einmal davon Gebrauch machte, stellte ich jedes Mal fest, dass ich bereits erwartet wurde. Ich konnte nicht verloren gehen, Polen hatte ein Auge auf mich.

Fort war ich, das schon, aber aus der Welt noch lange nicht, aus der ich kam. Jedes Auto, das an mir vorbeifuhr, jeder Kiosk mit seinen Marsriegeln und Nescafé-Singleportionen war ein ironischer Gruß aus der Heimat. Der Zustand, in dem das aufhörte, in dem auch das ständige Nachrechnen der Tage und Kilometer aufhörte, lag noch fern. Bevor nicht fünf, sechs Karten abgegriffen, zerfaltet, weggesteckt wären, würde der zwischen Berlin und der Landstraße, die ich gerade ging, hin und her flatternde Geist nicht in der abenteuerlichen Monotonie des Gehens zur Ruhe kommen. Diese ersten Wochen der Wanderung waren transitorisch, genau wie Polen, und ich beschloss, sie als eine Art Rutsche zu nehmen, von der ich langsam glitt. So kam es auch. Eine gute Woche lang würde ich Gebrauch von einer der Nummern in meiner Hemdtasche machen, es dann sein lassen und aus dem hilfreichen Netz verschwinden wie ein Blinkpunkt vom Radar.

Strandhelle Waldwege führten nach Ostorog. Es war keine karge märkisch-russische Szene mehr wie in den ersten Tagen nach der Oder, es war kräftiger Mischwald mit Buchen und Eichen. Polnisches Kernland. Ich roch die Pilze, fand sie aber nicht, es war wohl noch zu früh, und die wilden Himbeeren waren noch grün. Einmal, an einem Forsthaus mitten im Wald, sah ich einen Mann. Ich sprach ihn an, geradeaus zeigend:

»Wielonek?«

»Wielonek, tak, tak!«

»Prosze?«

»Prosze, tak, tak!«

»Dzinkuje.«

Das Gespräch hatte meinen ganzen polnischen Wortvorrat

aufgebraucht, und mehr oder weniger würde es bei ihm bleiben. Wielonek war eine Siesta aus menschenleeren Dorfstraßen und einem heiseren Hahnenschrei. Hinter blendend weißen Holzzäunen leuchteten Bauerngärten gelb und rot, dahinter hockten Backsteinhäuschen, wie von der Sonne selbst gebrannt, und der Spitzbogen, aus dem die Jungfrau von Wielonek trat, war mit den Wasserfarben des Ostens bemalt: Hellgelb, Weiß, Hellblau. Mein Hemd war klatschnass, meine Zunge staubig, aber ich bekam nichts zu trinken. Immerhin zeigte man mir den Weg nach Ostorog, wo es einen Rynek gab, einen kleinen Marktplatz, und endlich Wasser und Schokolade. Die jungen Frauen von Ostorog gingen so aufgeputzt um den Rynek herum, als erwarteten sie gerade heute etwas vom Leben, aber die lokale Prinzenschaft trank Bier auf der Parkbank oder bog schwankend auf dem Rad um die Ecke und suchte an den Hauswänden Halt.

Auf der Straße nach Szamotuły las mich die Deutschlehrerin auf, die auf meinem Zettel ganz oben stand. Die Frau des Richters hatte sie angerufen, und sie fuhr die Straße ab, auf der ich kommen musste. Sie war eine hübsche junge Katholikin. An ihrer Hand steckte der Ehering und in der Beifahrertür ihres Autos die Bibel, und weil Freitag war, kam bei ihr zu Hause kein Fleisch auf den Tisch. Es war ein Fichtenholztisch wie aus dem Herbstkatalog von Ikea, dem Ikea der neuen Zeit, und sie lud mich zu Kartoffeln und Blumenkohl ein. Ihr Vater, sagte sie, während sie ihren seufzenden kleinen Kindern half, die Blumenkohlberge abzutragen, sei bei Kriegsende aus Volkovysk vertrieben worden, wie viele Ostpolen, dann legte sie die Gabel hin, als habe sie keinen Hunger mehr. Ob ich Volkovysk kenne, die Stadt liege heute in Weißrussland. Und ob ich bemerkt habe, dass ihr jetziges Haus ein rotes Haus sei.

»Ein rotes Haus?«

»So nennen wir die deutschen Bauten, sie sind alle aus Backstein, man erkennt sie leicht.«

Es war das Posener Land, durch das ich lief, nördlich an der Stadt vorbei, und tatsächlich prägten die roten Häuser der Kaiserzeit das Bild vieler Ortschaften. Ämter, Schulen, Fabriken, Bauernhöfe, Bahnhöfe, dazu Kasernen. Das Reich hatte hier vor dem ersten Krieg den Landaufkauf forciert und sogar deutsche Musterdörfer angelegt. Noch in meiner Jugend, lange nach dem zweiten Krieg, wurden Verwandte, die zu Wilhelms Zeit hierher ausgewandert waren und, als das Gebiet nach Versailles an Polen fiel, in ihre alte Heimat zurückkehren mussten, die Posener genannt.

Dann saßen wir im Garten, und der Mann der Lehrerin kam mit dem kleinen Zweitwagen angefahren. Etwas stimmte mit seiner Laune nicht. Während ich mit seiner Frau unter dem Apfelbaum Tee trank und ihre selbst gebackenen Plätzchen aß, lud er irgendwelche Werbeplakate aus dem Kofferraum und dann das ausklappbare Eiscreme-Reklameschild, auf dem er diese offenbar aushing. Auch ihre Laune war nicht die beste. Sie beobachtete ihn, er hantierte am Auto und kam nicht her. »Politik!«, spottete sie, es klang wie etwas, das ärztlicher Behandlung bedurfte. Ihr Mann kandidiere für eine neue konservative Partei. Er sei nach Ostorog gefahren, um dort Wahlkampf zu machen, da komme er gerade her. Sie warf den Kopf zurück und lachte in den Apfelbaum über ihr, was ihr gut stand. Plötzlich musterte sie auch mich missvergnügt, und ich glaubte zu wissen, was in ihr vorging. Sie hatte nichts gegen die politischen Ansichten ihres Mannes, sie teilte sie. Sie hasste den Kommunismus und dankte Gott und dem Papst, dass er weg war, sie war froh, die neue Zeit als junge Frau zu erleben, sie war voller Pläne, das alles hatte sie mir während der kurzen Autofahrt gesagt. Und war extra langsamer gefahren, um mir die ärmlichen Wohnbauten aus der kollektivistischen Zeit zu zeigen und deren Bewohner, die nicht daran dächten, die Freiheit zu nutzen und etwas aus ihrem Leben zu machen, die versorgt sein wollten wie früher, wo alles besser war, und die Partei wählten, die ihnen versprach, sie wieder in den kommunistischen Kindergarten zu sperren. Schön und gut. Aber nun sah sie ihren Mann idiotische Wahlplakate in Ostorog aufstellen, und sie sah mich, der ich in ihren Augen ein noch größerer Nichtsnutz war, und mit einem Mal fiel ein Schatten auf die Freiheit. Schwarze Gedanken gingen ihr durch den Kopf, der Verdacht, das mit der Freiheit sei am Ende bloß so ein Männertrick, um der Domestizierung durch die Frauen doch noch zu entwischen. »Der eine«, sagte sie, »sammelt Briefmarken, der andere wandert, der dritte macht Politik. Mein Mann ist Historiker, sehen Sie ihn an. Die können nicht leben ohne ihre Politik.«

Manchmal war ich unterwegs gefragt worden, warum ich tat, was ich tat. Und die Frage richtete sich nicht nur an mich, sie lag in der Luft, sie lag auf der Straße, sie war einfach da. Ich ging durch eine Gegenwart, die ein einziger Baumarkt war. Ein einziger Fliesenmarkt, Möbelmarkt, Automarkt. Ganz Polen möblierte, tapezierte, flieste, motorisierte sich neu. Das Land und ich liefen aneinander vorbei, ich wollte es hinter mich bringen und so rasch wie möglich tiefer nach Osten; Polen kam aus der Gegenrichtung und strebte nach Westen, und der Luftzug, der dabei entstand und mich streifte, war oft unser einziger Kontakt. Was ich tat, passte nicht hierher, ich spürte es. Es gab Abende, an denen die Absurdität meines Tuns mir so zusetzte, dass ich nahe daran war, zum Bahnhof zu gehen und mir eine Fahrkarte nach Berlin zu kaufen. Dass ich es dann doch bleiben ließ, hing mit nichts anderem zusammen, als dass ich vorankam. Je weiter ich nach Osten kam, desto mehr verschwand die Frage. Aber das wusste ich noch nicht, als sich der Wahlkämpfer endlich zu uns gesellte, um sie an mich zu richten, wieder einmal, ich sah sie ihm an. Seine Frau stellte mich vor, er musterte mich halb beunruhigt, halb spöttisch, ohne sich zu uns zu setzen.

»Nach Moskau, so, so.« Er grinste. »Sie haben was gutzumachen, wie?« Er hielt es für einen Bußgang, er war Katholik.

»Wir haben in Deutschland so einen heiligen Mann, der hat gesagt, das Sitzfleisch sei die Sünde wider den Heiligen Geist.«

»Was ist aus ihm geworden?«

»Er ist verrückt geworden.«

Ihr gefiel unsere Konversation nicht, und sie fragte ihren Mann, wie es denn gewesen sei am Parteistand in Ostorog.

Er murrte.

»Na sag schon. Wie viele Unterschriften?«

»Keine.«

Sie triumphierte: »Keine einzige! Na, was sage ich. Drei Kinder hast du, hörst du! Was rennst du zu deiner Politik?«

Da wies er auf mich, breit grinsend. »Sag ihm das, er läuft von daheim fort bis nach Moskau.«

»Ach, ihr seid alle gleich, sein Moskau ist deine Politik.«

Sterne, die wandern

IN SZAMOTULY tat ich die ganze Nacht kein Auge zu, das Hotel lag am Güterbahnhof, Metall krachte an Metall, als würde der halbe Ostblock verladen. Ich ließ den Fernseher laufen, solange etwas kam, er war auf einen polnischen Kanal eingestellt, einen einzigen; in dem Film wurde viel mit Maschinenpistolen geschossen, ein Sprecher übersetzte die heruntergedimmten englischen Dialoge, leicht verzögert, was den lehrfilmhaften Eindruck des Ganzen verstärkte. Mir fiel auf, dass ich weit weniger auf die Handlung achtete als auf die Gesten, Redeweisen, Ausdrücke. Die Art, wie einer die Autotür achtlos zufallen ließ, ohne sie abzuschließen, und wegging. Wie er die Frau ansah. Wie er tötete. Wie man starb. Ich war ziemlich sicher, den Film etwa so zu sehen wie jemand von hier. Wie jemand aus Galizien oder aus Moldawien oder aus dem Altai. Ein planetarischer Clip zum Abgucken und daheim Üben und billig Nachbauen. Das Unbeholfene in der Peripherie der Welt, ihr Ungeschick, ist der Abrieb der Bilder, die die Zentrale sendet. Wie wohnen die denn? Was haben die alles? Wie reden die da? Was essen die? Wie halten die ihr Glas? Wie bewegen die sich? Wie schießen die? Wie betreten die ein Hotel?

Ich ging weiter nach Oborniki. Auf dem Rynek standen die quietschgrünen Sonnenschirme der polnischen Brauerei, die den Biergarten betrieb. Die Kellnerinnen hießen Maria und Maddalena, und ich war der einzige Gast. Die zwei trugen rote Coca-Cola-Shirts und waren so aufmerksam, sofort Italopop aufzulegen, als ich auftauchte, und Maddalena ging nur für mich los, Milch für den Tee kaufen, den ich zum Schokoladenriegel nahm. Sonst gab es am Markt die Pizzeria Allegro, den Handy-Keller Liberty, den BH-Keller, den Keller für Sonnenbrillen und das Rasenmähergeschäft.

Ich saß eine Weile herum, dann bog ein feuerroter Kleinwagen um die Ecke, und die Deutschlehrerin, die als nächste auf meinem Zettel stand, stieg aus. Bernadetta ließ sich nicht davon abbringen, mir den Tag zu widmen und mir die Gegend zu zeigen, und so fuhren wir bis in den Abend. Sie zeigte mir drei Träume. Der erste war ein Tagtraum. Sie brachte mich an die geheime Stelle am Fluss, wohin sie sich als Mädchen zurückgezogen hatte, wenn sie allein sein wollte. Dann fuhren wir zum Pfarrer von Roznovo, der sei ein gebildeter Mann. Er hatte bernsteinfarbene Augen und wenig Zeit, der Gottesdienst würde bald beginnen. Kirchenfertig stand er in der Tür seines prächtigen Pfarrhauses und improvisierte über Franciszek Mickiewicz, den Bruder des polnischen Nationaldichters, der hier bei der Kirche begraben war, und der polnische Freiheitstraum des 19. Jahrhunderts war ihm so gegenwärtig wie das Abendbrot, das seine Haushälterin ihm bereiten würde, wenn er nachher wiederkäme. Die Rechte zur Faust geballt, unterstrich er, was er sagte, mit Bewegungen der linken Hand, und ich sah, dass neun seiner Fingernägel spitz zugeschliffen waren, außer am rechten Zeigefinger, der verkümmert war. Es dämmerte, als mich Bernadetta zu einer Familie brachte, die mich mit Bigos und anderen polnischen Speisen auf dem Tisch erwartet hatte und deren Sohn mir sein Zimmer abtrat. Er war ein junger Mann am Ende der Schulzeit, er trainierte hart und wollte zur Armee und später zu einem Spezialkommando, sein Zimmer hing voller Plakate, auf denen maskierte und schwer bewaffnete Spezialisten ein Haus angriffen, ein Dorf, ein Flugzeug.

Der Sommer hielt sich, ein Tag war so heiß wie der andere, bald würde ich an der Weichsel sein. Als mir das klar wurde, packte mich eine wilde Freude, zum ersten Mal glaubte ich an mein Glück. Nein, kein Zurück. Vorwärts! Wenn ich erst über die Weichsel wäre, wäre alles gut. Der Sommer war nicht gegen mich, er gab mir Zeichen, er nahm mich an.

Ich beschloss, Atem zu holen für einen großen Anlauf, und es traf sich, dass man mich einlud, übers Wochenende auf einem Bauernhof östlich von Oborniki zu bleiben. Auch Herr Adam, der Hausherr, war Lehrer von Beruf. Historiker war er aus Neigung und Bauer durch Heirat, im Übrigen ging er völkerverbindenden deutsch-polnischen Projekten nach. Aus dem Deutschen hatte er auch seine ständige Redensart übernommen: »Immer mit der Ruhe.« Beim Essen erzählte er von Adelsfamilien, die aus dem Exil zurückkämen, aus London oder Paris. Der Name Objezierze fiel, das Schloss lag ein paar Dörfer weiter, und der Name Turno, die Familie hatte dort gesessen, über Generationen, heute seien sie in alle Welt zerstreut. In Posen allerdings gebe es einen jungen Turno, der habe begonnen, sich für den Familiensitz zu interessieren. Herr Adam bot an, mich mit ihm bekannt zu machen.

Adams Schwiegervater, ein kleiner, drahtiger alter Bauer, hatte bisher am Gespräch nicht teilgenommen, jetzt legte er Messer und Gabel beiseite und sagte: »Der Freimaurer von Chrustowo hatte sechs Totenschädel im Haus. Er bewahrte sie in dem Zimmer auf, in dem er mit seinen Freunden Karten spielte. Und wenn ein Unwetter aufzog, stieg er auf sein Pferd und ritt auf seinem Besitz herum und sagte allerhand Dinge, und das Unwetter zog ab. Das polnische Dienstmädchen hielt es drei Tage bei ihm aus, dann lief sie weg aus dem schrecklichen Haus. Sie hatte die Schädel gesehen.«

Er nahm einen Schluck, bevor er weiterredete. »Der Freimaurer von Chrustowo war ein Deutscher und trank mehrere Liter Schnaps pro Tag, und er warnte die Polen, wenn die Gestapo sie holen wollte. Jeden Tag um drei trank er zwei Schnäpse mit dem Müllermeister, der war auch Deutscher. Der Freimaurer von Chrustowo war nur Verwalter auf seinem Gut gewesen, aber dann war der Gutsherr gestorben, und der Freimaurer hatte die Witwe geheiratet, die eine Polin war. Und wenn Erntezeit war und ein Gewitter aufkam, ließ er sich sein Pferd bringen und ritt um seine Felder herum, und das Gewitter zog weiter.« Der alte

Bauer schwieg nun auf eine Art, wie man nach dem Essen den Teller wegschiebt. Die Sache mit dem Freimaurer war erzählt. Es war nichts mehr zu reden. Er hob das Glas und sagte auf Deutsch: »Prost!«

Dann: »Im Osten haben sie das auch gemacht.«

»Was? Schnaps trinken?«

»Zaubern. Sie holten die Madonna aus dem Haus, die Gutsherren hinten in Galizien, und stellten sie auf den Hof, wenn ein Unwetter aufkam. Das hat auch funktioniert, mit der Madonna, der Nachbar hat es mir erzählt, der stammt von dort, er wurde von den Russen vertrieben. Der Krieg.« Und nach einer kleinen Pause: »Krieg gibt es, wenn die Sterne wandern. Haben Sie davon gehört?«

»Ja, ich glaube.«

»Ich habe es einmal gesehen, als Junge. Sie bewegen sich dann, sie kreisen. Das heißt, Völker werden wandern. Hier bei uns war immer Völkerwanderung. Die ersten Ostpolen wurden schon im Krieg hierher gebracht, in Bahnwaggons, nicht erst danach. So viele leben jetzt hier, so viele Weißrussen. Vor dem Tschetschenienkrieg hat wieder einer die Sterne wandern sehen, aber der sagte das nur im Radio, ich kenne ihn nicht. Und noch etwas. Alle Kriege begannen im Sommer, wenn das Korn geerntet war und das Brot fertig. Napoleon kam im Sommer, Hitler kam im Sommer. Mein Urururgroßvater diente unter Napoleon als Offizier, er war Deutscher. Hellmann hieß er. Nur die Russen sind anders. Sie haben ihre Offensiven immer im Winter begonnen.«

Dann fuhr Herr Adam das Auto vor, und wir alle stiegen ein und begaben uns zum Kloster Lubin, denn es war ein Feiertag. Unterwegs zeigte er mir die Herrenhäuser der Gegend, so gut wie alle hatten mit dem anderen Adam zu tun, mit Adam Mickiewicz. Auf diesem Schloss hatte der polnische Heros eine Weile gelebt, in jenem war er zu Gast gewesen, im nächsten hatte er eine Dame gekannt. Was für Zeiten, in denen Liebe, Krieg und Poesie so zarte Beziehungen unterhielten. Im Schlösschen Smielow hatte man dem Nationaldichter ein ganzes vaterländisches Kabinett eingerichtet. Mit glühenden Augen schauten seine jungen Kombattanten auf die miserabel gekleideten Gegenwartsmenschen herab, die ein wenig teilnahmslos an ihnen vorbeischlenderten. Wie ein Hohn hing Mickiewiczs Ode an die Jugend an der Wand. »Ohne Herz! Ohne Geist! Skelettmenschen!« Ich blieb vor einem kleinen Ölbild stehen. Bonaparte, der Pate Polens, im Schlitten übers russische Eis jagend, umdüstert, hinter sich schwer verschneite Tannen, am Himmel schwarze Krähen. Über die Weichsel, über die Memel, über die Beresina. Da wollte ich hin.

Polski Zen

MIT DEM ABT von Lubin trank ich grünen Tee. Er streute ein paar Körner braunen Reis hinein, trug ein schwarzes Versace-T-Shirt und einen silbergrauen Versace-Bart, hatte ungefähr Gianni Versaces Statur und hieß auch so: Jan. Er war Zenmeister, Lubin ein Benediktinerkloster. Er zeigte mir Fotos. Seine Lehrer. Seine Schüler. Seine Brüder. Seine Reisen. Sein bester Freund, ein polnischer Jude buddhistischen Glaubens, der in Paris ein Zen-Do der koreanischen Richtung unterhielt.

Als ich ihm sagte, was ich vorhatte, holte er neue Fotos. Mönch mit Versace-Bart am Kreml, Mönch mit Versace-Bart auf dem Roten Platz. Und weil er, so gewiss er über nationalen Engherzigkeiten stand, eben doch ein Pole war, konnte er es sich nicht verkneifen, seinen deutschen Gast auf eine, wie er sagte, häufig vergessene Tatsache hinzuweisen: »Die einzigen, denen es gelang, Moskau lange zu besetzen, waren die Polen im Jahr 1618 – wussten Sie das? Napoleon hat es nur ein paar Wochen geschafft, und Hitler bekanntlich gar nicht.«

Er legte noch ein Foto auf den Tisch. Mann mit Versace-Bart vor der Mauer des russischen Klosters Zagorsk bei Moskau. Er nickte mir zu, es genau zu betrachten, und sah dabei sehr zufrieden aus. »Da, schauen Sie! Nach dem Besuch der Polen 1618 wurden die Mauern von Zagorsk höher gebaut.«

Es machte ihm Freude, mir das schwärzestmögliche Bild von den Russen mit auf den Weg zu geben. Freunde von ihm, begann er harmlos, seien nach Moskau gefahren, um mit russischen Partnern ein Geschäft zu verhandeln, man saß in einem Hotelzimmer, es lief nicht schlecht, dann habe irgendetwas die Russen verstimmt. Einer habe plötzlich eine Maschinenpistole in der Hand gehalten, entsichert und den Verhandlungstisch perforiert, das sei das Ende der russischen Aktivitäten seiner Freunde gewesen. Von uns beiden war der Abt derjenige, den die Geschichte amüsierte.

Dann führte er mich durch die Klosterkirche, weltläufige bayerische Künstler waren vor zweihundertsiebzig Jahren gekommen und hatten Fresken gemalt, Bilder aller vier Welten, ein Indianer mit Lama, ein Japaner mit Schirm, ein afrikanischer Löwe, Shivas heilige Kuh. Weiter ging es an neunundfünfzig Engeln in Plastikhüllen vorbei, die Kirche wurde gerade renoviert, und mehrere Treppen hoch. Die geschlossenen Augen einer Renaissancemadonna setzten mir zu. Wohin rennst du, raunte sie, alles ist da, alle vier Welten sind nur ein Traum.

Der Meditationssaal der Mönche von Lubin sah aus wie viele andere Meditationssäle auch. Abgezogene Dielen, pastellfarbene Kissen, Decken, Fotos des Dalai Lama, wie er vor Ordensbrüdern die Regel des heiligen Benedikt interpretiert. Beim Abstieg kamen wir an Marmortäfelchen mit den Namen ermordeter Benediktiner vorüber. 1941 Wilna. 1942 Dachau. Und so weiter. Eine sonderbare Gewohnheit des Abtes war es, jeden November nach Auschwitz zu fahren, um dort stundenlang auf der eiskalten Erde zwischen den Gleisen zu sitzen. Auf der Selektionsrampe errichtete er einen kleinen Steinaltar und betete für die Seelen der Ermordeten und der Mörder. Er tat das mit Freunden aus allen möglichen Ländern und Religionen.

Wieder zeigte er Fotos, schwarzweiße diesmal. Das Bild der kleinen, gegen den Raureif vermummten Gruppe auf den Gleisen von Auschwitz erinnerte mich an eine Aktion deutscher Castor-Gegner, und meine Reaktion kam zuverlässig. Ich sagte nichts, aber ich dachte, das geht nicht. Das ist lächerlich und absurd. Dann sah ich den Mönch dasitzen in seinem Versace-Shirt und seiner suchenden Unfertigkeit und musste an die leise surrende Gedenkmaschine daheim denken, deutsche Wertarbeit, in der das Fallgeräusch eines einzigen lockeren Schräubchens zu einem

Skandal führen konnte, und ich sah den Mönch und dachte, dass eine einzige lockere Schraube wertvoller ist als die ganze perfekte Maschine und ein einziger Suchender mehr wert als volle eintausend Gedenkingenieure, dann sah ich wieder seine dilettantischen Fotos und dachte, was der Abt in der Novemberkälte von Auschwitz tut und knipst, ist verrückt. Ein Moslem, er blies ein jüdisches Instrument, die Shofar, und ein Rabbiner, der die Umstehenden bat, je ein Wiegenlied ihrer Nation zu singen, und es war klar, den anwesenden Deutschen stockte jetzt der Atem. Erst ganz zuletzt stimmte eine deutsche Nonne tibetischer Konfession doch noch ein Kinderlied an: »Guten Abend, gute Nacht, mit Rosen bedacht, mit Nelken bedeckt, schlupf unter die Deck, morgen früh, wenn Gott will, wirst du wieder geweckt.« Wie lächerlich. Wie irre. Wie tapfer. Wer sucht, macht sich immer lächerlich vor der Welt. Das etwas zu laute Lachen des Bürgers über den Mystiker ist wie das Kichern kleiner Kinder, wenn die Großen von Sex reden. Aufgeregt, ahnungsbang.

Der Abt bot mir an, eine Weile im Kloster zu wohnen, ich dankte und lehnte ab. Plötzlich sprang er auf, es war sechs Uhr abends, die Brüder sangen schon. Bevor er verschwand, rief er mir noch schnell zu, wie er das Wort Kontemplation herleitete: »Contemplatio bedeutet eigentlich ertrinken.«

Die Liebe einer polnischen Gräfin

HERR ADAM hielt Wort. Am Sonntagabend parkte ein schwarzer Volvo am Tor des Schlossparks von Objezierze, zwei hoch gewachsene Männer stiegen aus. Der jüngere musste Turno sein. Er trug einen dunklen Anzug und legte vom ersten Moment an die ungezwungene Art an den Tag, die auf Weltläufigkeit schließen lässt. Der ältere war an diesem warmen Sommerabend in heller Hose und Hemd erschienen und wirkte so westlich, dass ich mich fragte, was es war. Bei ihm war es vielleicht das Mühelose einer Vornehmheit, der das Plaudern näher liegt als angestrengtes Diskutieren, die es vorzieht, eine Anekdote zu reichen, statt Recht haben zu müssen. Mit einem Wort, er war ein angenehmer Mensch.

Der Jüngere stellte ihn mir als den Grafen Mankowski vor. »Er hat seine schöne Wohnung an der Place Vendôme verkauft«, sagte er auf Deutsch, »und ist von Paris nach Posen gezogen, seine ganze französisch-englische Existenz hat er aufgegeben, um wieder hier zu sein, wo er geboren wurde.« Dann schlenderten wir durch den Park und sprachen über polnische Germanophilie. »Dieser Teil Polens wäre sehr germanophil«, sagte Mankowski, der englisch sprach, »wäre nicht Bismarcks Germanisierungspolitik gewesen, als das Posener Gebiet zum Kaiserreich gehörte. Und dann natürlich die Grausamkeiten der SS.«

Sein Freund hörte etwas verwundert zu, als redeten sie zum ersten Mal über diese Dinge. Er habe kein Problem damit, sagte er, sich deutschfreundlich zu nennen. In den achtziger Jahren sei er als junger Mann auf Einladung einiger Familien nach Deutschland gekommen, um auf deren Gütern etwas Landwirtschaft und Verwaltung zu lernen, man half ihm, anderthalb Jahre zu bleiben. »Ich weiß nicht, warum sie es taten. Unsere Familien hatten sich nicht einmal gekannt. Irgendwann kam ein Deutscher zur Jagd hierher, er und mein Vater verstanden sich sofort. Und es gab diesen Kreis deutscher Adelsfamilien, der nahm das in die Hand. Sie haben übrigens nicht nur mir geholfen, sie haben auch Druckmaschinen für Solidarność organisiert.«

Wir waren vor dem Schloss angekommen, in dem Turnos Vorfahren gelebt hatten, es wirkte unbewohnt, nur hinter ein, zwei Fenstern im Obergeschoss war Licht. Ich fragte Turno, ob er es gern zurück hätte. Er deutete auf einen dunklen Umriss auf der anderen Seite des Rasenrondells. »Fünfundzwanzig meiner Vorfahren liegen da.« Es war die Schlosskapelle, in der Dämmerung war sie kaum noch zu erkennen. »Mir gehören hier nur die Gräber, sie wurden nicht zerstört, weil sie eben unter einer Kirche liegen.« Er bemühe sich um die Rückgabe des Schlosses, er sei aber Geschäftsmann und müsse erst genug Geld verdienen, um es hineinstecken zu können. »Eine Menge Land gehörte auch dazu, dreitausend Hektar, es ist lange verteilt, sollen sie es haben, das ist Geschichte. Nein, ich will das Schloss nicht für mich. Eine Stiftung vielleicht.«

Mankowski nickte. »Selbst wenn diese Häuser uns wieder gehörten – wissen Sie, was das für einen Aufwand bedeutet? Um in einem solchen Haus zu leben, braucht man fünfzehn Diener.«

»Und eine große Familie«, sagte Turno. »Und ein Umfeld. Ohne Nachbarn, ohne umliegende Adelssitze und Gutshöfe ist ein Leben in diesen Schlössern nicht möglich. Es war ein Netz der Familien, man besuchte sich, lud sich ein, ging gemeinsam auf die Jagd. Das ist vorbei.«

»Vorbei auf immer.« Die Nacht hatte den Park ganz übernommen, das Haus, über das wir sprachen, war beinahe verschwunden, und die Krähen hatten sich endlich auf einen Schlafbaum geeinigt. Ihr Gekreisch war meine tägliche Nachtmusik, und das würde so bleiben, alles Land östlich von Berlin ist Krähenland. Wir hatten uns auf eine Bank gesetzt. Keiner dachte daran zu gehen.

»Und Sie wollen wirklich bis Russland?«

»Bis Moskau, ja.«

Mankowski sah mich an, und in der Dunkelheit war es nicht sicher, ob das Lächeln, das ich heraushörte, als er »Moskau« wiederholte, anerkennend war oder spöttisch.

»Lassen Sie mich eine Anekdote erzählen, just to entertain you. Aber Vorsicht, sie stimmt. Eine Begebenheit aus meiner Familiengeschichte. Eine Vorfahrin war eine litauische Adelige, und als die Russen das Land besetzten, quartierte sich der Kommandeur in ihrem Haus ein. Im großen Saal ließ er eines Tages ein Laken aufspannen und einen Projektor aufstellen, dann forderte er meine Verwandte auf, sich mit ihm zusammen einen Film anzuschauen. Nur sie und er. Sie werde sich nicht langweilen, versprach der Russe, es sei ein spannender Film. Er selbst sei der Regisseur. Spätestens jetzt wusste meine Verwandte, dass sie hinterher ein Gespräch erwartete, von dem viel abhängen würde, vielleicht ihr Leben. Es war ein Kriegsfilm, und es ging um eine sehr schöne, junge, russische Partisanin, die sich aber leider, leider in einen deutschen Offizier verliebte. Ihre Einheit fand es heraus und man beschloss, dass sie sterben müsse. Weil sie aber so schön war, wollte es keiner ihrer Kameraden selbst mit der Waffe tun. Sie kamen auf die Idee, sie aus einem Zug zu stürzen, von einer Brücke über einer Schlucht, und so geschah es. Mit dieser tragischen Szene endete der Film, und der Russe fragte meine Verwandte, wie er ihr gefallen habe. Sie war gut genug erzogen und hing ausreichend am Leben, um zu antworten, der Film sei ganz wundervoll und habe sie die ganze Zeit in Atem gehalten, bis zur letzten Sekunde. Der Russe schien zufrieden, und sie wurde mutiger und bat ihn, ihr eine Frage zu beantworten. ›Wie haben Sie nur die Schlussszene gedreht? Die Schauspielerin spielt den Moment ihres Todes so überzeugend, wie haben Sie das gemacht?‹ Der Russe schien ein wenig verblüfft. ›Gespielt? Das hat sie nicht gespielt. Wir haben sie in dieser letzten Szene wirklich in die Schlucht gestoßen.‹«

In das lautlose Lachen hinein, das einer solchen Pointe zu folgen pflegt, sagte Mankowski: »They just think different. Sie sind nicht wie wir.«

Etwas raschelte, ob Tier oder Mensch, war nicht auszumachen. Dann sahen wir im Licht der einzig intakten Laterne eine Gestalt über die nächtliche Wiese humpeln. Das Gespräch war unterbrochen, es wäre nun Gelegenheit gewesen zu gehen, aber niemand von uns schien Lust zu haben, von der Bank aufzustehen und den dunklen Garten mit seinen Erinnerungen zu verlassen.

»Ich erzähle Ihnen noch eine Geschichte, falls es Sie interessiert«, begann Mankowski, »noch eine wahre. Sie war eine wirklich außergewöhnliche Frau. Sie lebte auf Winnogora, einem Schloss nicht weit von diesem hier. In der ersten Zeit der Besetzung war sie mit einigen deutschen Offizieren befreundet, die bei ihr einquartiert waren, später verließ sie Polen und arbeitete im besetzten Frankreich für die Wehrmacht als Dolmetscherin und zugleich unter Lebensgefahr für den polnischen Widerstand. Und noch etwas, sie war eine schöne, eine ausgesprochen schöne Frau.«

»Objezierze war auch beschlagnahmt«, unterbrach Turno. »Arthur Greiser selbst hat es sich genommen.« Der Gauleiter von Posen wäre, hätten wir vor sechzig Jahren auf dieser Bank am Rande der Auffahrt gesessen, in seinem schweren Dienstwagen nur wenige Zentimeter entfernt von uns vorbeigerollt.

»Winnogora nahm sich Keitel, der Feldmarschall«, sagte Mankowski. Er plauderte nicht mehr. Er sprach mit einem Ernst und einer Wärme, die keinen Zweifel ließen. Er stand der schönen Schlossherrin nahe. »Sie hat nicht nur ihre Abenteuer als Doppelagentin überlebt, sie hat es auch geschafft, ihre beiden kleinen Söhne heil durch den Krieg zu bringen und ihren Mann vor dem sicheren Tod zu retten. Meinen Vater. Ja, ich spreche von meiner Mutter, Sie haben nicht zufällig von ihr gehört? Man hat ihr vor einiger Zeit das Bundesverdienstkreuz gegeben.«

Seine Gedanken gingen über die Oder, über den Rhein bis an die Loire, zu einem anderen Schloss, einem ziemlich bescheidenen, zu einer sehr alten Dame dort. Die Gräfin Mankowska ist nie wieder in ihre Heimat zurückgekehrt, die sie im Herbst 1939 verlassen musste. Wohin auch? Die polnischen Kommunisten dachten nicht daran, den Raub der Nazis rückgängig zu machen. Noch im August 1939 hatte sie das äußerlich sorglose Leben einer jung verheirateten Adeligen geführt. Sie stammte aus dem tiefsten Ostpolen, von einem alten Familiensitz, mehr Burg als Schloss, in Galizien, nahe der ukrainischen und der rumänischen Grenze. Dort tauchte ein junger Österreicher auf, Rudi, der hatte das Nachbargut geerbt, und sie verliebte sich in ihn. Die beiden wollten heiraten. Eines Tages unternahm er einen Jagdausflug, und am Abend rief man sie an, um ihr zu sagen, Rudi sei tot. Von einem Wilddieb erschossen. Sie war wie ausgelöscht, aber natürlich hatte die Mutter Recht, ihr zuzureden, gegen Liebesschmerz sei Liebe immer noch die beste Medizin; irgendwann arrangierte man die Begegnung mit diesem jungen Herrn aus dem fernen polnischen Westen, und nicht viel später heirateten die beiden, und sie ging mit ihm. So kam sie auf das Schloss Winnogora bei Posen.

Etwas braute sich zusammen in jenem Sommer. Seit Monaten schwirrten Kriegsgerüchte umher, im August dann ging alles stundenschnell. Polnische Mobilmachung am 30., deutscher Einmarsch zwei Tage darauf. Schon flutet die geschlagene polnische Armee zurück, die Bäume in Winnogora sind noch nicht bunt, da gehören Park und Schloss und das ganze Posener Gebiet bereits zum Reich. Die meisten Adeligen der benachbarten Güter und Schlösser fliehen ostwärts oder ins westliche Ausland. Der jungen Frau auf Winnogora erscheint Flucht feige, und sich das Kopftuch einer Bäuerin umzubinden und sich in Dienstbotenkleidern zu verstecken, wie sie es bei etlichen Damen auf dem Rückzug gesehen hat, findet sie lächerlich. Feigheit gehört sich nicht für eine wie sie, so ist sie erzogen. Sie kommt von einer Burg im Grenzland, Erzählungen von Tapferkeit und Todesmut gingen in dem schroffen galizischen Familiensitz um. Und sie kennt ihre eigene Wirkung.

»In ihrem Schrank hing das fußlange Kleid, welches die Ururgroßmutter ihres Mannes zu Napoleons Krönung getragen hatte.« Das war lange her, aber eine schöne Frau ist eine schöne Frau, und ein Kleid ist ein Kleid. Das napoleonische blieb besser im Schrank, schließlich hatte der noch mehr zu bieten. Klementyna Mankowska konzentrierte sich auf ihr Haar und auf ihr Make-up, wählte eines ihrer wirkungsvollsten Kleider, das geblümte, und erwartete die deutsche Besetzung am Fuße der Freitreppe. Die kam in Gestalt von sieben Offizieren, die sich ihr und dem Personal gegenüber mehr als anständig betrugen. Die sieben machten aus ihrer Abneigung gegen Hitler kein Hehl und waren höflich genug, ihre Gespräche mit der Hausherrin auf Französisch zu führen, um sie nicht vor dem Personal zu kompromittieren. Zeigte das deutsche Kinderfräulein der Gräfin nicht unverhohlen Freude über die neue Macht im Haus? Noch hielt der fragile Sommer der ersten Besetzung. Man arrangierte sich. Man teilte das Schloss beinahe brüderlich auf. Aber der Krieg und der Sieg zogen rasch weiter nach Osten, und sobald die sieben Offiziere abkommandiert wurden, nach wenigen Wochen schon, tauchte ein Treuhänder auf, der Keitel das Schloss bereiten sollte, und das Fräulein begann ein Verhältnis mit ihm und ließ ihre enteignete Herrschaft spüren, wer nun die Schlossherrin sei. Die Gräfin hatte ihre vollständige Beraubung zu quittieren, sogar den Inhalt ihrer Schränke hatte sie dem Treuhänder auszuliefern, der walten sollte, bis der Feldmarschall selbst Winnogora beziehen würde nach dem baldigen Endsieg.

Aber noch war September, und noch etwas war. Ein deutscher Oberst kam häufiger nach Winnogora zu Besuch als dienstlich nötig. Er konnte sich nicht satt sehen an diesem Bild, das am Weg seiner rasch vorrückenden Truppe liegt wie ein Medaillon aus märchenhaft heilen Tagen: die schöne, junge Reiterin, wie sie auf ihrem weißen Araberhengst Dahoman am herbstlich sich färbenden Waldrand dahingaloppiert. Das Bild haucht Glut in die Asche seiner Jugendträume, auch er ist mit Leib und Seele Reiter, und wer weiß, was er aus seinem Leben gemacht hätte, wäre nicht der Krieg gekommen. Es ist wirklich ein Medaillon, wenn auch eher eines für sie als für ihn. Ihr deutscher Offizier zieht weiter nach Osten, einmal sieht sie ihn noch, einmal verpassen sie sich, und sie selbst geht nach dem Krieg weit fort von Europa, aber je älter sie wird, desto kostbarer scheint ihr das Medaillon geworden zu sein. Die Gräfin Mankowska hat die Erinnerung an diese unmögliche Liebe ihr ganzes langes Leben über verwahrt, sie immer wieder hervorgeholt, betrachtet, poliert. Im hohen Alter noch hat sie sich hingesetzt und das alles aufgeschrieben. Und es war nicht einmal ausgeschlossen, dass sogar in diesem Moment, in dem ihr Sohn einem Fremden in der Dunkelheit des Schlossparks ihre Geschichte erzählte, drüben in dem Schlösschen an der Loire ihre Gedanken die alten Wege gingen. Noch einmal, noch einmal.

Als endlich Nachricht von ihrem Mann eintrifft, berät sie sich mit ihren sieben Deutschen. Sie hat seit der polnischen Niederlage nichts mehr von ihm gehört. Natürlich hat er in der geschlagenen polnischen Armee gekämpft, als Offizier. Nun hört sie, er liege schwer verwundet in einem Lazarett irgendwo in Zentralpolen. Man beschließt, sie solle sich sofort auf den Weg machen und ihn da herausholen, zwei der einquartierten Deutschen begleiten sie, der Militärarzt und ein Hauptmann. Sie findet ihren Mann nach einiger Suche, und an diesem Punkt stirbt etwas, und etwas Neues beginnt. Aus der jungen Adeligen wird eine Romanfigur, aus dem sorglosen Vorkriegsleben ein Kriegsroman, durch dessen Kapitel sie zieht als eine Nomadin des Krieges, der nichts und niemanden lässt, wie er ist und wie es war.

Der Graf ist in höchster Gefahr. Die polnische Elite soll diesen Krieg nicht überleben. Sie muss ihn herausholen, sie besorgt einen Fluchtwagen und Benzin bei der Wehrmachtstankstelle. Sie macht den deutschen Feldwebel ausfindig, der zweimal die Woche die Anträge auf Entlassung einfacher polnischer Soldaten aus der Gefangenschaft zur Unterschrift in die Kommandantur fährt. Sie bezirzt und besticht ihn und bringt ihn dazu, das Formblatt mit dem Namen des Leutnants Mankowski unter die positiv zu bescheidenden Entlassungsgesuche zu schmuggeln. Sie handelt kühl und beherzt und in dem Wissen, eine Frau zu sein, der ein Mann ungern einen Wunsch abschlägt. Und sie hat Glück, viel Glück.

»Sie holte meinen Vater nicht nur illegal heim aus dem Lazarett, sie erreichte auch seine Legalisierung. Sie bewog den General von Gienandt, den Kommandeur für Westpolen, ein Dokument auszustellen, in dem der Vorfall, bei dem er sich seine schwere Verwundung zugezogen hatte, dargelegt und die Wehrmacht angewiesen wurde, ihn bis Kriegsende wie einen verwundeten deutschen Offizier zu behandeln. Folgendes war geschehen: Mein Vater war mit irgendwelchen Militärdokumenten zu einem unserer Lazarette beordert worden, wo ihn polnische Offiziere erwarteten. Er hörte draußen ein Stöhnen, ging ihm nach und entdeckte fünf polnische Soldaten, die mit ihren Gewehrkolben auf einen deutschen Offizier einschlugen, der in seinem Blut lag. Er schritt ein und befahl, sofort damit aufzuhören. So etwas tut man nicht einmal mit dem Feind, das war Teil seines Ehrenkodex. Die fünf ließen sich von dem Leutnant aber nichts befehlen und droschen nur noch wilder auf den schwer verletzten Deutschen ein. Vater holte aus dem nahen Lazarett Sanitäter, woraufhin die Soldaten ihn einen Verräter nannten und nun auf ihn losgingen. Ihr Anführer feuerte mehrmals, mein Vater brach bewusstlos zusammen.

Als meine Mutter ihn ausfindig gemacht hatte, war es nicht sicher, ob er überleben würde. Und er war doppelt gefährdet, er sollte mit anderen polnischen Offizieren nach Deutschland transportiert werden, darum setzte meine Mutter Himmel und Hölle in Bewegung, ihn da herauszuholen. Ihr eigener Vater, mein galizischer Großvater, war bei der Teilung Polens in sowjetische Hände gefallen und wurde nach Russland verschleppt. Er gehörte zu den viertausendfünfhundert polnischen Offizieren, die Stalin in Katyn ermorden ließ. Der Schutzbrief des Generals half eine Weile, erste Versuche, diesen unbegreiflicherweise freigelassenen und auf seinem Schloss lebenden polnischen Leutnant wieder abzuholen, prallten daran ab, den Herbst über ging es gut. Bis eines Morgens die Gestapo vorfuhr und Vater mitnahm. In dieser Zeit begannen die Erschießungen. Meine Mutter schickte den Sohn unseres Küchenchefs mit dem Rad in die Stadt, und der brachte die Schreckensnachricht: Die Gestapo ließ auf dem Markt ein Podest aufbauen, dort sollten am anderen Tag Gefangene erschossen werden. Meine Mutter holte Dahoman aus dem Stall und jagte los, durch den Wald, durch die kleine Stadt, zum Schloss. General von Gienandt lebte natürlich auch in einem besetzten Schloss. Gott sei Dank war er da. Er beruhigte meine Mutter. Dann rief er einen Bekannten an, der wies die Gestapo an, den Grafen Mankowski nach Posen zu verlegen, ins Krankenhaus der deutschen Diakonissen. Unglaublich, Vater war wieder frei. Als sie heimritt in dieser Novembernacht, hatte sie ihrem Mann zum zweiten Mal in wenigen Wochen das Leben gerettet.«

Mankowski machte eine Pause, ich konnte sein Gesicht nicht sehen. Dann sagte er: »My mother was that kind of person. Afraid of nö one.« Sie war so. Sie fürchtete niemanden.

»Drei Wochen später war die Gestapo wieder da. Diesmal gaben sie ihm drei Minuten Zeit zum Packen. Mutter zeigte ihnen den Brief des Generals. Sie zerrissen ihn. Wir alle waren nun Gefangene. Vater, Mutter, mein kleiner Bruder und ich. Ein paar Tage waren wir in einem Lager. Dann ging es in einen Zug, ich erinnere mich, dass der Waggon sehr kalt war. Mein Bruder und ich liefen zur Tür, wir wollten ins Warme. Nebenan waren deutsche Offiziere. Ich sprach ja Deutsch, ich hatte ein deutsches Kinderfräulein gehabt, und ich war es gewohnt, Befehle zu geben, also sagte ich, ich wolle jetzt bitte hier durch. Einer der Offiziere hörte das. Lasst sie, sagte er, es sind doch Kinder. Sie waren sehr nett zu uns, sie bewirteten uns mit Schokolade und anderen Sachen, es war Wehrmacht, keine Gestapo. Ob wir allein seien, fragten sie uns. Nein, Mama und Papa seien nebenan. Na, holt sie doch her, war die Antwort. Nach tagelanger Fahrt durch das winterliche Land hielt der Zug plötzlich auf freier Strecke. Man schrie uns zu, alle Gefangenen raus. Sie wurden abgeführt. Die

Offiziere sagten uns, ihr bleibt hier drin, der Zug fährt nach Warschau, da steigt ihr heimlich aus. – Sie haben uns das Leben gerettet.«

In Polen kann sie nicht bleiben. Nach einigen Abenteuern gelangt sie mit ihren beiden Söhnen auf die Insel Noirmoutier vor der französischen Atlantikküste, wo sie eine Anstellung als Dolmetscherin bei der lokalen Kommandantur der Wehrmacht findet. Ihr Mann ist in Sicherheit, irgendwo im neutralen Ausland. Er will sich der polnischen Exilarmee anschließen. Sie lässt sich von der deutschen Abwehr anwerben, um zugleich für eine Widerstandsgruppe polnischer Offiziere Informationen zu beschaffen; die Gruppe schickt sie mit Aufträgen durch halb Europa und wird, um die Lage noch bizarrer und einen tödlichen Ausgang noch wahrscheinlicher zu machen, von der polnischen Exilführung in London bekämpft. Derweil hat Stalin sich mit Hitler geeinigt und den polnischen Osten besetzt. Sie fürchtet um ihre Eltern. Ihr Vater ist verschwunden, ihre Mutter untergetaucht. Sie besorgt sich Wehrmachtspapiere. Gegen alle Vernunft tritt sie eine lebensgefährliche Reise quer durch Frankreich, Deutschland und das Generalgouvernement nach Galizien an. Dabei helfen ihr drei deutsche Generäle, darunter ihr inzwischen beförderter Oberst aus Winnogora, er ist jetzt Feldkommandant von Lemberg. Noch einmal lodert diese unmögliche Liebe auf.

Sie findet ihre Mutter und erfährt, dass ihr Schloss geplündert und ihr Vater von den Sowjets verschleppt wurde, entgeht mehreren Verhaftungen knapp, kehrt nach Frankreich zurück und gelangt schließlich über Marseille und Portugal mit den Kindern nach England, wo sie ihren Mann wieder trifft. Dort endet ihr Kriegsroman. Ihren Oberst hat sie nie wieder gesehen. Vielleicht ist sie einmal auf sein Bild in der Zeitung gestoßen, er wurde nach dem Krieg ein bekannter deutscher Sportreiter. Aber selbst das ist wenig wahrscheinlich, im Kongo sind solche Zeitungen schwer zu bekommen. Dorthin ist sie mit ihrem Mann gezogen.

Vielleicht ist das Geheimnis ihres Erfolgs als Doppelagentin und noch mehr als Überlebende: Sie schließt Freundschaften. Sie ist niemals nur bei der Sache. Sie geht durch diesen Krieg mit einer höheren Naivität, die nicht mit Unklugheit oder mangelnder Intelligenz zu verwechseln ist. Sie leistet sich den Luxus, die Verhältnisse persönlich zu nehmen, auch den Krieg. Auch die Deutschen, die sie in ihren Memoiren gegen Generalbezichtigungen durch ihre eigenen alliierten Freunde verteidigt. Auch die Polen, die ihr nicht durchweg freundlich gesinnt sind. Sie betrachtet sie alle einzeln und achtet die Frage, ob einer ihr sympathisch ist oder sie ihn gar liebt, höher als die, welche Uniform er trägt. Es ist ein gefährlicher, aber tief sitzender Luxus. Anderen Zeiten, einem anderen Temperament gälte er als Standesdünkel, sie aber denkt nicht daran, ihn sich abzugewöhnen. Offenbar war er ihr zur zweiten Natur geworden. Wahrscheinlicher ist, er war ganz verwoben in ihre erste. Ganz sicher ist, dieser Luxus hat ihr das Leben gerettet.

Wir schwiegen. Die zweite Anekdote, die der Graf Mankowski zu erzählen vor Stunden angeboten hatte, war nun zu Ende. Viele Monate später in Berlin blätterte ich in einem Stapel Briefe, sie hatte sie einem deutschen Freund geschrieben, und er zeigte sie mir. »Seien Sie nicht zu sehr enttäuscht«, begann sie, »eine alte, sehr alte und invalide Frau vorzufinden. Aber das wirkliche Selbst ändert sich nicht in den Jahren. Ich fühle dasselbe wie mit zwanzig, dreißig Jahren. Dieselben tiefen Empfindungen. Platonische Liebe ist ewig, endlos. Nach zehn Operationen bin ich nicht mehr imstande, die Dinge zu tun, die ich so gern tat: Meine Rosen pflanzen. Viel lesen (sehr schlechte Augen). Mein Auto fahren. Also, was bleibt mir? Träumen. Von der Vergangenheit. Von entgangenem Glück und entgangener Liebe.«

Es gab keinen Grund mehr zu bleiben, und wir verließen den Park. Ich fragte Mankowski, ob er glücklich sei.

»O ja, das bin ich. Ich bin zurückgekehrt und will nicht mehr fort. Hier ist alles, was ich brauche. Ich bin Ornithologe und interessiere mich, wie Sie vielleicht bemerkt haben, außerdem für Geschichte. Und Vögel und Geschichte gibt es hier im Überfluss.«

Die Tom-Bar ist ein übler Ort

ICH VERLIESS Adams Hof und lief über Znin nach Inowrocław. Im Sommerwind rauschten die Pappeln, viele Felder waren schon abgeerntet, es war die Zeit der Ostfeldzüge, wie sein Schwiegervater gesagt hatte. Es war das Land der Piasten, der ersten polnischen Dynastie. Überall waren übergroße Ritter, aus grobem Holz geschnitzt wie der, an dem ich gerade vorüberging, sein verwitterter Schild war halbiert, als habe es ein Riese mit einem einzigen Schwerthieb von oben bis unten durchgehauen. Die polnische Vorliebe für Rustikales. Ich saß an mächtigen Wirtshaustischen, trank polnisches Bier und aß grobe polnische Würste im Licht geschnitzter Kerzenhalter und schloss mich hinterher in ein holzverkleidetes Zimmer ein.

Hohensalza, so hieß Inowrocław in deutscher Zeit, tauchte am Abend nach einem langen Marsch hinter den Feldern auf, ich betrat es durch den Kurpark, es schien immer noch zu sein, was der deutsche Name sagt, ein stilles Solbad. Das einzige Hotel kam dem Bedürfnis entgegen zu reisen, ohne sich fremd zu fühlen. Man garniere die gebotene buchenfurnierte Sachlichkeit mit einer persönlichen Note, einem hübschen Schrifttyp, einer Prise Charakter, einem Petersilienzweig Sympathie. Das Hotel hätte an jedem Ort der Welt stehen können, an dem UN-Wahlbeobachter absteigen. Was nichts heißen will, es war das beste bisher.

Ich fand das einzige Restaurant, das Tische herausgestellt hatte, und war der einzige Gast. Mit dem Essen erschienen drei Kinder, um zu betteln, ein Mädchen und zwei Jungen. Alle drei waren dünn, wild und schnell. Der Kleinste war der Härteste, höchstens neun, seine Augen wirkten zehn Jahre älter, und seine

Haut hatte den staubgrauen Ton eines Straßenjungen, der nicht mehr brauner wird. Er hing im Biergartenzaun und griff nach mir wie ein kleines, behändes Waldtier, das mit seiner Beute unglaublich schnell in den Baumkronen verschwindet, und redete in einer Sprache auf mich ein, die ich noch nie gehört hatte und die aus lauter einsilbigen Brocken bestand. Fik, Zak, Man oder so.

Der Kleine konnte nicht wissen, dass auch der Mann vor seinem Teller tierhaften Reflexen folgte. Ich war hungrig, ich verstand keinen Spaß. Ich war den ganzen Tag gelaufen und hatte nur einen Schokoriegel gegessen, ich verteidigte mein Essen und scheuchte den Dieb von meinem Tisch weg. Dass ich es nicht stumm tat, war ein Fehler, denn jetzt merkten die drei, dass sie es mit einem Ausländer zu tun hatten. Sie rannten um die Ecke und kamen mit neuen Wörtern wieder. Der Kleine rief »Manni, Manni!« und machte eindeutige Zeichen mit Daumen und Zeigefinger. Als das nicht wirkte, sprang er in den Zaun, reckte sich vor, so weit er konnte, und griff mir auf den Teller. Viel war nicht übrig, ich hatte schnell gegessen und überließ ihm die Beute.

Ich ging in die Speed-Bar am anderen Ende des Marktes und holte mir ein Bier. Ein kurzhaariger dicker Junge war hinter einem kreischenden Mädchen her, er versuchte es mit seinem Schmetterlingsnetz einzufangen. Britpop lief, die Dämmerung kam rasch, ein Mann rief seinen Hund. »Dämon! Dämon!«

Mir stand kalter Schweiß auf der Stirn, als ich feststellte, dass das pummelige Mädchen, das jetzt an die Bar trat, heute Mittag vor mir im Dorfbus nach Znin gesessen hatte, ich war ein Stück mitgefahren, als es zu regnen begann, und ich erkannte sie wieder, weil etwas Komisches passiert war. Sie war plötzlich nicht mehr im Bus gewesen, ich sah sie auf einmal draußen vorbeigehen und war ziemlich sicher, er hatte nicht angehalten. Es war mir unheimlich. Ich ließ mein Bier stehen und ging in die Tom-Bar. Die Tom-Bar von Hohensalza ist ein übler Ort, die Musik war so schlimm wie die Gäste, und man bekam ungefragt eine Halblitervase Bier hingestellt, ich ließ auch das stehen und ging in die 2+1-Bar. Dort war es schöner, man saß an rot, grün, gelb gedeckten Tischen, ich wählte Gelb, menschengerechte Biergläser waren auch vorrätig, und ich hatte nicht mehr das Gefühl, ein Landstreicher zu sein.

Ich erholte mich rasch und ging in die vierte Bar, sie hatte keinen Namen. Hier gab es wieder Vasen, aber darüber war ich hinweg, und es gab eine Musikbox. Ich steckte alle Münzen hinein, die ich hatte, und wählte zehnmal »Nothing Really Matters,« und sagte Dinge in meine Vase und zu Madonna, an die ich mich am nächsten Tag nicht erinnern konnte. Dieser Tag war wieder schön. Der Himmel war blau und weiß, und Inowrocław war die liebenswerteste kleine Stadt, die man sich denken konnte.

Stunden später saß ich auf einem Gullydeckel am Rande der Straße und glaubte, im Kreis gegangen zu sein. Kujawien war nicht etwa östlicher als das Land jenseits der Oder mit seinen endlosen Kiefernwäldern, es war westlicher. Hügeliger, lieblicher, stärker bevölkert, weniger ländlich, und das Gehen war anstrengender. Ich hatte genug vom Staub und vom Dreck, die mir die Lastwagen ständig ins Gesicht spritzten, und fand auf der Karte eine vermutlich kaum befahrene Allee – zu meiner großen Freude, denn meist nützten mir meine genauen Karten gar nichts. Polens Straßen laufen sternförmig auf lauter große und kleine Zentren zu, fast nie konnte ich parallele Wege gehen, es gab sie nicht.

Die kleine Allee bog bei der Bonduelle-Konservenfabrik ab, fädelte ein paar Dörfer auf und verjüngte sich zu einem Pfad, der laut Karte durch die Bromberger Heide auf Thorn zulief. Kaum war ich abgebogen, hielt ein Bambino-Fiat, der Fahrer fragte, ob er mich ein Stück mitnehmen könne; ich wollte kein verdutztes Gesicht und keine Fragen und gab vor, es nicht weit zu haben, das verstand er und fuhr weiter. Nach einer guten Stunde kam ich in das Gutsdorf Lipie. Das Herrenhaus war bescheiden, der Park umso größer, eine hohe Mauer umgab ihn, um die ich ganz herum musste, um den Eingang zu finden. Alles war auf den Feldern. Ich ging in den Gutspark, warf Rucksack, Hemd und Stiefel ins Gras und streckte mich unter einer gewaltigen Blutbuche aus.

Nur die Gänse waren zu hören und die Arbeitsgeräusche von den Scheunen her, über mir rauschte das himmelfüllende Perpetuum mobile der Kronen. Sonnenblitze schossen durch sie hindurch, und wenn ich die Augen schloss, stürzten Rotfluten heran, Karmesinfluten, Safranfluten. Jemand kicherte dicht hinter mir und nahm mir dann die Sonne.

Ich machte ein Auge auf und sah einen Mann mit schiefem Mund, er gaffte mich an und streckte die Hand hin. Ich drehte mich um, und die Dorfkinder, die nahe herangerobbt waren und mich die ganze Zeit beobachtet hatten, stoben kreischend in die Büsche. Der Schiefe hielt mir die Hand immer noch hin, ich schüttelte sie, und er war zufrieden und ging abrupt. Er war der Dorfnarr, seine Aufgabe war es, jedem im Dorf die Hand zu geben. Ich war wieder allein im Gras und unter den Kronen, aber jetzt blendete mich das Mittagslicht, und ständig biss und stach etwas. Ich wusste ein paar Dinge über den Park und über das Haus dort hinter den alten Bäumen – der Gedanke, dass dies der letzte Ort war, auf den das zutraf, machte mir eine Gänsehaut.

Das Gut hatte einer Familie Rosenstiel gehört. Der erste Rosenstiel war aus dem Elsass nach Preußen eingewandert. Er reüssierte, aber den angetragenen Adel lehnte er ab, er war der Ansicht, er brauche ihn nicht. Erst sein Sohn nahm ihn an, die Familie bekam für ihre Verdienste eine Domäne im Oderbruch, und irgendwann gab ein anderer König einem anderen Rosenstiel noch das Gut im preußischen Osten dazu, in dessen Garten ich lag. Nach dem Ersten Weltkrieg wurde Lipie polnisch, und wie die Preußen ihre Leute auf Güter in eroberten Gebieten gesetzt hatten, setzten nun die Polen die preußischen Gutsherren ab, auch die Rosenstiels. Schwarze Listen liefen um mit den Namen einflussreicher Deutscher, es kam zu blutigen Exzessen, die bis heute nachhallen. Vielleicht gebärdete sich der polnische Nationalismus so radikal, weil Preußen die Völker nicht ganz erfolglos gemischt hatte. Der polnische Kutscher der Rosenstiels jedenfalls trug stolz sein Eisernes Kreuz, und auf den Feldern, durch die ich ging, hatten sich in der Novemberrevolution deutsche Spartakisten und polnische Kavallerie beschossen. Die Deutschen wollten ihre Revolution nach Polen exportieren, und Polens ganzer Stolz kämpfte gegen die hergelaufenen deutschen Rebellen, weil er preußisch fühlte.

Der letzte Rosenstiel auf Lipie hatte im Sommer 1939 sein Grab schon geschaufelt, vor dem man ihn gerade erschießen wollte, als deutsche Sturzkampfbomber am Himmel auftauchten, es war der Anfang des Polenfeldzugs. Für diesmal war er gerettet. Als der Krieg kehrtmachte und die Rote Armee ein paar Jahre später Lipie nahm, nützte es ihm nichts, dass seine polnischen Pferdeknechte sich vor ihn stellten und zu den Russen sagten: »Dobre pan.« Das ist ein guter Herr, er hat vielen geholfen. Die Rotarmisten schlugen ihn tot. Sein Sohn hatte mir die Geschichte erzählt, bevor ich über die Oder ging. Er lebte wieder am Ort der ersten Domäne.

Hinter Lipie lief ich an Bauernhäusern vorbei, denen man ansah, dass es ihren Bewohnern nicht schlecht ging. Manche hatten die Bauerngärten durch englischen Rasen ersetzt, einer die Muttergottes durch zwei weiße griechische Göttinnen aus dem Baumarkt. Ein anderer Bauer hatte vor seine Haustür weiße Südstaatensäulen gestellt.

Ich gelangte an ein Warnschild und verstand die Worte Militär und Tod. Wer hier weitergeht, hieß das wohl, muss mit Schusswaffengebrauch rechnen, aber es war ein sehr rostiges Schild, ich hatte das Gefühl, es nicht wirklich ernst nehmen zu müssen, militärisches Sperrgebiet eben, nichts Besonderes. Ich suchte den Waldrand ab und fand überall dieselbe rostige Warnung. Umkehren kam überhaupt nicht in Frage, es hätte einen halben Tagesmarsch mehr bedeutet, und diesen Abend noch wollte ich über die Weichsel gehen, nach Thorn. Und ich wollte unbedingt von der Bromberger Heide aus die gotische Stadt am östlichen Ufer erreichen. Jemand hatte mir gesagt, wer die gotischen Turmspitzen von Thorn langsam über der Heide auftauchen sehe, der sähe, was ein Ordensritter gesehen habe.

Viele Stunden lang traf ich keinen Menschen, die Stille der

Kiefernwälder wurde nur unterbrochen durch den Schrei eines Bussards oder Eichelhähers. Der Weg war erst ein sandiger Pfad, dann ging er in eine tief gefurchte Schneise über. Ich kam schwerer voran, es war wie Laufen an einem wilden Sandstrand, aber der Wald war es wert. Er war nicht finster, er war hell und weit und hügelig; dann lief ich eine Weile auf einer Panzerpiste, einer doppelten Spur aus Betonplatten. Irgendwann lichtete sich der Wald, ich stand vor der eigentlichen Heide und ging hinaus in die Nachmittagsglut. Die Abstände zwischen den Pausen wurden kürzer, ich zog mich immer wieder aus und hängte die Sachen in den Wind, der sachte das hüfthohe Gras bog. Obwohl es so heiß war, hatte ich Lust, ein Feuer zu machen, um Hemd und Hose, die mir sofort wieder am Leibe klebten, schneller zu trocknen als die Sonne. Ich hatte schon Holz gesammelt, besann mich aber und ließ es bleiben, der Wind hätte einen Steppenbrand daraus gemacht.

Mir war, als ob ich leichter und leichter würde, wie mein Rucksack, den ich vor der Oder noch einmal entschieden geleert hatte. Ich näherte mich dem Zustand, in dem es allein darum geht, Strecke zu machen, in dem dort, wo sonst das Wort Warum wohnt, nur noch das Wort Vorwärts pocht. Truppen haben in diesem Zustand einen Antreiber, einen Befehl. Ich hatte nur meinen Ober- und meinen Unterkiefer, sie mahlten Luft und Reste von Speichel, und so lange sie mahlten, war alles gut. Als ich am anderen Ende der Heide auftauchte, war mein Gaumen aus Pappe und die Zunge ein Radiergummi, die Wasserflasche war schon leer getrunken gewesen, als ich das Sperrgebiet betreten hatte.

Das Erste, was ich erblickte, waren Leute, die mit ihren Kindern spazieren gingen oder ihre Hunde ausführten, sie starrten mich an, aber ich starrte den Bus an, der dort an der Straße, an der Haltestelle mit laufendem Motor wartete, und keuchte los. Ich wollte irgendwohin, wo ich etwas trinken konnte. Jetzt. Schnell. Der Fahrer gab Gas und fuhr ab. Er hatte mich nicht übersehen, ich bemerkte, wie er mich im großen Seitenspiegel beobachtete. Ein Taxi kam, ich winkte, der Fahrer fuhr langsam heran, musterte mich, machte mit den Fingern die Geldbewegung und brauste davon. Ich verfluchte ihn und lief los, die Straße entlang, an einer Tankstelle kaufte ich Wasser, und während ich trank, sah ich mich im Spiegel der Scheibe, nun verstand ich die Fahrer besser. Ich sah nicht sehr zahlungsfähig aus. Nicht wie einer, der ein Zuhause hat. Ich war gerade vierzig Kilometer gegangen.

Ich lief über die Brücke und hatte kaum Augen für den gotischen Traum, der eine einzige Studentenkneipe war, ein Heidelberg an der Weichsel, wo viele junge Menschen zusammen mit vielen anderen jungen Menschen viel Bier in einem der vielen Bierkeller tranken. Ich ergatterte ein Zimmerchen und teilte es mit einem Monstrum von einem Heimtrainer, der hier ältere Rechte hatte und es halb beanspruchte. Ich benutzte ihn als Wäscheständer und hängte meine nassen Sachen an seine Chromhebel. Ich schlief schlecht und wachte zerschlagen auf. Über meinem durchgelegenen Bett hing eine seltsame Weltkarte. Polen war das Dach der Welt, ein Flachdach. Links kippte die norddeutsche Tiefebene gegen den Atlantischen Ozean, rechts kippte die russische Weite gegen unendlich. Ich legte den Kopf schief und begann, langsam hinabzurutschen.

Eine ernsthafte Grenze

EINE GUTE WOCHE und gut dreihundert Kilometer später stand ich an der Narew und vor einer Entscheidung. Hüben lag ein Zajazd, ein Rasthaus. Rustikale Holzmöbel, halb zugezogene Vorhänge, das Übliche. Es gab ein freies Zimmer, und die Dämmerung kam. Drüben lag die Straße nach Białystok. Ich ging hinein, ging wieder hinaus, stand unschlüssig vor der Brücke herum. Ein Auto hielt. Der Fahrer, ein bulliger Typ, bedeutete mir einzusteigen; er trug ein enges Lederhalsband, hatte das Radio an und mochte seinen runden, rasierten Katzenkopf, seine Hand fuhr immer wieder darüber, während er eine lange Sendung über die Berliner Mauer hörte. Was auf Polnisch gesagt wurde, verstand ich nicht, nur die langen deutschen Originaltöne, bei ihm war es umgekehrt. Als der Kennedy-Satz eingespielt wurde, in voller Länge, dieser ich weiß nicht wie viele Millionen Mal gespielte Berliner Ohrwurm, wurde mir plötzlich so wehmütig ums Herz, als sei ich jahrelang fort. Ich war froh, nichts sagen zu müssen, und er sagte ebenfalls nichts. Wir hörten die ganze Sendung, jeder die Hälfte, die er verstand, und redeten auch danach nicht. Ohne dass er wusste, wohin ich wollte, fuhr er mich ins Zentrum von Białystok, und es war nicht sein Ziel. Wir verabschiedeten uns mit einem Händedruck.

Über die Grenze gab es zwei Wege, mit dem Bus oder mit der Bahn. Es zu Fuß zu versuchen, war sinnlos, die Grenzer hätten mich nicht hineingelassen. Am nächsten Morgen war der Busbahnhof von Białystok vollkommen menschenleer, mittags auch, und als ich zum dritten Mal hinging, immer noch. Es war ein frisch asphaltierter Platz mit vielen geschlossenen kleinen Containerbüros, in denen man, als die Geschäfte besser liefen, Busfahrscheine nach Rom kaufen konnte oder nach Bielefeld, nach London, Neapel und Kassel, nach Barcelona, Gießen, Bayreuth. Alle diese Orte und noch mehr standen auf großen Schildern, aber außer mir gingen nur Krähen langsam auf dem Asphalt auf und ab, sie waren kleiner als die von Berlin und trugen hellgraue Federstolen um den Hals, was einfach vornehmer aussah.

Ein einziges Büro hatte geöffnet, das der einzigen Firma, die Fahrscheine für den einzigen Bus nach Weißrussland verkaufte, der heute fuhr. Früher, sagte der Mann am Schalter, seien ihre Busse ausgeraubt worden, des Geldes wegen, das die Fahrgäste aus Belarus dabeigehabt hätten, um im Westen einzukaufen. Heute flögen die Kleinhändler nach Istanbul oder Athen und deckten sich dort mit allem Möglichen ein, von Autolack bis Babybrei. Ich fragte ihn, ob ich mit der Bahn schneller drüben wäre. »Nimm den Bus. Wenn du Pech hast, dauert es Stunden, den Zug umzuheben.«

Natürlich, die russische Spurweite. In den ostpolnischen Wäldern endeten Europas filigrane Gleise, und eine breitere Spur begann, die Symbolik war deutlich genug. Er grinste. »Ja, sie heben die Züge immer noch um. Wie beim Zaren.« Er lehnte sich zurück. »Das hier«, er sagte es im Vertrauen und betonte jedes Wort, »das hier ist die Grenze der Zukunft.« Und als ich immer noch nicht zu verstehen schien: »Bis hier ist EU, da drüben ist Osten.«

Jetzt musste ich grinsen. Der Osten ist etwas, das keiner haben will. Das sich jeder von der Jacke schnippt wie Vogeldreck. Die Ostjacke verschenken alle gern, sie wird in östlicher Richtung weitergereicht. Hatte ich in Brandenburg gefragt, wo der Osten anfange, war die Antwort gewesen: drüben in Polen natürlich. Fragte ich in Polen, hieß es: Der Osten fängt in Warschau an, na ja, im Grunde gehört Warschau schon dazu. Man versicherte mir, Westpolen und Ostpolen, das könne man nun wirklich nicht vergleichen, das sei doch etwas ganz anderes, ich werde schon sehen, wenn ich erst einmal östlich von Warschau sei. Eine andere

Welt – provinzieller, ärmer, dreckiger. Östlich eben. Ostig, wie wir daheim sagen. Zonig. Östlich von Warschau stand die Antwort wiederum außer Zweifel: einfach die Landstraße nach Białystok hoch. Alles, was links von ihr liegt, westlich, ist katholisch, mithin gut polnisch. Was rechts von ihr liegt, ist weißrussisch-orthodox. Wo also beginnt der Osten? Hart rechts von deinem rechten Stiefel. Wo die großen Wälder anfangen und die blassbunten Holzhäuser, das blätternde Blau der Zwiebeltürme, wo einem auf den endlosen, schmalen Landstraßen mehr Pferdewagen entgegenkommen, mit ihren typischen kleinen Gummireifen, der Trab des Pferdes unter dem hölzernen Joch, als Autos. Und vor einer Minute hatte mir der Ticketverkäufer die vierte Kontinentalverschiebung plausibel gemacht. Es würde nicht die letzte sein. In Belarus sollte es wieder von vorn losgehen. Natürlich, würde es dort heißen, sei der ehemals polnische Westen des Landes nicht vergleichbar mit dessen immer schon russischem Osten und so weiter und so fort, der Osten wurde weiter und weiter gereicht, von Berlin bis Moskau. Bis kurz vorher, um genau zu sein, denn Moskau, so viel sei vorweggenommen, Moskau ist wieder Westen.

Ich fragte ihn, wie es sei, zu Fuß durch Belarus zu gehen. »Kommt drauf an. Im Wald bist du sicher, in der Stadt nicht.«

»Und auf der Landstraße?«

»Gefährlich.«

»Wer sollte mir etwas tun?«

»Alle! Gangster, Mafia, irgendwelche Typen. Ach, ich glaube, du wirst keinen von denen zu sehen kriegen. Es ist nicht so leicht, die zu sehen, sie laufen nicht überall herum. Du hast kein Auto, siehst nicht nach Geld aus, du bist sicher.« Er lachte: »Alles Geschichten!« Er nahm sein Englisch zusammen: »Stories!«

Mittags sollte der Bus abfahren. Ich schlenderte ein allerletztes Mal durch die Stadt, und es fiel mir auf, wie porös gewisse Grenzstädte sind. Solche an wirklichen Grenzen, wo etwas ausläuft und endet, wo ein Magnetfeld schwach wird, und drüben baut kein starkes neues sich auf, nichts zieht das Geld und die

Phantasien an. Nur Ferne, die sich in einer noch ungeheureren Ferne verliert. Ein solches Land zieht zwei Wünsche auf sich: sich darin zu verlieren oder es zu erobern. Ich sah die dunklen Kolonnen im hellen Schnee, die grobkörnige Unwirklichkeit der Landserfotos, die in dunklen, selten aufgezogenen Schubladen schlafen, ich hatte meinen ersten Russischlehrer im Ohr, einen Wehrmachtsoberst. Er betrat die Klasse und kam ins Schwärmen. Setzte sich auf einen Tisch in der vorderen Reihe und schlug die Beine übereinander, ein Zeichen, dass dies kein normaler Unterricht sei, so begann unser kleiner Kurs, immer nachmittags, und diese Nachmittage in der sonst leeren Schule waren selbst so etwas wie weites Land, leerer Raum, und dann redete er von Russland. Immer vom Land, nie von Städten, immer von Dörfern und Feldern und Wodka und Dörrfisch und Dorfbrot, von Milchkrügen und von den Mädchen, die sie herbeitrugen. Keine Frage, er liebte das Land, das er in einem grausamen Krieg erobert hatte. Er saß auf diesem Tisch, den Blick auf einen sehr fernen Punkt gerichtet, schaute über uns hinweg und redete und redete. Aus seinem Unterricht habe ich nicht ein einziges russisches Wort behalten. Nur das Bild dieses hageren Mannes, der von der besten Zeit seines Lebens sprach.

Ich hörte Hufschlag, er kam näher, dann bog die polnische Kavallerie um die Ecke. Patriotische Fahnen, verwegene Bärte, blanke Bajonette. Es waren nicht viele Reiter, nur eine kleine Traditionskompanie, aber der Hauptmann hatte ein Feuer in den Augen, dass ihm selbst die stolzesten Frauen nicht widerstehen konnten. Einige kamen herbeigelaufen, schmiegten sich an sein Pferd und ließen sich mit ihm fotografieren, und der Hauptmann reckte das Kinn vor und straffte sich in seinem knarzenden Sattel.

Mir fiel die Gräfin Mankowska ein. Hatte nicht einer ihrer deutschen Besatzungsoffiziere bekannt, die polnische Kavallerie zu bewundern? Eine höfliche Siegerlüge, wer weiß, aber ihr Herz hatte er damit ganz gewiss angerührt. Die unübersehbar sentimentale Liebe der Polen zu ihrer tapferen, leider völlig antiquierten Reiterei stand in hellen Flammen hier auf dem Marktplatz von Białystok.

Nun traten alte Männer, ihre Orden angelegt und ihre rotweißen Schärpen, zu den Reitern und tätschelten die Hälse der Pferde, und junge Rekruten paradierten über den Platz und präsentierten das Gewehr und ihre Offiziere den gezogenen Säbel. Die gemütlichen Dicken im Alter dazwischen, die weder die Kämpfe der Alten gekämpft hatten noch den natürlichen Schneid der jungen Soldaten besaßen, trugen wenigstens ihren Lech-Walesa-Schnauz und, wenn irgend möglich, die Uniform des kommunalen Ordnungsdienstes. Es war das letzte Bild vom Kontinent der filigranen Gleise, dann zog jemand den Vorhang des belorussischen Busses zu.

Teil 2

IM WEISSEN LAND

Schmugglerinnen

ES WAR EIN alter Ikarus, hundertmal geflickt, verhängt mit dreckigen, braun gemusterten Gardinen. Sein verschossenes Rot, mürbe gescheuert in zig Sommern und Wintern, erinnerte an irgendwo vergessene, vor sich hinrostende Emailschilder. Der Fahrer schaute mürrisch drein, sein Bordmechaniker steckte, kaum dass der Bus hielt, seine ölverschmierten Arme tief in den Motor hinein und machte sich dort zu schaffen, die Fahrgäste trugen seltsame Sonnenbrillen. Langsam stiegen sie aus und gingen auf und ab wie Schlafwandler und rauchten eine und schwiegen. Der Bus kam aus Warschau zurück, vom größten Russenmarkt Polens, entsprechend war er beladen. Überall Kartons, manche aufgerissen, überall Schuhe, Größe 41 bis 46, green/silver, es war eine Schuhfahrt, in die ich geriet. Als ich einen Moment zu lange unschlüssig im Gang herumstand, hatte ich den Befehl des Fahrers im Nacken. »Saditjes! Saditjes!« Stehen Sie nicht rum. Setzen Sie sich hin.

Eine halbe Stunde vor der Grenze begann ein großes Umpacken. Alle Plätze waren besetzt, ich saß ganz hinten auf dem staubigen, abgefahrenen Busersatzreifen. Die Frau vor mir drehte sich um und fragte, ob auch ich ein paar Kartons Schuhe auf meine Zollerklärung nehmen könne. Außer mir, dem Fahrer und seinem Mechaniker, einem jungen Mann ohne Gepäck und dem bärtigen Dicken neben mir, der nervös am Riemen meines Rucksacks spielte, waren nur Frauen an Bord. Sie schienen sich alle zu kennen, ihre Pässe sahen aus wie die Hefte fleißiger Rabattmarkenkleberinnen. Stempel an Stempel, Seite um Seite. Die erste Passkontrolle tat, als sei ich ihr gleichgültig, die zweite nahm meinen Pass mit, was mir freundliche Blicke eintrug, ein Lächeln der blonden Schmugglerin vor mir und den Ausruf meines nervösen Nachbarn: »Kompjutr!« Ob seine Anerkennung mir galt oder der technischen Ausstattung der Grenzer, war nicht klar. Sieh an, die arbeiten hier mit Computern. Oder: Sieh an, dich durchleuchten sie aber ganz schön.

Im Bus war es jetzt unerträglich heiß, und wir mussten warten. Wir warteten eine halbe Stunde, eine ganze, noch eine und noch eine. Und dann noch eine. Da hatten wir längst alle unser Gepäck hinausbugsiert und für die Kontrolle am Bus entlang aufgestellt. Bügelbretter. Kanister mit Geschirrspülmittel. Plüschige Autositzbezüge. Und Schuhe, green / silver, die aus unzähligen Kartons quollen. Aber die Kontrolle kam nicht. Die Kontrolle war beim Bus vor uns. Die gleiche Basarreihe aus geplatzten Kartons und losen Gegenständen, dahinter stumm entschlossen die Reihe ihrer Verteidigerinnen, dreißig Augenpaare beobachteten den Zöllner, der davor auf und ab lief und was er sah mit den Zahlenkolonnen auf den eng bekritzelten Zollerklärungen verglich, die er packweise in der Hand hielt.

Auf der zweiten Spur fuhr im Schritttempo ein Mitsubishi mit Wunsiedeler Kennzeichen an uns vorbei. Ich hatte die Hoffnung aufgegeben, aus der Zollfalle herauszukommen, bevor die Sonne sank, und fragte den Fahrer, der drei goldene Schneidezähne hatte, ob er mich mitnähme, es ginge hier nicht voran, ich wolle umsteigen. Er bedauerte. Er überführe den Mitsubishi an einen Ort gleich hinter der Grenze und habe nur bis dahin Benzin im Tank, wirklich nur bis dahin, er könne nichts für mich tun.

Kurz darauf rollte eine schwere schwarze Limousine in die Station und war in ein paar Minuten abgefertigt. Als die abgedunkelte Scheibe einen Spalt weit heruntersummte, sah ich eine schöne junge Frau mit allen Insignien des Gelangweiltseins. Gucci-Sonnenbrille, orangefarbene Prada-Bluse, kardinalrotes Halsband, bequeme Räkellage, eine Bubblegumblase zerplatzte auf ihren roten Lippen, während am Bus vor uns der Zöllner zum dritten Mal die folienverpackten Plastikbecher mit dem lustigen

Hundemotiv nachzählte und die ermittelte Zahl mit der Eintragung auf dem von seinem Handschweiß durchtränkten Zollzettel verglich, und der Blick seiner Klientin wich keine Sekunde von ihm und ihrer lappig gegriffenen Deklaration. Der Zöllner war bleich wie der Tod. Die Leute umringten ihn – bohrende Blicke, verschränkte Arme, Fäuste, in die Seiten gestemmt. Leise Flüche und noch eine Zigarette und noch eine und ein spöttisches Grinsen, wenn er wieder wütend in seine Station rannte und mit entschlossener Miene wieder herauskam. Die Flüche wurden lauter. Ein kräftiger Kerl in weißblauer Fallschirmseidenhose, der vor Tagen aufgehört hatte sich zu rasieren und dessen Haar links wirr abstand und rechts platt gelegen war von einem langen Busschlaf, schrie einen anderen Zöllner an, der kam scharf auf ihn zu und zischte ihm etwas kalt ins Gesicht, daraufhin wurde der Weißblaue zahm und fiel in einen ganz vernünftigen, ja bittenden Ton.

Es war ein Nervenkrieg, er zog sich hin, und wir, die man noch nicht einmal begonnen hatte zu kontrollieren, mussten ihn abwarten. Der Zöllner schikanierte die Frauen bis aufs Blut, die wiederum hatten alle Zeit der Welt und brutzelten seine Nervenenden schön kross. Ich schlenderte zu dem jungen Typ, den ich schon im Bus beobachtet hatte, weil er außer mir als einziger mit kleinem Gepäck unterwegs war, also reiste und nicht schmuggelte. Auch er kannte niemanden im Bus. Er hatte sich auf ein Mäuerchen gesetzt und sah durch seine kupfereloxierte Sonnenbrille stoisch geradeaus.

»Warum dauert das so lange?«

Er vollführte die bekannte Reibebewegung von Daumen und Zeigefinger. Geld. Zoll. Bakschisch. Ich fragte ihn auf Russisch, wo er her sei.

»Königgrätz«, antwortete er auf Deutsch. Sonst sprach er nur Tschechisch und ein paar Brocken Englisch.

Plötzlich schauten ein paar Leute auf ihre Uhren und regten sich auf. Die Sommerzeit. Wir hatten die Sommerzeit vergessen, es war wie mit der Spurbreite, auch so eine Regel, die ab der

Grenze nicht mehr galt, es war in Belarus schon eine Stunde später, als wir gedacht hatten. Die Sonne sank, ich sah mich im dunklen Grodno vergebens an der verschlossenen Tür des Hotels rütteln, das ich von Białystok aus angerufen hatte. Ich hatte keine Idee, was ich in diesem Fall tun würde. Ich hatte noch nicht einmal eine Idee, was und wie Grodno war.

Die vierte Stunde jetzt. Der Zöllner kämpfte die vierte Stunde mit der Sturheit der Schmugglerinnen und dem Starrsinn seines unsichtbaren Chefs und legte den Grenzverkehr lahm. Gab er den Frauen nach, würde der Chef ihn fertig machen, weil er die Preise seiner Zollstation verdarb. Trieb er die geforderte Abgabe um jeden Preis ein, machte er sich selbst fertig. Auf einmal war Bewegung da. Im Handumdrehen waren die Paletten Klarlack und Speiseöl und die verschweißten Plastikbecher im Bus verstaut, der Zöllner blieb verschwunden, die Händlerinnen sahen wie Sieger aus, und wir waren dran. Es dauerte fünf Minuten. Dann ließ unser Fahrer den Ikarus an, steuerte ihn aus der Grenzfalle heraus, und wir flogen auf Grodno zu.

Ich half einer Frau beim Ausladen ihrer Kisten, dafür bot mir ihr Mann, der fünf Stunden auf sie und die Ware gewartet hatte, an, mich zu fahren. »Ah«, nickte er, als ich ihm den Namen des Hotels sagte, »Lukaschenko«.

»Der wohnt auch da?«

»Es gehört ihm.«

Es war ein düsterer Bau, der dringend eine Renovierung brauchte. Ich hatte nicht den Eindruck, dass es außer mir noch einen Hotelgast gab, aber ich wurde erwartet, und auf nichts anderes kam es an. Die Empfangsdame unterbrach ihr Nickerchen, schlurfte auf mein Klopfen hin zur Tür und kramte einen Zettel aus der Tasche ihrer Kittelschürze, darauf stand ungefähr mein Name. Sie sah mich an, ich sah auf den Zettel, und wir lächelten beide und waren beide froh, dass es keinen Ärger gab.

Das Zimmer war ganz sowjetisch. Rohbau, getüncht, ocker und braun. Jemand war da gewesen und hatte kontrolliert, ob wirklich jede Spur von Komfort, Schönheit und Sauberkeit beseitigt war. Es musste eine strenge Kontrolle gewesen sein. Ein erster Blick auf den Boden löschte den Impuls, endlich die Stiefel auszuziehen und die heißen Füße auf dem Steinboden des Bades zu kühlen. Rostwasserrinnsale liefen darüber, die Dusche stellte ein zuckerrohrdicker schwarzer Gummischlauch vor. Ich bat um ein Handtuch. »Handtuch njet.«

Ich bat um Klopapier und hatte mehr Glück. Die Empfangsdame war bereit zu teilen. Sie holte ihren privaten Rest aus der unerschöpflichen Kittelschürzentasche, riss einen Teil ab und gab ihn mir. Wieder lächelten wir uns an, ich bedankte mich gerührt, und sie sagte gerührt: »Bitte sehr!«

Auf einmal merkte ich, dass ich sehr hungrig war, ich hatte seit dem Frühstück nichts gegessen. Ich hatte wieder Glück. Gleich um die Ecke war ein Ristoran, so sowjetisch wie das Hotel. Das Bier schmeckte nicht wie Bier und sah anders aus, und der Ketchupklecks, den es zum Schaschlik auf den Rand des Kuchentellerchens gab, schmeckte nicht wie Ketchup, und im Fernseher dort drüben erschien jetzt Kim Jong-il, dafür wurde mein Sonderwunsch nach einem Messer erfüllt. Es war so dunkel in dem Ristoran, dass ich Schwierigkeiten hatte, mein Essen zu erkennen und die anderen Gäste. So viel sah ich immerhin, dass nur Frauenpaare hier saßen. Dann kam ein Kriegsfilm im Fernsehen. Ein großes Hakenkreuz wurde gezeigt, und deutsche Offiziere ritten auf Holzstühlen polonaiseartig durch einen Speisesaal und sangen »Hoch soll er leben, hoch soll er leben, dreimal hoch«. Ich bestellte noch ein Bier, es schmeckte gleich besser, zahlte und unternahm einen Nachtspaziergang. Ich ging zum Leninplatz, auf dem ein richtiger Lenin auf einem gepflegten Sockel stand, dann lief ich den Dserschinski-Boulevard hinab und begegnete üppigen, untergehakten Freundinnen und viel Miliz. Es war noch warm, und von der Memel stieg etwas wie Nebel hoch, aber es roch wie Rauch. Der Rauchgeruch wurde stärker und verwandelte sich in Brandgeruch. Ich ging ins Hotel.

Herr Kalender schreit in der Nacht

AM MORGEN sah ich, dass nicht nur der Lenin von Grodno sehr gepflegt war, die Stadt war es ebenfalls. Womit hatte ich gerechnet? Armut. Rückständigkeit. Verfall. All das gab es auch, aber es wurde gut gewartet. Wartungstrupps gingen mit Besen, Feudel und Farbeimer durch die Stadt, fegten und wischten Straßen und Parks und überpinselten den Rost. Viele Trupps. Frauenkolonnen säuberten die Bürgersteige, Männerkolonnen besserten sie aus und gingen mit dem Quast über bröckelnde oder rostige Stellen an den staatlichen Gebäuden und an den sowjetischen Laternen. Der Brandgeruch war weg, der Himmel blau, und ich sah nicht, was mich abhalten sollte, durch dieses Land zu gehen, über das mir ein deutscher Historiker, der es kannte, kurz bevor ich losgegangen war, einen Brief geschrieben hatte, der eigentlich eine Warnung war. Er enthielt Routen, Orte, Adressen, aber seine Ratschläge endeten an der Grenze, die ich gestern passiert hatte.

Ich nahm den Brief aus dem Rucksack und las ihn noch einmal, sein letzter Satz war: »Wenn Sie aber wirklich durch Lukaschenkos Reich gehen wollen, empfehle ich Sie Gott und allen Heiligen.« Und ein Berliner Fotograf, der hier auch viel gereist war und mir die genauen weißrussischen Karten mitgegeben hatte, die ich bei mir trug, lehnte es rundweg ab, das Land ein weiteres Mal zu betreten. Er mache einen großen Bogen um »sein Reich«. Noch neugieriger hatte mich die Bemerkung eines Münchner Filmproduzenten werden lassen, der hier einen alten Kriegsfilm neu gedreht hatte. Nein, gefährlich sei das weiße Land hinter der Grenze nicht, hatte er gesagt. Nur müde. So ungeheuer müde sei dieses Land, wie er noch keines gesehen habe.

Ich kam nach Schutschin. In einem Café bemerkte ich einen üppig gedeckten Mittagstisch mit Gläschen und Gürkchen, und weil ich unterwegs lauter Milizionäre gesehen hatte, zuletzt alle paar hundert Meter, meist im Gebüsch, dachte ich mir meinen Teil. Ich hatte gehört, Lukaschenko sei in dieser Gegend unterwegs, und ich fragte die Wirtin, ob das der Tisch des Präsidenten sei. Sie schüttelte den Kopf.

»Ochrana.«

Es sei schon wahr, der Präsident besuche heute Schutschin, aber nicht er selbst werde an dem Tisch speisen, sondern seine Sicherheitsleute. Ochrana, ein wichtiges Wort. Das musste nicht sein, nicht gleich am ersten Tag. Ich zahlte und sah zu, dass ich Schutschin hinter mich brachte. Die Rast holte ich später nach, im Dörfchen Galinka, unter den Bäumen der Dorfwiese. Schon in Ostpolen hatte ich russische Holzhäuser gesehen, hier waren sie die Regel. So pittoresk sie aus der Ferne auch anmuteten, wer näher kam, dem blieb nicht verborgen, dass ihre bunten Farben blätterten und ihre geschundenen Türen malad in den Angeln hingen.

Von meiner Wiese aus war Galinka jedenfalls schön. Zwei Männer hielten Siesta vor ihrem Haus, das ganz zugewachsen war von Holunder und Flieder. Wie sie dasaßen auf der Bank unterm Pflaumenbaum, hätte ich hingehen und mich dazusetzen mögen. Zwei Jungen fuhren auf einem Mofa die Dorfstraße entlang, es bockte und litt unter kleinen Explosionen, hörte sich an, als ob es Schluckauf hätte, dann gab es den Geist auf, die Jungen hantierten an ihm herum, bis es wieder zu sich kam und sie wieder ein Stück fahren konnten. Bis es wieder ohnmächtig wurde. Dem Mann, der die Kühe des Kolchos hütete, brach eine Kuh aus, er rannte ihr nach und versuchte sie einzufangen. Als er schließlich bis zu den Knien im Dreck steckte, ließ er sie laufen.

Ich war lange gegangen und begann mich zu fragen, wo ich über Nacht bleiben würde. Mit einem Hotel durfte ich nicht rechnen, es war dünn besiedeltes Land, kleine Dörfer, Kolchosen, Weiler. Vielleicht gab es in Jaludok etwas, so hieß der nächste etwas größere Ort, aber bis dahin waren es noch zehn Kilometer, zwei Stunden also, und sieben lief ich schon. Russlands Chausseen sind wie die östlichen Ströme, weit und breit. Nichts zwingt sie, sich durch enge Täler zu pressen und durch alte Städte zu winden. An einem heißen Tag wie diesem konnte der Blick nach vorn niederschmetternd sein. Immer geradeaus, und kein Ende. Selten lag ein Dorf an der großen Straße, zu den Siedlungen führten Stichstraßen, umso froher war ich, als Karsaki auftauchte. Es bestand aus einer einzigen Straße, sie ging im rechten Winkel von der Chaussee ab, und zwei Reihen von Holzhäusern. Vor dem Staketenzaun jedes Hauses stand – wie in allen russischen Dörfern – eine Holzbank.

Auf der ersten Bank links saß ein älterer Mann mit nacktem Oberkörper und rauchte, im Garten rechts jagte ein Hund ein Schwein. Ich setzte mich zu dem Mann und bot ihm einen Schluck aus meiner Wasserflasche an. Er trank, und nach einer Weile rief er seine Tochter, sie kam im Unterrock und brachte eine Hand voll kleiner Äpfel, die bot er mir an. Ich hatte Hunger und aß sie gern. Nun war es Zeit, ihn zu fragen, ob ich in seinem Haus übernachten könne. Er nickte, ja, sicher, und wir redeten über Pferde. Ich hatte kurz vor dem Dorf einen schönen Braunen gesehen, ein Mann ritt ihn, und mein neuer Bekannter erzählte begeistert, auch er habe ein Pferd. Seine Frau kam an den Zaun, und er berichtete ihr, wer ich sei. Ein Deutscher, der nach Moskau wandert. Aus Berlin. Ja, aus Berlin. Sie blieb hinter dem Zaun und stellte ein Verhör mit mir an.

»Rauchst du?«

»Nein.«

Ihr Mann drehte sich eine Zigarette aus Zeitungspapier. Er riss ein Stück Zeitung ab, streute Tabak hinein, rollte es, fuhr mit der Zunge darüber und steckte es sich an.

»Bist du ein guter Mensch?«

Sie traute mir nicht. Das Verhör fiel nicht zu ihrer Zufriedenheit aus. Sie war gegen mich. Sie ging. Ihr Mann sagte:

»Sie will nicht.«

»Und warum nicht?«

»Ich muss heute Nacht arbeiten, da sie will keinen Fremden im Haus.«

»Ich kann im Garten schlafen.«

»Nein.«

Eine volle Stunde hatte ich umsonst mit ihm auf der Bank gesessen, meine Wasserflasche war leer, die Sonne sank. Missmutig warf ich meinen Rucksack über und ging zum nächsten Haus. Ich rief, klopfte, und fragte mich die ganze Dorfstraße hinunter und hörte zehn Gründe, warum es nicht gehe. Mal war der Mann noch auf dem Feld und die Frau konnte es nicht entscheiden, mal lebte der Mann allein im Haus und hatte keine Frau, mal waren kleine Kinder da und kein Platz, mal war auch ohne Kinder kein Platz. Ich bot an zu bezahlen, ich wies auf meinen Schlafsack hin und war mit einem Plätzchen auf dem Fußboden zufrieden oder im Garten, es fruchtete nichts. Und es war klar, mein Freund von der ersten Bank würde heute Nacht ruhig in seinem Bett schlafen und keineswegs irgendwo arbeiten gehen. Er saß immer noch da, seelenruhig. Ich ging noch einmal zu ihm und zog meine letzte Waffe: Ich appellierte an sein mitleidiges russisches Herz.

»Ja ne magu perenotschewátj na ulize.« Ich kann doch nicht draußen schlafen, auf der Straße.

Achselzucken. Es war mein erster und letzter Versuch. Ich begrub die romantische Idee, an eine russische Bauernkate zu klopfen und um Quartier zu bitten – »nur für diese Nacht, morgen früh bin ich fort« –, im Straßengraben von Karsaki. Was tun? Weitergehen, einfach weiter. Ich habe es in solchen Situationen immer so gemacht und nie bereut. Hier war nichts zu holen. Es ist eigenartig, wie das Gehen durch fremdes Land, allein, auf sich gestellt, die Instinkte weckt und sich seine eigenen Gesetze schafft. Ein Gesetz lautete: Dreh nicht um. Geh weiter, auch wenn du es nicht verstehst. Du wirst es morgen verstehen.

Ich kam an einem Mann vorbei, der im Straßengraben saß und rauchte. Er wisse nicht, sagte er, ob es in Jaludok ein Hotel gebe, früher habe es eines gegeben. Gemeinsam sahen wir zu, wie ein Bäuerlein seinen todmüden Gaul ausschimpfte, aber der wollte den hoch beladenen Heuwagen nicht mehr ziehen, auf dessen Gipfel die alte Bäuerin saß und mit hoher Stimme jammerte. Der Mann im Graben rief den Bauern an.

»He! Hier ist einer, der muss nach Jaludok, nimm ihn ein Stück mit.«

Der missgelaunte Heubauer machte nur eine wegwerfende Geste. Lasst mich in Ruhe. Ich ging weiter, die Auskunft des Mannes im Graben, so vage sie war, ließ mich hoffen. Es war nicht das Hotelbett, nach dem ich mich sehnte, ich hätte draußen geschlafen, es war warm und sah überhaupt nicht nach Regen aus, aber ich war jetzt bald zehn Stunden unterwegs, zehn staubige, schattenlose Stunden, ich verzehrte mich nach einer Hand voll Wasser. Den Staub und Schmier wenigstens aus dem Gesicht waschen, aus dem Haar, aus dem Nacken. Da kam der Bus angefahren. Ein hellblauer, geschundener, kleiner Sowjetbus, ein großes Glück. Haltepunkte gab es immer wieder an der Straße, aber einen Bus hatte ich den ganzen Tag nicht gesehen, und nun kam er und hielt auch noch an. Hundert Meter vor mir war ein Haltepunkt. Ich rannte los, nahm alle Kraft zusammen für den Spurt und kriegte ihn. Er fuhr nach Jaludok.

Ich warf mich auf einen Sitz, und als ich nicht mehr keuchte, sprach ich das Paar neben mir an. Er hatte getrunken und hing mit glasigem Blick in ihrem Arm, aber derselbe Instinkt, der mich vor zwei Stunden angetrieben hatte weiterzugehen, riet mir nun, mich an diese zwei zu halten. Zehn Minuten später hielt der Bus auf dem Dorfplatz von Jaludok. Die Fahrgäste zerstreuten sich, das Paar war ebenfalls im Begriff zu gehen, dann drehte sie sich um und sagte zu ihm:

»Wir können ihn nicht hier stehen lassen.«

Ich verstand plötzlich, warum man mir in Karsaki so ablehnend begegnet war. Ich war mit den Leuten Bus gefahren, nur wenige Kilometer, aber es reichte, mich zum Teil und zum Problem des Buskollektivs zu machen oder doch des Ehepaares, das im Bus ein paar Worte mit mir gewechselt hatte. In Karsaki hatte ich einfach zu viel verlangt. Ich kam aus dem Nichts, ein vollkommen Fremder in einem Dorf, durch das der letzte Fremde wahrscheinlich vor vielen Jahren gekommen war, wenn überhaupt, und der letzte Deutsche womöglich im Krieg. Ich stellte mir vor, wie die Einwohner des Dorfes, in dem ich als Kind gelebt hatte, reagiert hätten, wäre ein Russe aufgetaucht und hätte in schlechtem Deutsch gebeten, ihn über Nacht aufzunehmen.

Das Paar stand abseits und redete, anscheinend gab es ein Problem, dann ging er, sie blieb. Hier war meine Chance, ich musste sie festhalten, es war die einzige. Ich zeigte der Frau Fotos von daheim und bot ihr etwas Geld an. Sie rief ihm nach.

»Drei Dollar!«

Nun löste sich ein angetrunkener und auf den ersten Blick unangenehmer Dorfheld aus der Bier trinkenden Runde auf dem Platz und kam auf mich zu, im weißen Hemd, das über dem Gürtel spannte. Er hielt mir seine Bierflasche hin.

»Trink!«

Ich nahm einen Schluck. Er hatte mich beobachtet. Er hatte verfolgt, was ich mit dem Paar verhandelte. Er sprach mich an in der lauten, deppenhaften Art, in der man zu einem Fremden spricht, der zu dumm ist, die eigene Sprache zu verstehen.

»Ich habe Bruder. Bruder Auto. Du weg hier. Bruder fährt. Du in Stadt. Sechzig Mark.«

Die Summe war indiskutabel in einem Land, in dem ein warmes Essen plus Salat und Brot und zwei Flaschen Bier drei Mark kostet und eine Nacht im Hotel fünfzehn. Ich sagte ihm das.

Er wiederholte sich. Ich müsse weg hier, der da sei sein Bruder, und der fahre mich jetzt. Es war kein Angebot, es war eine Ausweisung.

»Du Pass?«

»Ja, sicher.«

»Her damit.«

Er spielte jetzt den Dorfsheriff, und ich konnte nicht sicher sein, ob er nicht tatsächlich etwas in der Art war in seinem weißen, beinahe sauberen Hemd, Kolchosbauer war er jedenfalls nicht, und ich stand ihm und seiner Meute allein gegenüber auf diesem staubigen Dorfplatz, also zeigte ich ihm den Pass, die Meute drängte sich um ihn, eine Weile waren sie beschäftigt. Wohin war der Mann aus dem Bus gegangen? Seine Frau blieb da, sie begriff, dass die Lage leicht kippen konnte. Der Sheriff war mit dem Blättern in den exotischen Visa durch.

»Deutscher.«

Er hob seinen Blick vom Pass und sah mich von unten bis oben an. »Weißt du, wo du hier bist? Nein? Du bist in der Partisanenzone.«

Endlich kam der Mann aus dem Bus zurück, noch etwas betrunkener, als er gegangen war, wie mir schien, aber guter Dinge. Er zeigte mir seinen Ausweis, eine harmlose Angeberei. Es war der Werksausweis einer Waffenfabrik. Nun war alles klar. Er wollte mir helfen, aber es war ihm zu riskant, diesen Fremden in seinem eigenen Haus zu haben, wer weiß, was für Scherereien er sich einhandelte. Und er wollte sich die Dollars nicht entgehen lassen. Er hatte die Lösung gefunden. Er kassierte und brachte mich zu einem verfallenen Holzhaus am Ende seiner Straße, darin wohnte ein ausgemergelter kleiner Mann mit unglaublich ruppigen Manieren. Er sprach nicht, er blaffte und raunzte, es war nicht eine bestimmte Wut oder ein fassbarer Ärger, es war einfach seine Art. Er wirkte wie einer, der lange nicht unter Menschen war, verwildert, verlassen. Seine Hose schlotterte ihm um die Knochen, als er mich hineinführte, durch sein eigenes Schlafzimmer in meines, es war nur durch einen Vorhang aus Plastikstreifen von seinem getrennt, und die Pritsche, die er mir anwies, war so dreckig wie alles in seinem morschen Haus. Licht gab es nicht. Ich bat um Waschwasser, er warf mir eine stinkende Strickdecke hin, mit der ich mich zudecken sollte, dann verschwand er in dem Raum, der einmal die Küche gewesen war, der Ofen war eine offene, rußschwarze Feuerstelle, kam mit einem dreckigen Blecheimer wieder, blaffte mich nach draußen und goss mir kaltes Wasser über Kopf und Oberkörper. Es tat gut. Es tat sehr, sehr gut. Ich war glücklich.

Dann verlangte er Wein. Ich hatte uns im Dorfladen ein Abendbrot gekauft, Wasser und Schokolade, er zog eine angewiderte Grimasse, als ich ihm davon anbot.

»Winka!«, schrie er.

Ich ging noch einmal zum Univermag, dem Staatsladen für alles. Ich beeilte mich, denn ich hatte eine Flasche Wodka im Rucksack versteckt, als Notgeschenk, die sollte er auf keinen Fall finden. Seine Katze beobachtete mich, und ich hatte sie im Verdacht, auf das Aufspüren von Wodka abgerichtet zu sein. Sobald ich zurückkam, ging ich unter einem Vorwand hinein, aber die Flasche war noch da. Weg war mein Freund aus der Waffenfabrik, ich war sicher, dass er die drei Dollar eingesackt hatte und dem Kleinen nichts davon abgab. Der trank den Wein, den ich geholt hatte, wie Wasser, aus einem großen Glas in einem Zug. Nun, da wir gemütlich vor seinem Haus saßen, fragte ich ihn:

»Wie geht's?«

Er zog wieder eine Grimasse. »Frag nicht.«

»Wo ist deine Frau?«

Grimasse.

»Wie heißt du?«

»Kalender.«

»Kalender? So heißt doch kein Mensch.«

Er lachte ein kurzes, kehliges Lachen. Ich bemerkte die Tätowierung auf seinem Arm. Sie war sehr primitiv. Ein Halbbogen, davon wegführende Striche. Es sollte die aufgehende Sonne sein, zwischen ihren tintenblauen Strahlen stand je ein kyrillischer Buchstabe: Siwir. Sibirien. Ich zeigte hin.

»Warst du da?«

Geräusche. Grimasse.

»Winka!«

Ich ging noch eine Flasche holen, mit dem Vorsatz, es damit gut sein zu lassen, ich hielt ihn nicht für bösartig, ich hielt ihn sogar für eigentlich gutartig, irgendwann in seinem Leben war etwas Feines an ihm gewesen, das er seit langem einsaute und überschrie. Aber ich hatte auch keine Lust auf Raufereien und

Lärm. Ich war allein, und mir war gesagt worden, wo ich war. Partisanenzone.

Dann lag ich auf der Pritsche und hörte seinen Atem gehen und sah den Stern, der in meinem Fenster stand, den einzigen. Keine halbe Stunde, und er machte Licht und Lärm nebenan und stand auf, um eine zu rauchen, dann machte er das Licht wieder aus und schlief eine Weile. Nach zwanzig Minuten war er wieder wach, lärmte, rauchte eine, lief umher, murmelte, redete. So ging es die halbe Nacht, er fiel in einen unruhigen, rasselnden Schlaf, fuhr spätestens nach einer halben Stunde hoch, rauchte wieder und sprach mit sich selbst und mit seinem Dämon. Ich tat kein Auge zu. Erst als die Nacht am tiefsten und am kältesten war, überwand ich meinen Ekel und kroch unter die vor Schmutz ganz filzige und fettige Strickdecke, sie war schwer und wärmte mich, und ich war froh, dass sie da war, sie stank auch schon weniger und fühlte sich besser an.

Schließlich war ich doch eingedöst. Sein Schrei stach in meinen Schlaf wie ein Messer. Er schrie unglaublich laut und wild, wie ein Tier. Er wachte nicht mehr auf. Er war tief in seiner unteren Welt, wo die schlechten Geister sind, und er kämpfte mit ihnen. Alle zehn oder zwanzig Minuten fielen sie über ihn her, und dann schrie er in seiner Todesnot, schrie um sein Leben. Mir war, als ob das Land selbst schrie, die Äcker, die Steppe, die Gräber, die Massengräber. Er nahm es auf sich, wie ein besessener Bote rang er dort unten mit den Dämonen. Irgendwann kam nur noch ein halber Schrei, und ich wusste, das war der letzte. Und irgendwann rief er mich.

»Fritz!«

Es war sechs Uhr, es war hell, und er nannte mich Fritz, wie sie hier alle Deutschen Fritz genannt hatten, und ich sagte:

»Hier bin ich.«

Dann kam eine Frau, sie ging an sein Lager und sprach sanft zu ihm wie zu einem kranken Kind. Ich hörte sie nur und sah nur kurz ihr graues Haar, als ich aufstand, war sie schon fort. Sie hatte warme Blini mitgebracht, die sie frisch gebacken hatte. Sie schmeckten vorzüglich. Das Grobe war aus Kalenders Wesen verdampft, wie ein Mensch nach einem schweren Kampf eine Weile ganz zart und durchscheinend ist. Er schrie nicht mehr beim Reden. Der er einmal gewesen sein musste, schimmerte durch. Er verriet mir seinen Vornamen, der nicht weniger seltsam war als der Nachname. Tschess. Er brachte mich noch zum Dorfplatz, und sobald er unter die Männer kam, die zu dieser frühen Stunde schon herumstanden, rauchten, Bier tranken und handelten, wurde er von Minute zu Minute lauter und gröber. Als ich ging, hatte er seine Tageslautstärke bereits wieder erreicht.

Das komplizierteste Land der Welt

IN BELIZA ging ich zum zweiten Mal über die Memel, die dort weite, wilde Auen hat. Es war ein wolkenloser Tag, schon der Morgen war heiß, und von Zeit zu Zeit zweigten Abfahrten ab zu Kolchosen, die Oktjabr hießen oder Wostok. Oktober und Osten. Irgendwann einmal, als die Zeit noch groß und die Zukunft noch hell war, hatte sich jede Kolchose an der Landstraße ein gewaltiges gezacktes Monument errichtet, es stellte entweder etwas Abstraktes dar oder den Kolchosnamen in Beton oder beides. Und das war nicht alles. Irgendwo auf freiem Feld oder im Wald standen weitere Monumente in Form einer Sowjetfahne oder abstrakter Zacken, sie riefen den Arbeitern und Bauern zu: Slawa truda! Es lebe die Arbeit! Oder: Wald ist Leben! Oder sie erinnerten an den Sieg im letzten Krieg. Lauter Riesenausrufezeichen. Wenn das Land etwas im Überfluss hatte, waren es Monumente, die Erinnerung wog nach Tonnen. Oft waren diese viel zu gewaltigen, viel zu klobigen, viel zu gezackten Propagandawerke das Einzige weit und breit, was gepflegt wurde. So überanstrengt stand die Erinnerung in diesem staubflachen, immer wieder in Leeren und Fernen sich verlierenden Land, so überschwer, dass man fürchten musste, sie werde einfach in seinem weichen, sumpfigen Boden versinken – so heillos hilflos, dass ich plötzlich etwas wie Mitleid mit dem Kommunismus empfand.

Er nahm menschliche Züge an. Alt war er. Er konnte nicht mehr. Ich ging durch sein gefallenes Reich, durch die Hallen wehte der Wind, Unkraut wuchs in seinen Sälen, ich traf ihn in seinem letzten Stadium an und betrachtete ihn mit der etwas angeekelten Neugier, mit der man einen alten Wüstling und Familientyrannen ungeniert anschaut, jetzt, wo er nur noch die Ruine seiner lebenslangen Raserei ist, einer Empörung gegen Gott und die Welt, wie sie war, wie sie ist, wie sie sein wird. Ein vor Vergeblichkeit zitternder kleiner Mann, der wütend versucht, eine gewaltige Frau zu besteigen und ihr unentwegt zuflüstert, aber ich liebe dich doch, ich liebe dich doch, folge mir, ich erlöse dich von deinen falschen Träumen, und der, während er auf ihr predigt und predigt, alles zerstört, was er berührt und am Ende sich selbst. Die Riesin leidet schrecklich unter ihm, er misshandelt sie, wo er kann, und bringt sie fast um, aber eines Tages ist er alt und schwach, und sie spürt es und wirft ihn einfach ab und zertritt ihn mit ihren großen Füßen.

Ich erreichte Nowogrudok an einem heißen Mittag, und ein Mann mit Nike-Kappe und US-Army-Hemd sprach mich an. Jeder, der mich bisher angesprochen hatte, hatte nach dem Woher gefragt. Dieser fragte, wohin ich ginge, und als ich es ihm hersagte, Minsk, Borissow, Orscha, Smolensk, Mojaisk und irgendwann Moskau, schlug er mir auf die Schulter: »Den Weg nehmen die Deutschen immer.«

Die kleine Stadt liegt auf einer der wenigen Anhöhen von Belarus, die Qual des Aufstiegs lief literweise an mir herab. Alles, was ich im Moment suchte, war eine schattige Stelle, an der ich die Last abwerfen und mich hinstrecken konnte. Das alte Hotel »Europa« am weiten, stillen Zentralplatz war seit dem Krieg geschlossen, aber gleich gegenüber fand ich ein neues, privates, und ich hätte die Privatwirtschaft küssen können. Sie trat mir entgegen in Gestalt zweier fürsorglich-freundlicher älterer Damen, und es gab eine heiße Dusche, und sie funktionierte auch, und die Damen ließen sich von meinem verwahrlosten Aussehen nicht abschrecken, sie musterten mich nicht einmal und taten so, als sei ich ein ganz normaler Gast, der den Mercedes, den er nach Moskau überführt, neben dem Hotel geparkt hat.

Und so war alles in Nowogrudok. So heiß es war, die Luft hier oben war würzig und frisch, und ich beschloss, zwei Tage zu bleiben und mich von den Strapazen meiner ersten weißrussischen

Woche zu erholen, hoch über der brütenden August-Ebene, über dem Dunst da unten, der eurasischen Maßlosigkeit enthoben. Sonnenlicht stand in meinem Zimmer, wärmte die blanken Dielen, sie nahmen diesen harzigen Honigton an, der mir in der Nacht meines Abmarsches aus Berlin so schwer vor den Füßen gelegen hatte, und das Bett war nicht klamm und roch nicht nach altem Schweiß, es war frisch bezogen und, guter Gott, es gab heißes Wasser. Mit den staubigen, durchtränkten Sachen fiel die Last von mir ab, mich unentwegt vorwärts kämpfen, mir jeden Becher salziges Wasser erobern zu müssen, jeden Platz für die Nacht.

Es gab einen Spiegel, einen guten, verlässlichen Spiegel. Zum ersten Mal seit Polen sah ich mich wieder und sah ein verwildertes, sonnenverbranntes Gesicht. Es gehörte einem dreckigen, nach Feld und Straße stinkenden Mann. Ich sah ihn mir genau an, dann ging ich hinunter und nahm die erste Mahlzeit seit drei Tagen ein.

Ich war noch nie in Skandinavien gewesen, aber wenn es einen skandinavischen Kommunismus gäbe, dann sähe er aus wie Nowogrudok. Es war nicht nur die gute Fichtennadelluft. Die Aura einer stets frisch gebohnerten, aber nur zu Großvaters Geburtstag benutzten schwedischen Stube lag über allem, die heftigen Dinge des Lebens hatten Stubenverbot. Dazu das mürbe Rot und das Spielzeugblau der Holzhäuser dieser ganz unstädtischen kleinen Stadt, das rührende Weiß frisch getünchter Kirchen, hier die katholische, drüben die orthodoxe, und die Rabatten blühten und waren nicht verkarstet, und nicht ein Betrunkener lag unter den Tannen im Park, überhaupt die Tannen, sie trugen nicht wenig zur nordischen Aura bei, die eigentlich nur zwei Farben hat, blau und grün, und die Mittel zum Leben in dieser moosweichen Morgenhelle kaufte man in einem Laden, der allen Ernstes Edelweiß hieß, kyrillisch geschrieben, versteht sich.

Gleich gegenüber meinem wunderbaren Hotel lag das Museum von Nowogrudok, wenige Schritte über die Straße, und ich trat ein und stand vor der vermutlich vielsprachigsten und ganz sicher schönsten Museumsdirektorin zwischen Berlin und Moskau. Sie hieß Tamara, und ich erzählte ihr von einem Historiker aus Minsk, den ich dort zu treffen versuchte, und Tamara lächelte und sagte, dieser Historiker sei nicht nur hier geboren, er sei auch gerade in der Stadt. Sie telefonierte, und es stimmte, Boradyn reparierte den Staketenzaun um das Haus seiner Mutter. Bald darauf erschien er. Als Erstes führte er mich auf den Burghügel. »Sehen Sie den Baum da drüben?« Ich sah einen einzelnen, hohen Baum auf der Anhöhe jenseits der Senke.

»Da war ein Dorf. Es existiert nicht mehr. Eines Tages kamen sieben Partisanen mit zwei Pferdewagen in dieses Dorf, um Proviant zu requirieren. Es war spät, und sie übernachteten bei einem, den sie aus der Zeit vor dem Krieg kannten. Dessen Sohn war aber bei der Dorfpolizei. Der Mann verriet die sieben. Die Polizei erschoss sie bis auf einen. Dieser entkam, doch er kehrte zurück, um den Mann, der ihn verraten hatte, zu fragen: Warum hast du das getan? Der Mann erschlug ihn mit der Axt. Jüdische Partisanen beobachteten das Haus viele Wochen lang. Dann ergriffen sie eine Gelegenheit und schlugen alle Mitglieder der Familie tot, mit der Axt, außer den angeheirateten Frauen. Nur den Sohn, der bei der Dorfpolizei war, erwischten sie nicht. Der fühlte sich unsicher in seinem Dorf nach dem Krieg und ging in die Ukraine. Vor wenigen Jahren fand man ihn tot in seinem Badezimmer – erwürgt. Der Fall wurde nie aufgeklärt.«

Die folgenden Stunden vergingen mit Erzählungen dieser Art. Boradyn lief mit mir durch Nowogrudok und schlug es auf wie ein Buch, das keiner lesen und keiner drucken will. So ungefähr war es auch. Boradyn hatte einen Band über die Partisanen geschrieben, und er war selbst einer. Seine Methoden waren Partisanenmethoden. Er befragte Zeugen, die noch keiner befragt hatte, stöberte in den Dörfern und auf den Friedhöfen herum, requirierte Erinnerungen und Quellen, verglich sie mit der offiziellen Geschichtsschreibung und führte Guerilla-Attacken auf die Heldenlegenden der sowjetischen Großerzählung. Viel Hoffnung auf Sieg hatte er nicht. »So lange die Leute, die auf sowjetischer Seite an der Geschichte beteiligt waren, in hohen Positionen sind, leben ihre Legenden.« Es brauche, sagte er, mindestens eine Generation, um die Wahrheit zu sagen.

Die Wahrheit. In Ostpolen hatte mich ein Mann über den Friedhof einer Kleinstadt geführt, und ich hatte geglaubt, es sei der komplizierteste Friedhof der Welt. Partisanen, polnischstalinistische Geheimdienstleute, Rotarmisten, Nationalisten, Kommunisten, Katholiken, Orthodoxe – alle hatten sich im Leben gegenseitig bekämpft und getötet, und alle lagen nun auf demselben Friedhof, er hatte für jeden Irrsinn, für jedes Ideal eine kleine oder große Abteilung. Weißrussland war genauso, nur noch etwas komplizierter. So kompliziert und grausam wie die Geschichte von dem Dorfpolizisten, den man tot in seinem Badezimmer fand. Es hatte hier polnische Weißrussen gegeben, die so schwer unter Stalin gelitten hatten, dass sie am Beginn des Krieges lieber mit den Deutschen gegen die Sowjets kämpfen wollten als umgekehrt. Und die Sowjets hatten erst mit den Deutschen die Aufteilung Polens gefeiert und später die polnische Elite in Katyn erschossen. Dann hatte es Weißrussen gegeben, die eine Wiederkehr der alten polnischen Dominanz fürchteten und bei den Deutschen erfolgreich darauf drängten, die Polen als deren Bündnispartner zu ersetzen. Und dann waren da jene sowjetischen Russen, die als Partisanen in die Wälder gegangen waren, die ich vom Burgberg sah. Wostotschniki nannten die Weißrussen diese Leute. Ostler. Die von dort hinten aus Russland, nicht von hier. Aus Smolensk oder noch weiter östlich. Wieder war der Osten woanders. Es hatte also Weißrussen gegeben, die Deutsche töteten, und solche, die Partisanen töteten. Dass sich hier Hoffnungen auf Deutschland gerichtet hatten, ist schwer zu begreifen nach allem, was man heute weiß. Aber war nicht unter den Deutschen im Ersten Weltkrieg der erste belorussische Schulunterricht in dem besetzten Land eingeführt worden? Um es noch komplizierter zu machen: Auch bei den Deutschen fanden sich verschiedene Haltungen. Was war besser: die Weißrussen auszubeuten, umzusiedeln, letztlich auszurotten oder sie als verbündetes Vasallenvolk zu gewinnen? Unter den deutschen Besatzern gab es einige, welche die weißrussischen Hoffnungen nährten, weil sie sie teilten, bis hinauf in die Spitze des Generalkommissariats.

Zwischen all diesen für sich schon höchst komplizierten Frontverläufen standen diejenigen weißrussischen Juden, die sich in die Wälder hatten retten können. Den sowjetischen Partisanen als bourgeoise Elemente suspekt, hatten sie unter ihnen zu leiden, waren aber andererseits oft für deren Versorgung zuständig, und beim Requirieren in den Dörfern konnte es geschehen, dass auch Wertsachen und Gold unter den Proviant gerieten, was manchen jüdischen Trupps bis heute den Ruf eintrug, halb Partisanen, halb Räuberbanden gewesen zu sein. Der Boradynbrunnen sprudelte. »Ein Partisanenführer, Sorin hieß er, hatte es sich zur Gewohnheit gemacht, einmal im Monat zu heiraten. Er kam in ein Dorf, legte Gold auf den Tisch und forderte eine Frau.«

Boradyns Geschichten gingen mir nach. Sie antworteten auf das, was ich gehört hatte, bevor ich aufgebrochen war, auf die Erzählung des Filmproduzenten vom müden Land. Es war das Drama einer noch kaum erwachten und schon doppelt geschlagenen Nation – aus der sowjetischen Barbarei in die Hölle der SS. Die Weißrussen wären – nur weg von Stalin – unter Pilsudskis Regime gegangen, aber der polonisierte allzu rabiat. Sie hätten sich unter die Herrschaft der Deutschen begeben, aber deren Krieg rottete fast ein Viertel von ihnen aus. Sie kamen wieder unter die Sowjets, und sie bekamen Tschernobyl. Sie bekamen immer das Schlimmste ab und das meiste, im Krieg wie im Frieden, sie kannten Geschichte nur als den grausamen Croupier, der ihnen in einem bösen Spiel das Unglück hinüberschob. Jedes Mal.

Wenn es Nacht wurde in Nowogrudok, sammelten sich die jungen Männer und die jungen Frauen auf dem dunklen Zentralplatz, standen da bis lange nach Mitternacht, tranken Bier aus Flaschen, gingen tanzen im Volksheim, durch das ein Stroboskop zuckte wie ein Zitat von der elektrischen Seite der Welt. Gemäßigter Techno, wie ein Mitbringsel aus Berlin. Immerhin, kein

Russenpop. Dessen Sommerhits verfolgten mich bis in den Schlaf, besonders einer. »Ja ljublju tebja.« Ich liebe dich, ich liebe dich. Er lief mir nach und war immer schon da, wo ich auch hinkam. Heute Abend war er in Nowogrudok.

Die jungen Männer auf dem Platz hatten etwas, das ich aus Berlin kannte. Das kurz geschorene Haar, die kantigen Gesichter, die Narbe darin, eine Unreinheit, eine gesprungene Lippe vielleicht, diese knochige, schrundige Art, die großen Augen, die oft das Hagere, Kahle machten. Die inneren Bilder, die sich auf diesen Gesichtern spiegeln, sind die von Ledermantel und Lager, beides. Das Rohe und das Verletzte. Die jungen Frauen waren zuckerbäckersüß, Lucky Strike im Mund, Coca-Cola in der Hand, Lebenshunger in den Augen. Der ganze Kahlschlagstil, man findet ihn in allen Städten nach dem Krieg, in Sarajevo und Pnom Penh und in Königsberg und all diesen Orten, in denen der Krieg lange her, aber noch nicht zu Ende ist. Es ist das Gesicht einer Zeit zwischen einem radikalen Danach und einem irrlichternden Vor-was-denn-eigentlich. In Berlin war das Mode, hier dagegen kam die Hagerkeit vom kargen Essen, die Narbe von der Feldarbeit oder von einer Rauferei, auch die Grobheit war echt.

Ein junger Kerl, zwei Wodkaflaschen in der Hand, ging in die Bar am Platz auf einen Tisch mit zwei Mädchen zu und versuchte, eines zu küssen. Sie wehrte ihn ab und setzte ein strenges Gesicht auf; das können sie gut, die jungen Russinnen, aber sie halten den Hochmut nicht lange durch, ihre Freundin lächelte schon bedeutungsvoll, und wenn die Angeküsste sich ihr zuwandte, musste sie auch kichern. Die jungen Männer kennen das Spiel und lassen sich von gar nichts abhalten. Bauerntheater, belorussisch. Ich ließ beide Fenster weit offen stehen, legte mich aufs Bett und roch, wie der Brandgeruch wieder aufstieg und durch mein Zimmer zog.

Die Liebe eines russischen Partisanen

ALS ERSTES sagte er, er könne sich nicht erinnern. Jemand hatte die weißen Nesselvorhänge zugezogen und das grelle Mittagslicht aus dem Zimmer gesperrt, nur ein dünner Streifen fiel herein und berührte seine Hände, seine schönen, schlanken Hände. Eigenartig, er war gekommen, und es war doch ein Verhör, eine Beichte. Aufrecht saß er da, die Beine übereinander geschlagen. Keiner, der ihn nicht kannte, hätte ihn für einen Greis gehalten, was er den Jahren nach war, er sah einfach zu gut aus, zu groß, zu straff, zu klar die eisblauen Augen.

Er war ungefähr den Weg gegangen, der hinter mir lag, von Deutschland nach Nowogrudok, diesen Sommer vor achtundfünfzig Jahren, im Krieg, auf der Flucht. Aber von wo er geflohen war, darauf könne er sich nicht besinnen, nicht auf den Ort, nicht einmal auf die Region. Sicher war nur, dass er volle zwei Jahre als Kriegsgefangener in Deutschland zugebracht hatte. Dann der Name Ares, zögernd kam er von seinen Lippen. Er nannte die Stadt seiner Internierung so. Ares oder so ähnlich. Er war Russe, ein Wostotschnik, seine Heimatstadt war Smolensk, er hatte einer der Divisionen der Roten Armee angehört, welche die Wehrmacht gleich zu Beginn ihres Feldzuges gegen die Sowjetunion in mehreren spektakulären Kesseln gefangen genommen hatte. »Wir konnten nicht siegen, wir hatten viel zu wenig Munition.«

In Ares, oder wie immer es hieß, sei es ihm nicht übel ergangen. Er und seine gefangenen Kameraden wurden in Gruppen auf die Felder geführt, im Sommer zum Mähen und Dreschen, aber auch im Winter mussten sie arbeiten, nur sonntags nicht.

Das Wichtigste: es gab ausreichend zu essen. In den zwei Jahren war keiner von ihnen gestorben. Trotzdem keimte der Gedanke an Flucht, auf zwei Freunde glaubte er sich verlassen zu können. Erst einmal sah nichts danach aus. Er stieg zum Führer seiner Baracke auf, von fünfundvierzig Mitgefangenen, und es kam noch besser. Der Chefkoch des Lagers, ein deutscher Gefreiter, mochte ihn. Er lud ihn in seine Stube ein und steckte ihm regelmäßig Essen zu. »Wir wurden Freunde.«

Als der Mann aus Smolensk Typhus bekam, sah er die andere Wirklichkeit der Lager. Durch das Lazarett für Kriegsgefangene, in das er gebracht wurde, ging Morgen für Morgen ein Offizier und trat jeden der Kranken, die auf dem Boden lagen, gegen die Füße. »Noch am Leben?« Draußen gab es eine große Grube, und wer die Augen nicht mehr öffnete oder den Kopf nicht mehr hob, wurde hinausgeschleift und hineingeworfen, zu den anderen steif gefrorenen Toten – der Winter '41 war sehr kalt.

Doch er hatte wieder Glück und überlebte. Zurück im Lager, päppelte ihn sein Freund, der Koch, hoch. Lud ihn zu sich ein, stellte ihm eine gute Suppe hin, ließ sie ihn mitnehmen in die Baracke. Der Koch hatte auch Verständnis für den Durst seiner Russen. Dem Gefangenen, der ihn um etwas Zucker bat, schickte er eine große Aluminiumkanne, die Baracke schnitzte einen Holzdeckel dafür; dann lieferte die Küche ein Säckchen Zucker plus Hefe, und alle taten so, als sei es zum Kuchenbacken. Nun waren die Zutaten für die alkoholische Gärung beisammen.

Als er wegen einer Verfehlung in ein anderes Lager verlegt werden sollte, war es Zeit zu handeln. Inzwischen waren zwölf Mitgefangene eingeweiht, aber in der Nacht der Flucht erschienen nur die drei Freunde an der verabredeten Stelle am Stacheldraht. Über einen Monat waren sie unterwegs, strikt nachts, von der Dämmerung bis zum Morgengrauen. Nahrung suchten sie auf abgeernteten Feldern. Wo sie waren, wussten sie nur ungefähr. Manchmal wagten sie es, an einem einsam gelegenen polnischen Bauernhaus anzuklopfen, dann gab es, wenn sie Glück hatten, etwas Warmes zu essen. Sie kamen durch, alle drei, bis in diese Gegend. Hier nahmen sie Kontakt zu den Partisanen auf. Er wollte weiter, durch die Front heim nach Smolensk zur Familie, aber der Parteikommissar drängte ihn zu bleiben, als Partisan. »Wir besorgten uns deutsche Waffen bei einem Posten am Bahnhof Nowojelna.«

Ich fragte ihn, ob der Posten das überlebt habe.

»Niemand gibt freiwillig seine Waffe ab.«

Für die Deutschen war er ein Gefangener auf der Flucht. Für die Weißrussen war er ein Wostotschnik. Und für die Sowjets so etwas wie ein Verräter. Er hatte bei den Deutschen gearbeitet, zwei Jahre lang, gezwungenermaßen natürlich, aber für Feinheiten war nicht die Zeit. Auf solche wie ihn waren sowjetische Politkommissare nicht gut zu sprechen. Es war Verrat, dort gewesen zu sein, und den Verräter erwartete daheim nichts Gutes, wenn er die Lager des Feindes überlebte, gesund und anständig ernährt obendrein. Aber er hatte nicht untätig auf seine Befreiung gewartet. Er war kein Verräter. Er war unter Lebensgefahr zu Fuß aus Deutschland geflohen, bis kurz vor Minsk in vierzig Nachtmärschen. Er war nicht dumm. Seine Gefangenschaft, er wusste es, verdankte er den tyrannischen Methoden des Offiziersmörders Stalin, aber das tat nichts zur Sache, das schluckte man besser hinunter. Er hatte aus Sicht Väterchen Stalins etwas gutzumachen, und er hatte es gutgemacht, und nun brachte er die Sache zu Ende und ging in die Wälder, wie sein Politkommissar es von ihm verlangte. Er war rehabilitiert.

Ich fragte ihn nach seiner Partisanenzeit, und er erzählte bereitwillig. Seine Abteilung sei die mobilste und kampffähigste der Gegend gewesen. Andere Gruppen kamen nur zeitweise hierher, seine führte sie dann. Mit nicht mehr als zweihundert Mann kontrollierten sie die gesamte Eisenbahn zwischen Nowogrudok und dem Memelfluss, bevor sie sie im Juni '44 total zerstörten. »Unser Krieg war ein Gleiskrieg«, sagte er. »Der Befehl kam aus Moskau.«

Er erklärte die Arbeit. Eine Eisenbahnlinie zu sprengen sei nicht schwer. Viel leichter, als eine zu verlegen. Er war der Kommandeur seines Zuges. Wenn die Nacht da war, gab er jedem eine Mine, ein Stück Sprengstoff, so groß wie eine Zitrone; er selbst hatte den Sprengstoff von Kurieren, die ihn von der sowjetischen Seite der Front brachten. Sie gingen zur Bahn, und er verteilte seine Männer in lockerer Reihe am Gleis auf einer Länge von drei Kilometern. Dort lagen sie und beobachteten angestrengt den Himmel. Es war wirklich leicht. Zünder in den Sprengstoff gesteckt, Zündschnur dran, die brauchte drei Minuten. Jeder Mann hatte seine Zigarette in der Hand. Ein erstes Raketensignal, und alle rauchten. Ein zweites, und alle liefen zum Gleis und deponierten die Mine zwischen den Schienen, schön in der Mitte. Beim dritten Signal Zigarettenglut an die Schnur – und weg. Drei Minuten, und die Eisenbahnlinie war auf drei Kilometern kaputt.

Ich fragte ihn, ob er auch gekämpft habe.

»Es gab viele Kämpfe. Die Deutschen wussten, wo meine Abteilung lag und wie groß sie war. Mit ihnen war es eine klare Sache, es war ein Krieg gegen die Deutschen. Aber wir haben auch gegen die Polen gekämpft. Es gab polnische Einheiten, die gegen die Deutschen kämpften, aber hier an der Memel gingen die Polen gegen die Partisanen vor. So waren wir gezwungen, sie zu liquidieren. Sie wurden vernichtet.«

»In einem Dorf wird ein Deutscher von Partisanen getötet, daraufhin vernichten die Deutschen das ganze Dorf. Das ist oft vorgekommen. Haben die Partisanen so etwas auch getan?«

»Natürlich.«

»Haben Sie es erlebt?«

»Da war ein Mädchen, sie lebte in einem Dorf, ein gutes Mädchen. Und eine gute Familie, sehr kultiviert. Sie hielten ihr Haus und was ihnen sonst gehörte sehr ordentlich. Ich war erstaunt, dass so eine Familie in so einem rückständigen Dorf lebte. Sie war ein gutes Mädchen.«

Nach einigem Zögern setzte er hinzu: »Sie wurde ermordet.«

»Deutsche?«

Er schüttelte den Kopf.

»Partisanen?«

Er nickte. Die Partisanen hätten erfahren, dass ihr Vater oft nach Nowojelna fuhr und den Deutschen Informationen über sie gab. Daraufhin hätten sie die ganze Familie ermordet.

Ich fragte ihn, wie das Mädchen hieß.

»Valentina.«

Ich fragte ihn, ob er sie geliebt habe.

»Ja.«

Ich fragte ihn, ob es seine Abteilung getan habe.

»Ja.«

»Waren Sie bei der Aktion dabei?«

»Nein.«

Wir kamen auf die Zeit nach dem Krieg zu sprechen. Er genoss großes Ansehen damals, er war ein Held. »Wir waren die Macht nach dem Krieg.« Und nach einer ganz kleinen, versonnenen Pause: »Ich war die Macht.«

Zusammen mit dem Politkommissar leitete er die Geschicke der Stadt. Sie sorgten für Brot. Brot für alle. Es ging schnell voran in Nowogrudok, viel schneller als in seiner Heimatstadt Smolensk, und so holte er seine Hunger leidende Familie her. »Wir waren nicht reich, aber es ging uns gut.« Er wirkte stolz, als er das sagte. Es war der ruhige, nicht im Mindesten auftrumpfende Stolz eines Veteranen, der in dem sicheren Wissen lebt, alles richtig gemacht und seinen Mann gestanden zu haben, als andere wankten. Der mit sich im Reinen ist und einem Jüngeren sein Epos singt. Nun war er am Ende angelangt.

In unser Schweigen hallten zwei Namen nach. Ares und Valentina. Die Liebe und der Krieg. Es gab keine Stadt namens Ares. Ares ist ein Amulett. Man legt es auf die böse Stelle im Leben, und nach einer Weile weiß man wirklich nicht mehr, wo man damals war. So erklärte Tamara, die Museumsdirektorin, es mir. »Sie haben alle ihr Ares, die aus deutscher Gefangenschaft kamen. Sie können sich alle nicht erinnern, wo sie waren.«

Wo kein Ort, da keine Gefangenschaft, da kein Verrat. Das verstand ich, und auch, dass er einmal zu einem Deutschen über seinen Freund hatte sprechen wollen, den deutschen Koch, von dem die Gestapo nichts wissen durfte und erst recht nicht sein Kommissar. Aber warum Valentina, warum hatte er von ihr angefangen? Ares war abgegolten, Valentina nicht. Er war ein geachteter Mann, ein sowjetischer Held. Nein, sein Vaterland hatte er nicht verraten, viele Male hatte er sein Leben eingesetzt, einen Verrat gutzumachen, den es nicht gab. Aber seine Liebe hatte er verraten, als das Partisanengesetz ihr Leben forderte, und das Vaterland dankte es ihm. Bis vor einer halben Stunde hatte vielleicht niemand von dem heimlichen Grab gewusst, und es lag nicht bei einer Birke, es lag in seiner Brust. Er stand auf, ich stand auf. Wir gaben uns die Hand, und er ging in den strahlenden Sommertag hinaus.

Staub der Tage

ICH VERLIESS Nowogrudok bei Sonnenaufgang und ging hinab in die Hitze der Ebene, die von Tag zu Tag zunahm. Jemand hatte gesagt, dies sei der heißeste Sommer seit hundert Jahren, aber noch stand die Sonne tief, und die Allee nach Karelitschi nahm mich in ihre langen Schatten. Viele waren um diese frühe Zeit unterwegs, Männer und Frauen kamen mir entgegen wie an einem Feiertag, zu Fuß kamen sie oder auf ihren kleinen, flachen Pferdewagen mit den Gummireifen, auf denen alles Erdenkliche transportiert wird. Heu. Milch. Menschen. Ich fiel nicht auf, nur meine Richtung, fort aus der Stadt auf dem Berge, hinunter, dawai, nach Minsk. Ich ging leicht.

Als die Allee auslief und die Hitze kam, setzte ich meinen Panama auf. Der Hut war mein einziger Luxus. Alles sonst an mir musste unauffällig sein. Ohne den Hut ging ein No-Name-Mann vorüber in seiner mittlerweile ziemlich verwaschenen Militärhose, mit einem dreckigen Rucksack und geschorenem Haar. Vermutlich schleppte er aus seiner Datscha Kartoffeln heim oder ein geschlachtetes Karnickel oder Rauchfisch und Wodka. Ein Russe wie die vielen, die mir entgegenkamen. So wollte ich es. Nicht beachtet werden, nicht einmal gesehen. Tief im Osten verschwinden, noch tiefer. Da sein und nicht da.

Auf die Idee, dass dieser sonnenverbrannte, verstaubte Wanderer über die Dörfer weit von Westen käme, gar von Berlin nach Moskau ginge, kam keiner, dem ich es nicht sagte. Aber ich musste nur den Panama aufsetzen und hatte alle Blicke. Außerdem war er praktisch, er schützte mich vor der Sonne und sogar vor Regen, solange es nicht gerade stundenlang schüttete. Auf den endlosen Chausseen, die ich lief, habe ich ihn viele Tage getragen. Unter Menschen hielt ich ihn meist in der Hand, wie jetzt, da ich ins Zentrum von Karelitschi kam, hungrig, durstig. Meine drei Wünsche waren Wasser und Schatten und Schokolade.

Das Ristoran, es hieß hier Kolos und sah auch so aus, hatte geschlossen, aus dem Univermag-Laden trieb mich der durchdringende Geruch von getrocknetem Fisch, den es in großen Mengen gab, gleich wieder fort; Sekunden länger, und ich hätte mich erbrochen. Zum Kiosk also. Wieder eine Rast an der Straße, wieder ein Frühstück, das bloß aus einem dünnen Täfelchen russischer Schokolade und einer Flasche übersalzenem russischem Mineralwasser bestand. Es machte mir nichts aus, die russische Schokolade schmeckt gut, etwas bitter, und sie sieht gut aus, schön schwarz, es sprach nur alles dafür, dass dies zugleich mein Mittagessen sein würde und mein Abendbrot und, wer weiß, auch das nächste Frühstück; so war es jetzt an vielen Tagen, und das waren die besseren, wenn ich Pech hatte, gab es noch länger nichts.

In der Mittagsglut weiterzugehen war ausgeschlossen. Wer in Karelitschi wohnte, versteckte sich im Haus, wer unterwegs war, suchte sich draußen ein Plätzchen zum Dösen. Ein Bauer schlief unter seinem Gummigefährt und ließ das Pferd grasen. Schutz war rar um diese Stunde, die keine Schatten warf, sogar der Kolos-Koloss spendete nur einen ganz dünnen, in ihn schmiegten sich die Betrunkenen, ihre halb entblößten Beine und Bäuche grillte die Sonne. Karelitschi brütete. Ich saß unter einem der wenigen Bäume an der Straße, auf der jetzt kaum noch ein Fahrzeug fuhr, und mein mattes Hirn blies eine Sprechblase auf, darin stand das Wort »Bus«, und ich betrachtete die Busblase und fragte sie, kommt hier heute wohl noch so ein blassblaues Ding vorbei und hält es auch an, oder so ein sowjetrotes, und wenn es kommt, bin ich dann endlich demoralisiert genug einzusteigen, und ich hörte mich murmeln: »Karelitschi, Karelitschi, was soll werden mit uns?«

Irgendwann war ein Zittern durch Karelitschi gegangen, ein Beben. Und die Erinnerung, dass es noch etwas anderes gab, als sich der immergleichen Glut der Sommer zu ergeben und dem eisglasierten Schnee der Winter, und das Dorf an der Straße hatte sich den Staub aus den Augen gerieben und den Wodkaschleim durch eine Zahnlücke ausgespuckt, und die lastende, brütende belorussische Weite hatte den Kolos aus sich herausgetrieben. Und das Univermag. Und den Gastronom, den anderen Laden. Und die Gostiniza, das Hotel. Seitdem hatte Karelitschi ein Zentrum.

Als ich den Schriftzug Gostiniza entdeckte, schöpfte ich neuen Mut und ging hin. Die Tür zum Hotel stand offen, im Gegenlicht des einzigen kurzen Flurs schleppte sich ein halb bekleideter Mann, dem der Gürtel herabhing, in sein Zimmer. Ich kehrte zu meinem Baum zurück und hörte dem Gespräch an einem Stand für Kindersachen zu. Es war der wacklige kleine Tisch einer Transithändlerin, eine, wie ich sie im Grenzbus erlebt hatte. Stifte, bunte, billige Plastiktäschchen, ein Springseil mit bunten, billigen Griffen. Zwei Mädchen interessierten sich für Armbänder. Sie fassten und probierten alle an. Am Ende entschieden sie sich für das perlfarbene, ernst wie im Kinderkaufmannsladen, und die bunten, billigen Geldscheine, mit denen sie zahlten und die die Verkäuferin in ihr dickes, nach Farben gefächertes Bündel sortierte, waren das Spielgeld. Münzen gab es in Belarus nicht.

So lange ich auch saß, es kam kein Bus. Ich schrieb es meinem Zustand zu, dass ich mich erst nach zwei Stunden erkundigte, ob überhaupt einer käme. Man zeigte zum Ortsende, da sei der Busbahnhof, hier könne ich lange warten. Ein Witz. Der Bahnhof lag ein paar Schritte hinter dem Hotel, ich hatte ihn nicht bemerkt, das Abfahren und Ankommen der Busse einfach nicht gehört. Die Wartehalle war, wie in fast jedem russischen Busbahnhof, von Fliegenschwärmen erfüllt. Ein außerhalb der Stoßzeiten leerer Saal, getüncht, Steinfußboden, Bänke an den Wänden, an einer der Stirnseiten ein Fensterchen oder zwei, extra hoch gebaut oder extra niedrig, so dass der Fahrgast, wenn er um eine

Auskunft oder einen Fahrschein bittet, gezwungen ist, sich entweder vor der Person zu verneigen, die gerade in ihrem Fensterchen erscheint, oder zu ihr aufzuschauen.

So war es auch hier, die Fenster so hoch, dass alle ihre Wünsche auf Zehenspitzen vortrugen, und die beiden Fahrscheinverkäuferinnen spielten das übliche Wetterhäuschenspiel. Mal erschien die linke in ihrem Fensterchen, mal die rechte in ihrem, dann wurde der eine ausgebleichte Vorhang zur Seite gerissen und der andere demjenigen in der Schlange, der als Nächster dran war, vor der Nase zugezogen. Nun war ich als Nächster dran. Person eins war böse mit mir und verwies mich an Person zwei. Person zwei war auch böse und befahl mir, mich hinzusetzen und zu warten. Ich wusste inzwischen, dass die Bösartigkeit der Wetterfrauen nicht persönlich gemeint war und versuchte, mir nichts daraus zu machen. Oft genug hatte ich beobachtet, dass sie ihr Drachentum aufsetzten wie einen Helm, Arbeitskleidung eben, und es genauso schnell wieder ablegten, sobald sie privat wurden. Die Resolutheit der russischen Frauen, dachte ich, hat sicher auch mit der Haltlosigkeit ihrer Männer zu tun. Sie geht bis zur Grobheit, aber wie bei den Mädchen auf dem nächtlichen Flirtplatz von Nowogrudok kann sie von einem Moment auf den anderen in große Nachgiebigkeit, Zartheit und Fürsorge umschlagen.

Ich verstand den Drachen von Loch zwei so, dass der Bus ausgebucht war und wir schauen müssten, was zu machen sei. Stand-by, wie der Westler sagt. Das Gedränge nahm zu, ja, der Bus fahre bald, sagte der Mann auf der Betonbank neben mir, er war genauso von Fliegen übersät wie ich.

»Nur die Ruhe, nur die Ruhe, es gibt noch Plätze, bleiben Sie sitzen, warten Sie ab.«

Ich misstraute der Propaganda. Dieses hypnotische »Ruhe, nur die Ruhe« hatte ich im Ohr, seit ich dies Land betreten hatte, aber mein Durst und mein Hunger waren stärker, und fast jeder Busbahnhof hat eine Bar. Dort saßen drei alte Männer mit übergroßen leinfarbenen Schildmützen auf dem Kopf und sprachen vom Krieg. Ab und zu stand einer auf und verschwand grußlos, und ein anderer setzte sich dazu, aber das Gespräch ging immer weiter, sein Refrain war: »Ojojojoj.«

Ich bestellte Tee und »buterbrody«. Das Buffetmädchen schüttelte den Kopf, es war die falsche Bestellung.

»Nehmen Sie Wasser und ein süßes Mohnbrötchen.«

Die Tür zum Wartesaal ging auf und zu, auf und zu und machte jedes Mal das gleiche nervtötende Geräusch wie das Windrad vor dem Wartesaal in »Spiel mir das Lied vom Tod«. Physikalisch betrachtet, konnte sie gar nicht schließen, die Stahlfeder, deren Aufgabe es war, sie immer wieder zurück ins Schloss zu ziehen, hing lose herab, aber aus alter Gewohnheit fiel sie trotzdem, wenn nicht ins Schloss, so doch in den Rahmen.

Jetzt stand eine alte Frau auf, gestützt auf einen Stock aus Aluminium, durchquerte den Saal, schlug zu jedem ihrer Schritte ein helles Geräusch aus dem Steinboden, stieß die Tür auf und ging ins Licht. Es verzehrte sie sofort und schmolz alles Alte und Schwere. Es verjüngte ihre Gestalt, und ihren Alustab verwandelte es in ein Stöckchen aus flüssigem Silber, und ich verstand, was Giacometti gemacht hatte in seiner hephaistischen Zwanzigquadratmeterhöhle in Paris. Er hatte Körper in Licht geschmolzen. Die Tür kreischte in ihren trockenen Angeln, das Bild zerfiel zu Staub, ich kippte mir das Wasser über den Kopf und biss in den Mohn.

Anderthalb Tagesmärsche vor Minsk stieß ich auf die Autobahn und fand sie zum Gehen hervorragend geeignet. Sie hatte breite Seitenstreifen, mit Kies bestreut oder sogar geteert, und es kam noch besser. Dörfler saßen da und boten Pfifferlinge an, Steinpilze, Maronen, murmelgroße rote Beeren, die ich nicht kannte, kleine gelbe Äpfel, Fische, geräuchert oder getrocknet, alles, was sich aus Wäldern und Datschen hertragen, eimerweise an die Straße stellen oder auf alten Zeitungen ausbreiten ließ. Alle paar Kilometer saß ein Junge oder eine alte Frau auf dem Seitenstreifen, oft mit dem Rücken zur Autobahn, und wartete darauf, dass ein Lastwagen hielt oder der Fahrer einer Limousine aus Moskau seine rasende Heimkehr unterbrach und sich eindeckte.

Erfreut bemerkte ich Pferdeäpfel auf der Überholspur und den lehmigen Reifenabdruck eines Traktors, er war einfach quer über die Autobahn gefahren. Nein, ich würde hier keinen Ärger bekommen, ich würde gar nicht auffallen. Leute, die mit einem Rucksack voll Ware die Autobahn entlanggingen, waren ein ganz normaler Anblick.

Ich hatte Hunger und kaufte Fisch und Äpfel bei einem älteren Mann mit einem freundlichen, runden Gesicht, und weil ich müde war, setzte ich mich neben ihn. Nachdem ich gegessen und wir eine Weile die Autos betrachtet hatten, die vorüberfuhren, sprach er mich in gebrochenem Deutsch an. »Kennen Sie Neustrelitz?«

Er sei Oberst der Roten Armee gewesen, sagte er, und habe in der DDR gedient. »Ich liebe die Deutschen. Mein Vater ist im Krieg gegen euch gefallen, aber ich liebe die Deutschen.« Es war frei von jedem falschen Ton, er wollte nichts von mir. Er war einfach froh, wieder einmal einen Deutschen zu sehen und sich zu erinnern. Ich war so gerührt, dass ich nichts sagen konnte. Wir nickten uns zu, und ich ging.

Minsky

MINSK SPRANG aus dem Tiefland, packte mich, stellte mich auf den Siegesplatz und sagte: Sieh! Minsk war ein grauweißes Massiv, von einem Moment auf den andern in der Ebene aufgestanden. Minsk war die erste große Stadt seit Berlin. Es war wie Grodno, aber viel schöner und ordentlicher. Es war eine Schönheit und eine Ordnung, wie sie Bühnenarbeiter vor der Premiere auf der Bühne erzeugen.

Und eine Premiere musste unmittelbar bevorstehen. Überall waren Trupps unterwegs, legten letzte Hand an, fegten die städtische Bühne mit ihren groben Reisigbesen, den siebzig Meter breiten Zentralboulevard. Breitbeinig standen Arbeiterinnendarstellerinnen in Gummistiefeln in den Blumenrabatten vor dem Staatszirkus, einem gewaltig bekuppelten Pantheon, und jäteten Unkraut. Die Regie hatte sie so hingestellt. Männer gingen gemessenen Schrittes durch den Gorkipark, mit ihren Pieken spießten sie weggeworfene Zeitungen auf und sammelten leere braune Bierflaschen ein. Um die Fußballarena herum hatte die Regie Statisten in Milizkostümen postiert, die Arena war als Kolosseum entworfen, staunenswert feingliedrig. Milizdarsteller patrouillierten auch auf dem riesigen Zentralplatz vor dem weißen Palast der Republik. Man würde ein klassisches Stück spielen, das ganze Bühnenbild war in Barockgelb und Stuckweiß gehalten. Aber das Stück fing nicht an. Die Statisten gingen hin und her, die Paläste, die großen Boulevards und Plätze und Parks standen bereit, doch es trat niemand auf. Sicher war das Absicht, ein Regieeinfall, bestimmt würde heute Abend so ein Tschechow-Stück gegeben, bei dem am Ende alte, leere Sommerhäuser in einen langen Schlaf fallen und ein alter Diener die Fauteuils einer verlorenen Zeit mit weißen Leintüchern verhängt, und man erhebt sich und verlässt die Schaubühne schweigend und fühlt sehr konservativ, einen ganzen Abend lang.

Minsk boxte mich in die Rippen und sagte: Spiel! Was denn, ich? O wie gern wäre ich jetzt im großen Sowjethotel am Boulevard gewesen, leider hatte es geschlossen. Minsk boxte mich wieder: Spiel endlich! Und in mir blitzte der hybride Gedanke auf, ob nicht am Ende ich das Stück sei, das heute Abend gegeben würde. Vielleicht war ich hier, um für meine ideologischen Jugendsünden zu büßen. Ein Abend allein im Kommunismus, auf der großen Staatsbühne des Reservats. Der Pole fiel mir ein, der ironische Katholik, der in meinem Gang nach Moskau sofort einen Bußgang vermutet hatte. Minsk schrie jetzt: Spiel!

Die Lichtregie ließ Simse und Balkone von unten her anstrahlen, die klassizistischen Wuchtpilaster der gelben Staatspaläste traten aus dem Dunkel, und das Portal der Geheimdienstzentrale zeigte seine gewaltigen nackten Säulenschenkel. Und auch Felix Dserschinski war wieder da; Lenins polnischer Geheimdienstchef wartete gegenüber in seiner kleinen Grünanlage, natürlich, er stammte ja hier aus der Gegend. Ich brauche ein Bier, sagte ich. Belorussisches oder Baltica, fragte Minsk. Bitte ein Baltica, sagte ich, es war das etwas teurere Bier aus Sankt Petersburg. Minsk stellte mir eins auf einen der Bistrotische auf dem Großen Staatsboulevard. Darf ich Minsky sagen, fragte ich. Minsk nickte. Wir prosteten uns zu. Was soll ich denn spielen, fragte ich, was hast du dir so gedacht? Spiel mich, sagte Minsky, spiel einfach mich.

Ich bin der Fürst, flüsterte ich, ich bin der Barock. Ich bin die Baixa von Lissabon. Ich bin Mannheim. Neustrelitz. Ich bin die Stadt als Kulisse und Vorstellung, errichtet auf meinen Wink. Ich bin Stalin, ich bin der Autor von Minsk, ich bin jung, ein Kind des Krieges, ein Kind des Sieges. Der Krieg ist mein Vater, mein Bruder, das Gesicht im Nacken. Er hat die Bühne leer geräumt, die ich so herrlich bereitet habe. Heute Abend habe ich meinen schönsten Siegesstuck angelegt, das Medaillon mit Hammer und Sichel, den Fries mit dem Sowjetstern, die kühne Siegesnadel, die schlanke, habe ich in den Himmel gestochen. Ich bin die Revolution. Ich habe die harmlosen alten Dekogötter gestürzt und sie durch lebende Götter mit Fäusten und Karabinern ersetzt, Arbeiter und Soldaten, die lächerlichen Heroen des altsprachlichen Gymnasiums habe ich aus der Stadt gejagt und an ihre Stelle den Heroismus des Sowjetalltags gestellt, ich habe die babyspeckigen Putten, sind sie nicht drollig, auf den Müllhaufen der Geschichte geworfen und weizenblonde Garbenträgerinnen geschaffen, weizenblond wie das Land, und positiv denkende Kolchosmilchmädchen, und in meine Parks und auf meine Plätze habe ich kolossale Dichter gestellt. Minsky grinste: Weiter, dawai, dawai!

Ich bin die Stadt ohne Prostitution, ohne Politik, ohne Geschäftsgetue, ohne Reklame, ohne Religion. Ich bin die Stadt ohne Zeit. Es gibt in mir, vielleicht haben Sie, verehrtes Publikum, das bemerkt, keine öffentliche Uhr, nur in gewissen Kirchen haben die Priester Normaluhren aufgehängt, ausgerechnet, aber nur in katholischen Kirchen haben sie das getan, die orthodoxen haben keine Uhr, woran man sieht, dass sie Gott näher sind. Dass sie sind wie ich. Es amüsiert mich zu sehen, wie auf meinem Großen Boulevard, dessen Paläste deutsche Kriegsgefangene gebaut haben, jetzt deutsche 500er Mercedesse rollen, die Anfertigung mit den schwarzen Gardinen, darüber habe ich ein rotes Banner gespannt, ein einziges, so ruft der Fürst sein Volk auf, seinen Präsidenten zu wählen. Minsky winkte ab: Das reicht für heute.

Jetzt kamen ein paar glatzköpfige junge Männer vorbei, mit roten T-Shirts, darauf Hammer und Sichel, schwarz im weißen Kreis. Komisch, dachte ich, die Farben und ihre Anordnung nationalsozialistisch, das Symbol darin kommunistisch. Ich fragte Minsky, ob das Nazis seien oder Komsomolzen oder eine Popgruppe. Wahrscheinlich eine Popgruppe, sagte Minsky und holte uns noch zwei Baltica. Schöne, schlanke Mädchen gingen auf dem breiten Trottoir auf und ab. Am Nachbartisch betrank sich eine weit verzweigte Familie, die Mutter fiel vom Stuhl. Es war nun ganz sicher, die Premiere heute Abend war ausgefallen.

In der Zone

ICH HATTE ETWAS zum Schlafen gefunden, eine Wohnung am äußersten Rande der Stadt, in einem der Neubauviertel für Umsiedler aus der Zone nördlich von Tschernobyl. Durch ein unscheinbares Holztürchen auf der Rückseite des Gebäudes war ich in den Gewerkschaftspalast gelangt, den athenischsten aller Paläste von Minsk, war dem engen, verwinkelten Gang gefolgt und der Musik und hatte mich gewundert, wie puppenstubenhaft der prächtige Tempel innen aussah, war weitergetappt durch den dunklen Gang, hatte eine Tür aufgeschoben und einen Vorhang beiseite und stand im Ballettsaal, aus dem die Klaviermusik kam und aus dem die Tanzmeisterin, bemüht, den kindlichen Hochmut in den Mienen ihrer Elevinnen zu erhalten, mich sofort wieder hinauswarf, und weiter ins Tempelinnere, bis zu einer Tür, an der »Klub Internet« stand. Dort hatte ich Arkadij kennen gelernt, und er hatte mir sofort seine Gästecouch angeboten. Ich sagte ihm, ich würde es mir überlegen.

Der Bus hinaus fuhr durch so viele Plattenbauviertel, dass ich begann, mir Wegmarken einzuprägen, die Schrift »Poliklinika«, die McDonald's-Filiale davor, das unfertige Haus, den Kiosk, wo die usbekischen Melonen auslagen. Bei McDonald's nahm ich meine Sachen, bei »Poliklinika« drängelte ich zur Tür, beim Rohbau hielt ich mich bereit, beim Kiosk sprang ich ab. Manchmal war der Bus so voll oder es war schon so dunkel, dass ich durcheinander kam und meine Marken nicht sah, dann wurde es schwierig.

Alle in Arkadijs Block kamen aus der Zone, dem Dreieck ganz im Süden des Landes zwischen den Flüssen Pripjet und Dnjepr, nördlich des ukrainischen Tschernobyl. Ich stand am Fenster im neunten Stock und betrachtete die Pfade, die die neuen Städter in die Steppe getreten hatten, aus der ihre Blocks aufgeschossen waren wie nach einem Regen. Ein Regen war es gewesen, der sie vertrieben hatte. Wie Wildfährten sahen die Pfade aus, sie kreuzten sich und liefen von Hochhaus zu Hochhaus, zu den Haltestellen und Kiosken. Wenn ich mich aus dem Fenster beugte, konnte ich die durchgesessene Holzbank unten am Eingang des Hochhauses erspähen. Vor jedem Block stand so eine. Jeder, der hierher evakuiert worden war, hatte so eine Bank in seinem Dorf im tiefen Süden stehen gehabt, vor seinem türkisgrünen Bretterzaun, darauf hatte er Abend um Abend gesessen und kleine Äpfel gegessen und Papyrossi gedreht, und eines Abends waren die Gespenster gekommen, Trupps in weißer Schutzkleidung waren durch die Dörfer gegangen und hatten alle aufgefordert, das Nötigste zu packen, jetzt gleich. Minsk wuchs und wuchs, ihm wuchs eine Betonbeule nach der anderen, Minsk sog das Gift aus dem Land, es sog das Land leer.

Arkadij war neben mich getreten, er holte einen chipkartengroßen Ausweis hervor, auf dem Foto war er fünfzehn Jahre jünger und trug die Uniform eines Leutnants der Roten Armee.

»Was ist das?«

»Mein Liquidatorenausweis. Ich war Liquidator.«

Ich hatte über ihn nachgedacht. Er war ein strenger Mann, er rauchte nicht, trank nicht, ging früh schlafen, ernährte sich vegetarisch, und wenn er etwas sagte, tat er es, wie ich fand, unnötig laut und deutlich und wiederholte es ein- bis zweimal und erwartete, dass ich es nachsprach. Liquidator also. So hießen die Soldaten und die Feuerwehrleute aus den weißrussischen Dörfern, die hineinmussten, nachdem der ukrainische Reaktor geplatzt war und die Werksfeuerwehr das Weite gesucht hatte. In den ersten zwei Tagen fuhr und begleitete Arkadij mich überallhin und machte Pläne, bis ich protestierte. Das belustigte ihn, und er entließ mich mit ironischen Bemerkungen in die Freiheit, wie er sagte. Wahrscheinlich hielt er mich für etwas neurotisch und dachte sich seinen Teil über die Menschen des Westens. Seine liebste Redensart war »Otdychaj! Otdychaj!« Ruh dich aus, entspann dich, leg dich hin. Ich hatte eine Theorie über ihn: Die habituelle Haltlosigkeit des russischen Mannes, dachte ich, bringt eben auch den Gegentyp hervor, den Überstrengen. Den Leutnantstyp. Die Arkadijs. Seine zweitliebste Redensart war aus dem Deutschen. »Arrbeiten! Arrbeiten!«

Eines Morgens nahmen wir den Pfad zum Garagenkomplex und fuhren in die Zone. Wir fuhren viele Stunden, die ich fast ganz verschlief. Wenn ich die Augen aufschlug, hatte sich nichts verändert. Vor uns die schnurgerade Piste, links und rechts Kiefernwald, Wald, Wald, Wald. Wahrscheinlich musste man drüberfliegen oder wenigstens mit dem Auto durchrasen, um die Eintönigkeit abschreckend zu finden. Beim Gehen war ich zu sehr Teil von ihr, um sie zu spüren. Es hatte viel damit zu tun, dass während des Fahrens oder Fliegens das Land dort unten, dort draußen ein Stummfilm ist. Kein Ton, nur Bild. Beim Gehen war das anders. Das Land war nie stumm, es roch auch, und die großen und kleinen Schrecken waren ganz nahe und ganz konkret. Die Hitze, der Hunger, ein Tier, eine dubiose Begegnung.

Die Bilder der Fahrt schossen durch meinen Halbschlaf mit der Geschwindigkeit eines Videoclips. Ein Junge flickt sein Rad am Straßenrand. Eine Alte kommt aus den Pilzen, ihr Korb ist voll. Eine Schutzhütte im Wald in Form eines riesigen roten Fliegenpilzes. Kriegsdenkmäler, massenhaft. Panzer auf Sockeln, gegen den Himmel gereckte Fäuste und Maschinenpistolen, das russische Wort für Sieg in Beton. Einmal schlug ich die Augen auf und sah einen Jäger durch Sumpfland streifen, ein andermal sah ich einen Pudel auf einem Balkon, das war Bobruijsk, eine Stadt voller Fabriken und Kasernen. Dann wieder Ziegen, Holzhäuschen, kleine Pferdewagen, unentschlossen dastehende Hunde, Volkswagen, die über dieselben unbefestigten Dorfpisten hoppelten, über die schon ihre Prototypen gehüpft und geschlittert waren, die Kübelwagen der Wehrmacht. In Chojniki fuhren wir durch ein Schlagloch, es öffnete mir einen Moment lang die

Augen für eine sowjetische Muttergottheit, kennst du, dachte ich, stehen überall, da bemerkte ich, dass sie strahlend weiß war, in der einen Hand trug sie die goldene Sichel der Demeter, auf dem anderen Arm das Jesuskind. Fruchtbarkeitsgöttin, sowjetischer Typ, murmelte ich, bevor mich wieder die Müdigkeit übermannte, die große Müdigkeit dieses Landes, und dazu spielte eine indische Musik, und hoch über ihr schwebte eine Frauenstimme, Raduga, Raduga, immer nur Raduga, das hieß Regenbogen. Es war Arkadijs Kassette. Ich wurde nicht wach bis Mittag.

Wir fuhren nun durch ein Gebiet, das in Arkadijs Autoatlas einen speziellen Namen hatte: Radiologisch-ökologisches Reservat. Arkadij, der strenge, vorsichtige Arkadij, der sich zusammen mit seiner Frau einer russisch-indisch-britischen Erleuchtungsbewegung angeschlossen hatte, der beim Autofahren die ganze Zeit indische Popmusik hörte und alle paar Wochen nach Sankt Petersburg reiste, um seinen Meister zu treffen, Arkadij gab Gas, er fuhr umso schneller, je näher wir seinem alten Einsatzort kamen. Bragin. Die Zone. Seine Laune hob sich, er begann Witze zu reißen und lachte mich aus, dass ich hierher wollte. In ein paar Jahren würde der ganze Horror in ein großes esoterisches Spektakel und »Business« umkippen, und aus dem Westen, dem verrückten, ewig nach neuen Kicks suchenden Westen, würden massenhaft Leute anreisen, um sich dem Kraftfeld des Reaktors auszusetzen.

»Die Potenz! Denk nur an die Potenz, lauter alte Männer werden kommen und am Ufer des Dnjepr sitzen, weißt du, wie früher in den weißen Liegestühlen auf den weißen Terrassen der Lungenheilanstalten.« Er ließ das Steuer los, riss die Arme hoch und schrie: »Energie! Diese klasse Energie, spürst du sie? Spürst du – ihn? Alle wollen ihn sehen.« Er kurbelte das Seitenfenster herunter und zeigte irgendwohin. »Reaktor! Reaktor! Guter Gott, ich habe den Reaktor gesehen!«

Er brüllte vor Lachen und schlug mir auf den Schenkel. Auch mich ergriff eine gewisse Erregung. Wir waren in der Zone, und es gab zwei Weltuntergangsprophetien, nicht nur eine. Die apokalyptische aus der unheimlichen Offenbarung des Johannes – aber auch die mystische von Tarkowskij. Bei Johannes ist die Erde der Set für einen wahnsinnigen Showdown. Tarkowskij hatte ich einmal fünf Stunden lang zugehört, ausgerechnet in einer Westberliner Kinohöhle namens »Filmkunst 66« – die dritte Sechs fehlte, die des apokalyptischen Tiers des Johannes. Bei Tarkowskij also fehlte die Apokalypse, und sie fehlte, weil sie schon vorbei war, und sie war vorbei, weil sie sowieso da war. Bei ihm war die Erde ein Ort der Suche und der Erlösung, und die Zone war ihr höchstes Stadium – Ort der Selbsterkenntnis. Irgendetwas in der Art hatte Arkadij gemeint, und weil wir alle großen Ideen irgendwann als TV-Spektakel zu sehen kriegen, war ich nicht völlig abgeneigt zu glauben, dass an seiner Vision etwas sein könnte.

Arkadijs Leute hatten nicht gleich Zeit für uns. Anna Petrowna war Vize-Rayonchefin und hatte im Amt zu tun, und ihre Tochter war die Standesbeamtin von Bragin und musste erst noch ein Paar verheiraten. Sie schickten uns so lange ins Heimatmuseum. Dessen Leiter war ein stiller, ernster junger Mann mit hohen Wangenknochen und tief liegenden Augen, der sich als Liebhaber Friedrich Nietzsches vorstellte und mir zum Abschied einen völlig zerschossenen deutschen Landserhelm schenken wollte und den darin steckenden Originalschädel dazu. Ich nannte ihn Fürst Myschkin, ich konnte nicht anders. Alles an ihm rührte mich, sogar die Geste, mit der er sein dunkelbraunes Haar, das er länger trug als derzeit üblich in Russland, aus der Stirn strich. Er war der Enkel eines deutschen Kommunisten aus Michelstadt im Odenwald, der sich in den dreißiger Jahren in die Sowjetunion abgesetzt hatte. Dort hatte dieser Steiner, so hieß er, ein Mädchen aus Gomel geheiratet und war als sowjetischer Offizier in den Krieg gegen sein Heimatland gegangen.

Myschkin führte mich durch eine Dauerausstellung seines Museums. Maler sehen Tschernobyl oder so ähnlich. Vor einem roten Mephisto, der eine aufgeschlagene Bibel in Händen hielt vor einem roten Weltuntergangshimmel, blieb er stehen. »Kennen Sie die Stelle?« Er fragte es ganz scheu, als wolle er mich auf keinen Fall bei einer Unwissenheit ertappen.

Es gibt ein Wortspiel, auf das Russen, mit ihrem feinen und manchmal überfeinen Sinn für die Apokalypse, den arglosen Fremden gern hinweisen. Ein Déjà-vu. Einer sah etwas kommen und schrieb es auf, und es kam dann auch, nach zweitausend Jahren: »Und der dritte Engel blies seine Posaune; da fiel ein großer Stern vom Himmel, der brannte wie eine Fackel und fiel auf den dritten Teil der Ströme und Quellen. Und der Name des Sterns ist Wermut. Und der dritte Teil des Wassers wurde bitter, und viele Menschen starben von dem Wasser, weil es so bitter geworden war.«

Die Offenbarung, achtes Kapitel. Um den Wermut geht es. Wermut heißt der brennende Stern, den Johannes in seiner Vision sah, und nun kommt die Pointe: Der Wermutstrauch wird im Russischen Tschernobylnik genannt. Und der Rest stimmt irgendwie auch überein. Da ist die Ambivalenz des Lichts, des »âge de lumière«, des prometheischen Feuers – die erst Licht und dann Tod bringende Fackel, der brennende, stürzende Reaktor-Stern. Da sind die vielen, die durch ihn starben, allein Zehntausende weißrussischer Strahlenopfer. Da ist das verseuchte Grundwasser im südlichen Drittel des Landes. Da ist die Bitternis, da ist der Wermut, und das ist das Unheimliche daran, das den Russen so gut gefällt: Es ist ein objektives Wortspiel, nicht erfunden, falls es so etwas gibt. Das Wort war vor der Tat da, das Bild vor dem Ereignis. Johannes ist eine Vision, Tschernobyl ein Unglück, aber beide zusammen sind die Enden der Wermutparabel.

Ich fragte Myschkin, ob das Gerücht stimme, in der Zone wüchsen monströse Pflanzen und Pilze. Er lächelte. Nein, nein, es sei nur so, dass sich die wilden Tiere stark vermehrten, Wildschweine, Füchse, Wölfe. Seitdem dort keine Menschen mehr lebten, gebe es starke Populationen. Außerdem sei der unkontrollierte Weg durch die Zone zur bevorzugten Route der Drogenkuriere aus Mittelasien geworden, und wo Ware fließe, bleibe auch etwas hängen, so komme es, dass das dünn besiedelte, weltabgeschiedene Waldland hier unten nun Kinder mit perforierten Armen habe. Er führte mich zu seinen Kriegsobjekten zurück, denen, wie mir schien, seine Leidenschaft eher galt als der politischen Kunst der Anklage. Er grub selbst. Hier stellte er die besten Stücke aus, die er aus dem Boden geholt hatte. Krumm geschossene Bordgeschütze deutscher Messerschmitts. Halb verrostete Tornister. Leere Bombenmäntel. Und seine Helme, er hatte eine ganze Kollektion. Er wies mich noch einmal auf die Rarität hin, die er mir schenken wollte, der Name des Gefallenen stand auf der Innenkante des Helms, von dem unglücklichen Landser selbst schön leserlich geschrieben in dicken, dunkelblauen Buchstaben, die nach Filzstift aussahen. »Ich habe ihn ganz in der Nähe gefunden. Sehen Sie hier, die Einschusslöcher stimmen überein.«

Er hielt den Schädel in den Helm, und wirklich saßen die Einschusslöcher im Schädelknochen genau unter denen im Helmblech. Ich sagte, ich könne ihn nicht annehmen. »Nehmen Sie ihn ruhig, ich habe viele.« Ich sagte, ich bräuchte diesen toten Soldaten nicht, ich hätte schon einen bei mir.

Wir fuhren nach Dublin, dem letzten Dorf vor der Zone, der Name hat nichts mit Irland zu tun, er kommt von »dub«, dem russischen Wort für Eiche. Wie in jedem russischen Dorf war die Hauptstraße von Eichendorf ungepflastert und ungeteert, empörte Gänse beobachteten uns, und nervöse Hühner liefen vor uns fort, und alle paar Meter gab es einen Brunnen mit einem Holzdeckel darauf, einen für jeden Hof. Hier lebten Arkadijs Freunde.

Wir gingen durch das Tor im hohen Bretterzaun, und alles war gut: Anna Petrownas Haus und Garten waren ein russischer Sommertraum. Ich stand in der Werkstatt ihres Schwiegersohns, er baute Möbel und Fenster und Treppen, und atmete den Duft von frischem Holz ein, er war mir als Junge der liebste gewesen, außer dem von frischem Teer, ich hatte mich viel in einer benachbarten Schreinerei und bei Teerkolonnen herumgetrieben. Das Winterhaus lag vorn, und der Garten war, wie ein Garten sein sollte – üppig. Aber das Beste war das Sommerhaus mit seinen breiten, rohen Dielen und seinen Wänden aus hellem Holz, seinen großen Fenstern zum Garten hinaus und dem stattlichen Tisch. Überall lagen und standen die Erzeugnisse des Gartens herum. Süße rote Tomaten, krumm und schief, erdige Erdbeeren, Zucchini, ein offener Sack Kartoffeln, sogar eine aufgeschnittene Melone gab es, so südlich waren wir schon, und überall Blumen. Ich legte mich auf das Sofa und hörte die Stimmen und Geräusche aus der Küche, das Radio lief, und, es ist nicht gelogen, Lee Hazelwood und Nancy Sinatra sangen in diesem Moment »Summerwine«.

Anna Petrownas Soljanka wurde aufgetragen, ich erkundigte mich nach den Zutaten. Zur Basis aus Kohl, Öl, Möhren, Salz und Pfeffer tat sie Äpfel, Zucchini und Pilze. Ich fragte auch sie, ob es wahr sei, dass in der Zone Riesenpilze wüchsen. »Ich habe einmal einen gefunden, der wog drei Kilo. Doch das war vor dem Reaktorunfall. Seither ist alles normal.«

»Aber die Pilze in der Soljanka, sind die nicht völlig verstrahlt?«

»Wissen Sie, jeder muss selbst auf seine Gesundheit achten. Wir essen nur, was aus meinem Garten ist. Der Rayon-Chef hat ein kleines Kind und ein privates Messgerät, er kommt oft her und misst, und die Werte in meinem Garten sind besser als in Minsk. Auch er isst nur aus meinem Garten.«

»Aber die Pilze?«

»Ach, die Pilze. Dill ist schlecht, der nimmt viel auf. Und Milch ist schlecht, sie nimmt auch viel Radioaktivität auf. Und Pilze aus dem Wald auch. Wir essen sie trotzdem ab und zu.«

Sie sagte noch, dass man Äpfel eben waschen müsse und dass die Männer, die nach dem Unglück in die Zone geschickt wurden, um Gut und Vieh herauszuholen, vor jedem Einsatz hundert Gramm Wodka hätten trinken müssen, das schütze gegen die Strahlung, damals habe es viele Unfälle gegeben, weil die Männer vorsichtshalber die ganze Flasche ausgetrunken hätten. Sie verwirrte mich. Gerade noch argumentierte sie wissenschaftlich, im nächsten Moment aber wie eine alte Bäuerin, die im Angesicht einer neuen Zeit und ihrer unheimlichen neuen Krankheiten sich an ihre alten Hausregeln hält. Ich gab es auf, mir darüber Gedanken zu machen. Der Anblick des Gartens, das Licht des Sommerhauses, der Duft der Speisen scheuchten sie einfach weg. Nur wir Männer aßen, die Frauen kochten, trugen auf, lehnten in der Tür, sahen zu, ob es uns auch schmeckte und sahen es gern, wenn wir Nachschub brauchten. Das alles nahm mich auch darum so ein, weil es mich an die große Küche erinnerte, in der ich es zum ersten Mal im Leben geschafft hatte, mit den Augen und mit der Nase über die Tischkante zu kommen, an das tagelange Kochen und Einkochen, die getrennten Sphären dessen, was Männer und Frauen tun. Erst als wir beim letzten Gang angelangt waren, setzten sich die Frauen dazu und aßen auch. Bei alldem war nicht die leiseste Spur von Demütigung oder Demut. Jeder tat seines, das war alles.

Nach dem Essen führte uns Anna Petrowna in die Zone. Nach kurzer Fahrt kamen wir vor ein großes, rostiges Drahttor, links und rechts flankiert von Drahtverhauen, es sah aus wie der Eingang zu einem sowjetischen Straflager in einem amerikanischen Film. Den Verhau zu öffnen und in die Zone hineinzufahren, war überhaupt kein Problem.

Wir fuhren tief hinein, immer tiefer, und nach und nach hörte ich auf, Zeichen der Katastrophe zu suchen. Alles, was vielleicht an sie erinnerte, war das üppige Wachstum der Gräser, der wilden Blumen und Büsche, aber auch das wäre überall so, wo ein Land von Menschen verlassen würde. Alles wucherte zu. Es gab keine Wiesen und keine Felder und Gärten mehr, und die Dörfer, in die wir kamen, holte sich der Wald wieder, jeden Sommer mehr. Irgendwann würden diese Dörfer verschwunden sein, deren Häuser die Bewohner vor ihrer Flucht Hals über Kopf vernagelt hatten, wer weiß, ob man nicht doch einmal zurückkehrte. Bäume und Ranken hatten sie längst in ihre Umarmung genommen und zerquetschten sie langsam. Und an den Strommasten aus roh behauenen Holzstämmen, die die Energie des Reaktors in die Dörfer geleitet hatten, hingen die Leitungen nun herab wie verdorrte Zweige von toten Bäumen.

Anna Petrownas Schulweg war jetzt ein Pfad in die Wildnis, den Fußballplatz, auf dem ihre Brüder gespielt hatten, hatte diese schon gefressen. Überall raschelte es, Tiere hatten das Dorf übernommen, seine Obstbäume hingen voll gelber Birnen und roter Äpfel, die niemand mehr erntete. Fast niemand. Ab und zu sahen wir eine Katze, einen Hund, und jetzt auch den alten Mann dort hinten, einen Heimkehrer in die Zone, er war selbst wie ein Tier. Er saß auf einem Baumstamm vor seinem Holzhaus und tat, als beachte er uns nicht, und als ich hinüberging, stand er auf und lief weg.

Es gab Rinderherden und abgeerntete Getreidefelder in der Zone, das Leben ging weiter. Wir kamen zu der Militärbasis, auf der damals Präsident Gorbatschow gelandet war nach dem Unglück, die Asphaltstraße dahin war nur noch ein mürber Pfad. Die Basis war ganz neu gewesen, moderne, viergeschossige Wohnhäuser mit Sauna und Supermarkt. Auch hier das gleiche Bild. Wir hatten der Wildnis lange genug zugesehen bei ihrem zeitlupenhaften Mahl und fuhren in die Nähe des ehemaligen Dorfes Kruki. Anna Petrowna sagte, der Regen habe die Radioaktivität ungleich über die Zone verteilt, man könne hier sehr hohe und drüben am Waldrand sehr niedrige Werte messen. Kruki hatte hohe Werte gehabt, mit ihm musste geschehen, was mit dem Reaktor geschah, es musste beerdigt werden. Das Dorf wurde komplett untergepflügt und begraben. Keine vier Kilometer entfernt sahen wir einen Bauern sein Getreide ernten.

Wir fuhren von der Piste fort durch holpriges Savannenland, und dann standen wir am Fluss, auf dem Hochufer, unten waren Sandbänke und Seerosen, ein Stück weiter in der Savanne graste mutterseelenallein ein Pferd, und das flache Ufer dort drüben mit dem üppigen Sommerwald, das war die Ukraine, und irgendwo da musste er stehen, und da stand auch etwas Weißes, Großes, Kastenförmiges. Arkadij rannte vor an die Bruchkante des Hochufers.

»Das ist er! Das muss er sein.«

Wir folgten ihm, wir waren elektrisiert und wollten jetzt den Reaktor sehen. Anna Petrowna schlug vor, noch etwas weiter am Fluss entlangzufahren. Weiter vorn habe man den besten Blick auf den Reaktor. Wir sprangen ins Auto und fuhren hin. Der weißliche Kasten war nicht deutlicher zu erkennen als eben, aber alle glaubten Arkadij, er musste es doch wissen, er war Liquidator. Er sah gar nicht mehr hin. Er tanzte im Kreis in der Savanne herum. »Besuchen Sie die Zone. So viel Wald, so viel Wild, so viel Potenz. Die Energie! Die Energie!«

Die Liebe eines deutschen Hauptmanns

ICH BLIEB ein paar Tage in Minsk. Manchmal ging ich in die orthodoxen Kirchen. Es stimmte, sie hatten keine Uhr, und tatsächlich hing in jeder katholischen, die ich besuchte, eine Normaluhr an der Wand. Ich kaufte, wie alle, im Vorraum zwei lange dünne Honigwachskerzen, drinnen wurden unablässig welche aneinander entzündet, der Duft von Wachs und Honig erfüllte den hellen, goldenen Raum. Alte Frauen gingen herum, nahmen die heruntergebrannten Kerzen fort und säuberten und putzten die großen Messingleuchter, in denen sie steckten, ich hatte sie im Verdacht, dass sie die Kerzen wegnähmen, kaum dass sie halb abgebrannt waren; vor den Kirchen standen auch alte Frauen und schlugen das Kreuz auf die orthodoxe Art und verneigten sich tief zur Kirchenikone hin und hielten die Hand auf. Dass ich losgehen würde, hatte ich gewusst, als ich anfing, den Berliner Bettlern Geld zu geben, und es war nicht so sehr Mitleid. Bald würde ich auf der Straße liegen wie sie und Unbekannte um etwas bitten müssen, um ein Glas Wasser, um ein Dach für die Nacht, und was ich an ihnen tat, das hoffte zumindest etwas in mir, würde dem, der es tat, wieder getan werden.

Eine andere Minsker Konstante war, einmal täglich eine der drei McDonald's-Filialen aufzusuchen, wegen der Toiletten. Es waren die besten der Stadt, saubere weiße Keramik, vergleichbar nur mit denen im Goethe-Institut, die sogar noch besser waren, schweres Material, verlässliche Armaturen, feste Papierhandtücher. Ich weiß nicht, was die wirksamere deutsche Botschaft war, die Bibliothek des Instituts oder seine Toilette.

Ich verließ die Peter-und-Paulskirche, ging die paar Schritte zum Prospekt Mascherowa, Haus eins, Korpus zwei, Kwartira vierzehn. Ich zögerte lange am Klingelknopf. Hinter der Tür wartete eine Geschichte, das heißt, sie wartete nicht mehr, diese Erinnerungsklingel war schon oft gedrückt worden. Die Erinnerung hinter der Tür war im deutschen Fernsehen gewesen, in deutschen Zeitungen, im deutschen Rundfunk. Erinnerung war neben Holz der einzig exportfähige Rohstoff dieses Landes, und aus dem Westen, wo der Stoff knapper wurde, reisten Reporter, Drehbuchautoren, Schriftsteller an, um ihn hier abzubauen. Mein Finger lag auf dem Klingelknopf, irgendetwas redete mir zu. Ja doch, der Osten ist ein Geschichtengrab, ein Tagebau des Tragischen, der Stoff liegt dicht unterm Gras, er ist wirklich roh, unbearbeitet, ungeschliffen. In seiner amoralischen Schönheit hat er mehr Ähnlichkeit mit bizarren Sagen als mit den erbaulichen Fabeln, die eine nach Moral dürstende Zeit favorisiert. Ich klingelte.

Der alten Dame mit dem rötlichen Haar, die mich hineinbat, war das Seltsame der Situation so bewusst wie mir, jedenfalls war das mein Eindruck. Alle paar Monate klingelte ein deutscher Erinnerungskünstler bei ihr, und sie gab ihm, wonach ihn verlangte. Sie war nun vierundachtzig, und sie war die letzte lebende Zeugin der tollkühnen Liebestat des Hauptmanns Schulz. Dieser deutsche Offizier verliebte sich, in einem Satz gesagt, so sehr in ein deutsches jüdisches Mädchen im Ghetto, dass er alles aufgab, seinen politischen Glauben, seine militärische Ordnung, sein ganzes bisheriges Leben, um sie zu retten, und das hieß, mit ihr zu den Partisanen zu fliehen.

Lisa Gutkowitsch hatte das alles nicht nur miterlebt, sie hatte die spektakuläre Aktion mit vorbereitet und durchgeführt. Sie zeigte mir ein Foto von den beiden. Schulz leger auf der Kante seines Schreibtischs, ein hageres Gesicht unter der Uniformmütze, nicht auffälliger als sein Familienname. Seine Freundin im quer gestreiften Pulli mit den kurzen Ärmeln, sehr schlank, Kette, Rock, langes dunkles Haar, nach Ghetto sah gar nichts aus an dieser jungen Frau und an diesem Mann. Nur der Altersunterschied fiel auf. Sie kaum achtzehn, er vierundvierzig. Wenn schon, es war Krieg, da ging es nicht so bürgerlich zu wie sonst. Eine anonyme Aufnahme also von einem Heimatbesuch. Unbekannter Offizier mit seiner Verlobten. Wäre es ein normaler Krieg gewesen, wäre es einfach um Land und Macht gegangen, um Bündnisse und Rohstoffe, dann wäre das Foto wohl im Elternhaus von Fräulein Ilse Stein in Nidda in der Wetterau entstanden. Es entstand aber im Minsker Ghetto, am Rande der Massengräber.

Meine Gastgeberin erhob sich, ging nach nebenan und kam mit der Uniform eines Offiziers der Roten Armee wieder, die gereinigt über einem Bügel hing.

»Mein zweiter Mann, er lebt nicht mehr.«

Ihr erster war Geiger bei der Belorussischen Philharmonie in Minsk gewesen, Lisa Gutkowitsch selbst war die Tochter eines jüdischen Bauern aus einem Dorf bei Vitebsk. Als die Wehrmacht einmarschierte, hatten die beiden einen kleinen Sohn. Sie und ihr Mann kamen sofort ins Ghetto, das Kind gab sie gerade noch rechtzeitig fort. Ihren Mann sah sie nicht wieder, wo er erschossen wurde, erfuhr sie nie, das Kind verschwand.

Eine erste Massenerschießung im November 1941 überlebte sie mit viel Mut und Glück. Plötzlich trieben SS-Leute mit Hunden und Maschinenpistolen Menschen zusammen. Sie wagte die Flucht aus der Kolonne und mischte sich unter die Russinnen am Straßenrand. Keine verriet sie. Sie versteckte sich in einem Garten bis tief in die Nacht. Dann entschloss sie sich, die Mutter ihres Mannes nicht im Ghetto allein zu lassen und kehrte heimlich dorthin zurück, durch den Stacheldraht, wieder unbemerkt. Bald darauf kam sie in eine Arbeitskolonne, zweihundert jüdische Frauen gehörten ihr an, und sie stand unter dem Befehl eines Hauptmanns Willi Schulz, Mitglied der Partei.

Als diese Kolonne an einem Tag im März 1942, von der Arbeit zurückkehrend, das Tor zum Ghetto versperrt fand und es hieß, Handwerker draußen bleiben, alle andern hinein, wusste sie, was das bedeutete. Dass sie Ingenieurin war, hatte sie bei der Registrierung geistesgegenwärtig verleugnet. »Intelligenzler« würden als Erste liquidiert werden. Nichts zu sein und zu können, war aber auch tödlich, das zeigte sich jetzt. Sie hatte sich als Schneiderin ausgegeben, das stand auf ihrem Ausweis, und so schob man sie weg vom Tor, fort von der Totenkolonne. Es kam, wie sie es gefürchtet hatte. Die allermeisten Frauen wurden durchs Tor geschoben und weiter an die Schwarze Grube, die heute noch in Minsk gezeigt wird. Fünftausend starben darin.

Ihr seid gerettet, sagte man der kleinen Gruppe, die während der stundenlangen Massenerschießung draußen blieb. Aber ihr müsst knien. Also kniete sie, hörte die Salven, vier Stunden lang, verfror sich dabei die Zehen. Dann ging das Tor wieder auf, jetzt rein, ihr da, und am andern Tag wieder an die Arbeit. Fünf Frauen waren übrig von den zweihundert ihrer Kolonne. Schulz kam. Er zeigte auf sie und sagte: Ich bin daran nicht schuld. Neue Arbeiterinnen ersetzten die getöteten. Das waren russische Jüdinnen gewesen, nun kamen viele deportierte aus anderen Ländern. Und etwas vollkommen Ungewöhnliches geschah. Schulz blieb vor einer der Neuen stehen, sie war sehr jung und auffallend schön. Er gab ihr die Hand. Ein deutscher Offizier und Parteimann gab einer Jüdin im Ghetto die Hand. Die beiden unterhielten sich auf Deutsch, er wird sie nach ihrem Namen gefragt und sie wird ihn ihm gesagt haben. Ilse Stein. Ja, wie der Stein. Aus Nidda. Ja, in der Gegend von Frankfurt. Dann ging er.

Die Arbeit war schwer. Holz und Torf von Waggons abladen in den großen Heizkessel des Regierungsgebäudes. Die russischen Frauen waren körperliche Arbeit eher gewöhnt als die ausländischen. Lisa Gutkowitsch lächelte, als sie das sagte. Sie nahm es zum Vorwand, die schöne Neue anzusprechen und ihr zu zeigen, wie man es richtig anstellte. Die beiden wurden Freundinnen, und Schulz, der nur Augen für das Mädchen aus Hessen hatte, kam wieder, unterhielt sich mit ihr, brachte ihnen gutes Essen aus der deutschen Küche vorbei, privilegierte sie mit kleinen Stubenarbeiten und war unverfroren genug, die blutjunge, unerfahrene Ilse zur Brigadierin der Kolonne zu machen, und klug genug, ihr ihre Freundin Lisa als Stellvertreterin zur Seite zu stellen. Er trug sich mit dem Gedanken an Flucht, und er brauchte eine erfahrene und vor allem Russisch sprechende Vertraute. Weder er noch Ilse Stein sprachen Russisch. Allein wären sie keine zehn Kilometer weit gekommen. Es gab keinen neutralen Boden, wohin er mit ihr hätte fliehen können. Für ein solches Paar gab es nicht die Nischen der Wehrmacht und der Zivilverwaltung. Es gab, an diesem Punkt angekommen, nur das Terrain der SS und das Terrain der Partisanen.

Er war nicht der einzige Deutsche in Minsk, der versuchte, einzelne Juden zu retten, der Gebietskommissar Wilhelm Kube unternahm ja selbst solche Aktionen, aber was dem verliebten Schulz vor Augen stand, hatte einen sehr hohen Preis: Hochverrat. Frontwechsel. Denn er handelte nicht aus Mitleid oder Sympathie, er handelte aus Liebe. Er wollte die junge Frau nicht nur irgendwie retten und sich dann abwenden, er wollte mit ihr leben.

Ich liebe Ilse, sagte er eines Tages zu Lisa Gutkowitsch und eröffnete ihr die verwegene Idee, einen Freund, der Flieger war und hierher versetzt würde, zu bitten, die beiden Frauen hinter den russischen Linien abzusetzen. Aber der Freund wurde abkommandiert. Schulz erkundigte sich nach falschen Papieren. Sicher, sagte sie, wer Gold hat, kann Papiere bei der weißrussischen Hilfspolizei kaufen. Aber keine Jüdin aus dem Ghetto. Schulz wollte unbedingt etwas über den wirklichen Kriegsverlauf herausbekommen. Er ordnete an, Lisa solle eine Stube putzen, in der ein Radio stand. Lisa stellte Radio Moskau ein und berichtete ihm. Lange ging es nicht gut. Ein SS-Mann kam in dem Moment herein, als der Sprecher auf Russisch sagte: Hier spricht Radio Moskau. Er schrie sie an, wer das eingestellt habe, dann wollte er wissen, was der Sprecher denn sage. Die Deutschen stehen vor Moskau, antwortete Lisa. Er schrie sie wieder an. Du schwindelst, verfluchte Jüdin. Sie lief zu Schulz. Wenn ich denunziert werde, sagte sie ihm, bin ich heute noch tot. Schulz beruhigte sie. Ich weiß längst, dass du Ingenieurin bist, hätte ich es gemeldet, wärst du schon lange tot. Wieso werdet ihr Juden umgebracht, fragte er. Ich weiß es nicht, sagte Lisa Gutkowitsch.

Schulz wusste, dass sie Kontakt zum Ghetto-Untergrund hatte. Und ihr Kontaktmann dort wusste, was Schulz plante. Am 30. März 1943 um acht Uhr früh Moskauer Zeit fuhr ein geschlossener LKW an der jüdischen Arbeitsbörse vor, den Fahrer der Wehrmacht hatte Schulz geschmiert, und fünfundzwanzig Personen kletterten hinein, zwölf Frauen und dreizehn Männer, angeblich zu einem Arbeitseinsatz. Ilse Stein war dabei, ihre jüngere Schwester Lieschen und Lisa, ihre Freundin. Die dreizehn Männer waren bewaffnet, einer hatte sogar ein Gewehr. Alles aus dem Ghetto, vom Untergrund, der die Aktion deckte und unterstützte. In wenigen Stunden würden sie zu den Partisanen stoßen.

Schulz stieg ein paar Kilometer außerhalb der Stadt zu, der Laster passierte unbehelligt eine deutsche Straßensperre an einer Bahnstation. Die Fahrt ging über vierzig Kilometer tief in die Wälder, dann wurde sie durch einen Fluss gestoppt, über den keine Brücke führte. Das Wasser war noch eiskalt, aber ein junger Mann vom LKW war ein guter Schwimmer, er erbot sich, hinüberzuschwimmen und Hilfe zu holen. Der verängstigte Fahrer jammerte, und Schulz wollte ihn erschießen. Lisa sagte ihm, wenn ein Deutscher stirbt, wird dafür ein Dorf niedergebrannt. Schulz steckte die Waffe wieder ein. Dann kam ein Boot, ein einziges, und noch bevor sie alle übergesetzt hatten erschienen Partisanen, ein ganzes Regiment. Ich habe sie alle geküsst, sagte Lisa Gutkowitsch, aber die Partisanen hätten sich nur für die Deutschen in der Gruppe interessiert. Schulz ging mit erhobenen Händen auf sie zu und sagte auf Russisch: Guten Tag, Genossen. Dann nahm er Ilse in den Arm: Meine Liebe! Und ich habe dich doch gerettet! Dann kam der Kommandeur der Partisaneneinheit geritten. Schulz wurde immer wieder verhört. Warum er das getan habe. Er sagte immer das Gleiche: Ich liebe sie über alles. Ich habe es für sie getan. Was er selbst wolle. Mein größter Wunsch ist, bei Ilse zu sein. Und nach Moskau möchte ich. Zu den Menschen sprechen. Ihnen sagen, was Hitler getan hat. Das Paar, der Fahrer und Lisa Gutkowitsch wurden fortgebracht, zum Stab.

»In dieser Nacht heirateten sie. Das Partisanendorf bestand aus fünf Holzhäusern, eines davon war für Ehepaare. Dorthin wurden Schulz und Ilse gewiesen. Es war das erste Mal, dass sie zusammen waren. Das war die Hochzeit.«

Neue Verhöre, jetzt beim Brigadekommandeur. Immer wieder dieselbe Frage, immer wieder dieselbe Antwort: Ich liebe diese Frau. Nur für sie habe ich es getan. Ja, und ich habe eingesehen, was der Nationalsozialismus ist. Die Freundinnen wurden getrennt. »Ilse weinte. Sie schenkte mir zum Abschied ihre Bernsteinkette und ihr Kleid.« In einer Nacht lief der Fahrer fort, ohne Stiefel, und man war in Angst, er werde sie verraten. Er kam nicht weit. Irgendwann humpelte er auf ein Licht zu. Man ließ ihn ein, gab ihm Essen und Wodka und schickte Nachricht zu den Partisanen. »Sie holten ihn ab. Seine Füße waren furchtbar verfroren. Es stellte sich heraus, er war Österreicher, und er konnte etwas Russisch. Er habe zurück gewollt, gab er an, um noch mehr Juden zu retten. Das glaubte ihm keiner. Er wurde erschossen.«

Nach dem Krieg ritt Lisa Gutkowitsch in das zerstörte Minsk und fand einen Freund ihres erschossenen Mannes, des Geigers. Du bist nicht allein übrig, sagte er ihr, deine Eltern sind in Sibirien, und dein Sohn ist bei ihnen. Erst 1985 las sie in einer Minsker Zeitung eine Annonce: Wer weiß etwas über die Rettung von fünfundzwanzig Menschen durch einen Deutschen im Krieg? Es war Ilse Stein. Sie trug einen anderen Nachnamen und lebte in Rostow am Don. »Zwei junge Männer mussten sie halten, als sie hier aus dem Zug stieg, sie war völlig aufgelöst.«

Schulz war nach Moskau gekommen, wie er es sich gewünscht hatte. Mit Ilse. Ein Flugzeug hatte sie geholt. Zwei Monate lang wohnten sie dort in einer Wohnung, er wurde nicht als Kriegsgefangener behandelt. Dann fuhr ein Wagen vor, einer dieser Wagen, die dann immer vorfahren, und sie sah ihn nie wieder. Viel später hieß es auf ihre Nachfragen, er sei in irgendeinem Kriegsgefangenenlager gestorben, an Typhus, so wie immer an Typhus gestorben wird. Der jungen Frau aus Nidda in der Wetterau schlug man vor, sie solle doch nach Beribidjan ziehen, in die jüdische autonome Republik im Fernen Osten. Sie tat es und arbeitete dort als Schneiderin. Nach dem Krieg heiratete sie einen jüdischen Offizier der Roten Armee, mit ihm zog sie nach Rostow. Und irgendwann, als der Krieg sehr lange her war, als tief im fernen Westen ein Schauspieler Präsident war und die Sowjetunion nicht mehr lange leben würde, fand sie ihre kleine Schwester wieder, Lieschen aus Hessen war jetzt fünfzig, hatte zwei Kinder und lebte in Astrachan.

Ich hatte nur noch eine Frage an die alte Dame, die sich ab und zu an ihr Haar griff, als wollte sie sagen, hätten Sie doch Bescheid gegeben, dass Sie zum Tee kommen, dann wäre ich rasch zum Friseur gegangen.

»Hat sie ihn geliebt?«

Das, sagte sie, habe sie ihre Freundin auch gefragt, als sie sich nach zweiundvierzig Jahren wieder sahen. Und sie habe geantwortet, ohne zu zögern: »Immer nur ihn.«

»All die Jahre?«

»All die Jahre.«

Ein sibirischer Yogi

EINEN GAB ES in Minsk, auf den ich neugierig war. Einen noch. Ihn wollte ich noch sehen, bevor ich weiterzog. Er wurde von der Krim zurückerwartet, wo er den Sommer verbracht hatte. Der bezeichnete Tag kam, und ich nahm die Metro zur Station Traktornij Sawod. Es wurde eine Audienz. Er saß auf seinem Stuhl in einem Zimmer voller Heiligenbilder, seine langen Locken hingen ihm bis auf die Brust, schwarz und silbern, und neben ihm stand Tatjana, seine schöne Tatjana. Er war ein schöner Mann, und sie unterstrich dies wie gutes Licht. Was noch? Ein Sessel voller Kreuze, eine Ecke mit Fotos, Mönche und Starzen, die ihn gesegnet hatten, mystische Männer mit langem Haar und langen Bärten, das Foto seiner Mutter. Und auf dem Teppich die nagelneue, chromglänzende Hantel. Ich saß den beiden etwas tiefer gegenüber, auf der Liege, auf der er den Leuten die Schmerzen nahm. Die Audienz war kurz. Er fragte, wer ich sei und warum unterwegs. Dann sagte er, wer er sei. Und dann erklärte er, wie man leben solle. Gute, leichte Nahrung, die täglichen Übungen, die Gebete, all das.

Wie alle Yogis war er ein schlechter Erzähler. Es ist nicht ihr Fach. Sie vergessen die Details, die Namen, die Zeit. Besorgt fragte er mich, ob ich etwa ein historisches Buch schreiben wolle, dazu habe er nichts beizutragen. Ich beruhigte ihn. Der Grund meiner Reise war schnell erklärt. Ich ging zu Fuß, das war genug. Er hatte einen Mönch gekannt, der war auch gegangen, zehntausend Kilometer. Dem hatte ein Starez gesagt, ein alter Weiser: Du musst ständig das Kloster wechseln, ständig unterwegs sein, das ist dein Gottesdienst. Der Mönch nahm es auf sich. Er legte ein

Gelübde ab, die zehntausend Kilometer durch Russland zu gehen. Oleg traf ihn hinterher in einem Kloster bei Pskow und behandelte seine Füße und den Rest, dafür schenkte ihm der Mönch die schwarze Kreuzkette, die er unterwegs geflochten und getragen hatte, und irgendwie bürgte die Kette auch für mich. Ich hätte gern mehr über den Mann erfahren, aber Oleg hatte alles vergessen, er wusste nicht einmal mehr dessen Namen.

Die Audienz war beendet. Nun hielt es ihn nicht länger auf seinem Stuhl, er sprang auf, ich musste auch aufstehen, und seine Hände gingen auf mich los. Seiner Rechten fehlte ein Finger. Die anderen neun waren aufgeladen und zuckten, wenn sie etwas fanden, Oleg folgte ihnen um mich herum wie ein Rutengänger.

Die Nase. »Da sind ein paar Kanäle zu.«

Die Schulter. »Tut's weh?«

Der Bauch. »Mit den Nieren stimmt was nicht.«

Er lief hinaus, kam mit einem vollen Tablett wieder und gab mir Milch und Honig, zweierlei Honig, von Blumen und Buchweizen. Einer seiner Patienten war Imker, er zahlte in Honig.

Als ich Oleg das zweite Mal traf, versuchte ich ihn zu bewegen, über seine Mutter zu sprechen, von der er das Heilen hatte, über seine Jugend, über das Bergwerk. Alles, was ich herausbekam, war: Bis zum zwanzigsten Jahr hatte er im äußersten Fernen Osten gelebt, in Jakutien, einer ganzen langen Kindheit und Jugend dort entstieg ein einziges Bild. Magadan. Die Rosen von Magadan. Es sei der einzige Ort auf der Welt, sagte er, wo zugleich Eis sei und Rosen blühten. Noch ein Bild kam. Das Haus, in dem er aufwuchs. Aus roh behauenen Stämmen, Moos in den Ritzen, sehr einsam gelegen, Taiga weit und breit. Tage, Winter, Jahrzehnte bei Kerzenlicht. Das Haus seiner Mutter, von seinem Vater sprach er nie, und auch diesem Bild hing er nicht lange nach. Sein Körper erinnerte sich besser. Er bewahrte sich die erhöhte Temperatur, jene konstanten 37,2 Grad, mit denen er die unmäßig harten jakutischen Winter ausgeglichen hatte, die fünfzig oder sechzig Grad minus und mehr. Fünfzig, sagte Oleg, seien in Ordnung, darunter tue das Atmen weh. Als er zwanzig war, ging er ans Nordmeer, in die berüchtigten Minen von Workuta, drei in siebzehn Jahren lernte er kennen. Aus diesen Höhlen blitzte ein drittes Bild auf, so kurz wie die anderen. Auf Knien. Die Schufterei im Berg spielte sich meist auf Knien ab, ständig gab es tödliche Unfälle und schwere Verletzungen. Schon damals waren ihm die Hände voraus. Bevor sein Geist es eingestand, wussten sie, was in ihnen steckte. Wenn wieder etwas war, fassten sie an, und Oleg sah, dass sie Blut stillen und Brüche heilen konnten. In Workuta erfand er seine Honigmassage. Wasser im Knie und Salzlager in Gelenken waren minenübliche Gebrechen. Er rieb die Bergleute mit Honig ein und knetete sie so lange, bis der Honig das Salz heraustrieb und es als weiße Flocken auf der Haut erschien.

Ich sah ihn an. Die ebenmäßigen Züge, die dunklen Augen, die olivfarbene Haut, der einzige Makel war der fehlende Finger. Er war regelrecht herausgerissen, mit der Wurzel, eine halbmondförmige Narbe lief um sie herum. Ich fragte ihn danach. »Im Schacht.«

Mein letzter Tag mit Oleg war ein kühler, verregneter Sonntag, und als er mich mit seinem roten Opel von der Traktormetro abholte, wusste ich nur, dass es hinaus aufs Land gehen würde, in die Sauna. Ich sah das Wetter mit Sorge, der Sommer war offenbar zu Ende, mein Weg würde rauer werden. Als wir aus Minsk hinausfuhren, kamen uns die Ziegelroten entgegen, sie hießen so nach der Farbe ihrer Barette und wurden eingesetzt, wenn sich irgendwo Opposition versammelte. Ihre Kaserne lag an der Ausfallstraße. Man erzählte sich in der Stadt, diese privilegierte Sondermiliz hätte freie Hand und würde gedeckt, ganz gleich, was sie tat. Klar, dass sie heute ausrückten, es war der Sonntag der Präsidentenwahl. Gerüchte liefen um, der Präsident werde, falls die Opposition siege, putschen.

Olegs Freund hatte die Banja schon geheizt, wir verbrachten den ganzen Wahlsonntag darin. In weiße Leintücher gewickelt, saßen wir abwechselnd im russischen Dampfbad und im Wintergarten herum, sahen ein bisschen fern und aßen frische grüne Äpfel und Honig. Wieder war ein Imker in der Nähe, er gab uns ganze Waben, wir brachen Stücke heraus, sogen den Honig aus ihnen und spuckten die Wachsklümpchen aus. Plötzlich erschien der Präsident, er war im Fernsehen, und er war, wie wir, in der Banja und in ein weißes Badetuch gewickelt. Er stand in seiner Sauna und sagte, hundertzwanzig Grad, das sei seine Saunatemperatur, oder auch hundertdreißig, das sei für ihn die richtige Hitze. Alle schlugen sich an den Kopf, hundertzwanzig, das hielt kein Mensch aus. In der Trockensauna, wer weiß, aber doch nicht im russischen Dampfbad.

Oleg fragte mich, ob ich bereit sei. Er ging mit mir allein ins Badehaus, sagte mir, ich solle mich auf die Bank legen, und schüttete einen Kübel mit Kräutern versetztes Wasser auf den heißen Ofen. Es zischte, Hitzewellen kamen herab, er lenkte sie auf mich und verstärkte sie mit seinem Tuch. Es war, als ginge ein Wind aus der Wüste, wo sie am heißesten ist, auf mich nieder und durch mich hindurch. Das mit den sechzig Jahren stimmte nicht, er war erst fünfzig, aber den Körper eines Dreißigjährigen hatte er wirklich. Er war ganz tätowiert, irgendwelche Meridiane und yogische Symbole auf Brust, Bauch, Armen und Rücken, und es sah nicht primitiv aus, es sah aus, als sei er damit geboren. Subkutan. Durchscheinend blaue Adern. Das Wasser lief ihm übers Gesicht wie Blut, die nassen Locken hingen herab; wenn er über mir auftauchte, erschien ein gotischer Schädel, aus Lindenholz geschnitzt, gedunkelt. Nein, älter. Östlicher. Die Kontur und die Locken aus Ton gebrannt, der Schweiß Glasur. Er sah mich an und lachte. Es war wohl nicht schwer, meine Gedanken zu lesen, ich hatte ihn angestarrt.

»Wir sind Assyrier.«

Assyrier – darauf hätte ich kommen können.

»Meine Mutter war Heilerin, und Ärztin war sie auch. Ich habe das Heilen von ihr und das anatomische Wissen.«

Dann sagte er noch, Assyrier hätten sich seit je mit Heilkunde befasst. Ich wollte mehr hören, aber das war alles, was er über seine Herkunft sagen konnte, das mit der Heilkunst und dass Stalin sein Volk deportiert habe. Ich musste ihn nun nicht mehr anstarren, jetzt sah ich durch ihn hindurch. Er hatte ein blindes Fenster aufgestoßen. Die Assyrier waren keine Nation, sie waren eine Kirche gewesen, eine frühe christliche, die dritte große neben Rom und Byzanz – die nestorianische. Die verlorene, fast ganz verschwundene. In ihrer Blütezeit war sie ausgedehnter als die anderen beiden. Ihr Zentrum war das Land zwischen Westpersien und Syrien, das obere Zweistromland, ihr Katholikos saß in Bagdad. Sie waren gebildete Leute, große Pilger und Wanderer – und große Ärzte. Zuerst in der Spätantike und noch einmal im Mittelalter missionierten sie tief nach Asien hinein, in Indien und weit darüber hinaus, mit einigem Erfolg vor allem in China und Zentralasien. Nur wurde ihr Glaube, anders als der römische und byzantinische, nie irgendwo Staatsreligion.

Der nackte Mann, der jetzt eines der wie Besen gebundenen grünen Büschel nahm und es ins Wasser tauchte, war das blinde Echo einer großen Tradition. Er wusste nichts über sie, und sie interessierte ihn auch nicht. Aber was er in den Händen hatte, dies feine, niederstromige Geschick, hatten offenbar seine Leute vor fünfzehnhundert Jahren schon in den Händen gehabt. Überliefert ist die sarkastische Klage eines verarmten islamischen Arztes aus Bagdad. Er sagt sich, Nestorianer müsste man sein. Ein Gewand aus Seide tragen wie diese erfolgreichen Kollegen. Ihren Dialekt reden, an dem die Patienten den guten Arzt erkennen. So gut sein wie sie müsste man, wie die Leute von Djundischapur, dort stand die Akademie der nestorianischen Ärzte.

Der Nestorianer neben mir zog das Büschel hin und her durch den Bottich, dass es sich sättige, und war mit dem Sein ungleich stärker befasst als mit dem lästigen Dasein. Es hatte seine Leute in die Sowjetunion geführt. Das Osmanische Reich kollabierte, die Jungtürken in ihrem Streben, modern zu werden und eine homogene Nation, töteten, was sich nicht einschmelzen ließ, aber damit war die assyrische Apokalypse noch nicht zu Ende. Viele waren vor dem türkischen Genozid nach Armenien und

Georgien geflohen, dort holte die russische Revolution sie ein. Es gab eine kurze Blüte, assyrische Literatur wurde gedruckt, Zentren bildeten sich, dem machte Stalin ein Ende nach dem üblichen Verfahren, die Eliten ausrotten, den Rest deportieren. So kamen diese olivfarbenen frühen Christen in die jakutische Wildnis, und weil es nur ihr Glaube und ihre altgriechische Bildung waren, die sie ausmachten, zergingen die Assyrier leichter als andere deportierte Völker und wurden so russisch wie Oleg. Als er die Kohlenmine am Polarkreis verließ, war er Ende dreißig, und als er nach Minsk kam und seine erste Kirche sah, eine orthodoxe natürlich, zog es mächtig an ihm. Dem tausend Jahre jungen Magneten flog eine zweitausendjährige Seele zu.

Er hatte den Wermutbesen lange genug durch den Wasserkübel gezogen, er nahm ihn jetzt heraus und schlug auf mich ein. Ich habe den Wermut nicht erwähnt, reichlich hing er in Olegs Wohnung, zu Besen gebunden, und nun kam er in der Banja zum Einsatz. Er peitschte mich von oben bis unten, dann sagte er, ich solle mich auf den Rücken legen und peitschte die vordere Seite vom Kopf bis zu den Zehen. Er hieb kräftig zu, aber es tat nicht weh, es löste sich nur der Besen auf, nach einer Weile war ich von zerfetzten Zweigen und Blättern ganz übersät und beklebt. Wermut auf der Haut, im Haar, in den Zähnen und auf der Zunge, unter den Nägeln, unterm Lid, in jeder Falte. Den Rest des Kübels gab mir Oleg zu trinken. Nun war der Wermut ganz und gar in mir.

Hotel Belarus

VON ARKADIJ war ich ins »Belarus« gezogen. Ein Kasten auf einem Feldherrnhügel über der Stadt, voller russischer und westlicher Reporter. Schon nach einem Tag sehnte ich mich nach bitterer Schokolade und salzigem Wasser, meiner täglichen Straßenkost, nach der Einsamkeit meiner dreckigen Absteigen, den Abenden als einziger Gast in einer leeren Stalowaja, der Kolchoskantine, vor mir das Desserttellerchen mit Kiewskij Kotlet und Kartoffeln, nebenan eine Russenhochzeit. Nur an meinem letzten Abend in Minsk war das Hotel beinahe leer, alle Reporter waren ausgeschwärmt. Ich lag auf dem Bett, hörte den Regen, es regnete den ganzen Tag und die ganze Nacht, und dachte an den Weg, der vor mir lag. Wie viele Tage war ich jetzt in Minsk? Zu viele. Ich stand auf, zog die Regenjacke über und ging hinab in die Stadt.

Es goss in Strömen, aber je näher ich dem Boulevard kam, desto mehr erregt diskutierende Gruppen waren unterwegs. Ich klappte die Jacke bis zu den Waden herab, zog die Kapuze zu und folgte dem Strom. Die Wahllokale hatten geschlossen, auf den weiten Plätzen sammelte sich jetzt die Opposition, noch immer glaubte sie an ihren Sieg. Ich sah mich nach den Ziegelroten um, doch es waren nur Wahlbeobachter der EU zu sehen und Kamerateams. Die Truppe, von der ich ja wusste, dass sie mobilisiert war, stand sicher unsichtbar irgendwo in der Nähe. Nicht einen Milizstiefel sah ich an diesem Abend, nur deren Abdruck, das Zittern der Hände und Stimmen. Betagte Eltern, die nichts mehr zu verlieren hatten, liefen mit selbst gefertigten Zetteln herum wie skurrile Alte, die in westlichen Fußgängerzonen von Ufos murmeln und vom Jüngsten Gericht, aber was sie in der Hand hielten, waren Petitionen zugunsten ihrer verschwundenen Söhne.

Es übertrug sich. Am heftigsten fuhr es einem jungen Fernsehreporter in die Glieder, einem Amerikaner. Er erinnerte mich an die Mormonenmissionare, die in Berlin unterwegs waren, dunkelblauer Kaufhausanzug, gestreifte Krawatte, kräftige Farmerhände und immer zu zweit. Er aber stand allein. Er bot ein Bild des Jammers, er tat mir Leid. Zwei kurze Sätze hatte er in die Kamera zu sagen, er versuchte es zehn-, zwanzigmal und schaffte es nicht. Er fasste sich, versuchte es wieder, er hatte das trainiert. Er machte Entspannungsübungen. Hände verschränken im Nacken, Kopf zurück, Kreuz strecken, Arme seitlich. Er zitterte. Er hätte heulen können vor Wut, Angst und Scham. Ich wandte mich ab und ging weiter.

Ein Mann bat mich um eine Zigarette und vergaß gleich wieder, was er gewollt hatte. »Was sind wir nur für eine Nation?« Lachend, kopfschüttelnd, glücklich vor Unglück, wies er auf die trillerpfeifende, skandierende Menge und antwortete sich selbst. »Gar keine.« Er hielt sein Gesicht gegen den Regen. »Aus Berlin, soso. Ach, ihr Deutschen seid gut. Ihr seid eine Nation.« Wieder lachte er sein aufgekratztes, trauriges Lachen, dann fiel ihm ein, was er gewollt hatte.

»Rauchen Sie?«

»Nein.«

»Ich auch nicht. Aber heute muss ich rauchen.«

Versammlungen im Regen sind immer trostlos, dazu kam, dass das bisschen Licht, das die Opposition mitgebracht hatte, ihr dauernd ausging, und ihren Sprechern brach immer wieder die Lautsprecherstimme, auch die Anlage funktionierte schlecht. Klamm vor Regen und Aufregung wärmte sich die Menge an ihrem eigenen Echo. »Belarus – Freiheit! Belarus – Freiheit!« Es half, es tat gut, körperlich gut, ein jeglicher ging hin und nahm sein kleines privates Zittern und seine kleine elende Angst und warf sie in den großen Chor, bis die Parole zündete und hochschlug und die verregneten Gesichter entflammte, sie staunten der Wucht ihrer tausendfach verstärkter Stimme nach, ungläubig, gläubig, erregt. Jubel brach durch, ein Lachen, wie man es von den Klassikern der Revolutionsfotografie kennt, auf denen es immer so frei aussieht, so eben gerade befreit.

Irgendwann hatte es aufgehört zu regnen, und ich lief durch die nächtliche Stadt. Ich hörte ein Akkordeon spielen. Der Mann hockte in einer Bushaltestelle, er spielte Lieder, die ich nicht kannte, er spielte virtuos zart, dann wieder wild. Die Leute standen um ihn und hörten zu. Am Ende spielte er wunderbar leise und sanft, ich musste mich vordrängen, um ihn noch zu hören. Es gab nicht viele belebte Orte im nächtlichen Minsk, heute Nacht gehörte diese Haltestelle dazu, genügend Minsker warteten auf den Trolleybus und sprachen von den Ereignissen des Tages.

Dann stieg ich wieder auf den Feldherrnhügel. Die Sache mit den Prostituierten war ganz einfach. Sie saßen, wenn man die schummrige Hotelhalle betrat, in der Sitzgruppe links, und kaum dass ich mein Zimmer betrat, ging das Telefon, und Natascha bot an, vorbeizukommen. Sie tat das nur, weil ich ihren sorgfältig mit der Linealkante von einem karierten Blatt Papier abgetrennten und von Hand geschriebenen Zettel auf meinen Telefontisch nicht beachtet und nicht ihre Nummer angerufen hatte und auch nicht die ihrer Kollegin Nina vom anderen Zettelchen mit der gleichen schulmädchenhaft sauberen Schrift. So war es immer, ich konnte heimkommen, wann ich wollte.

Ich fuhr in die zweiundzwanzigste Etage, in die obere Bar. Hier versuchten es drei Huren mit allen Mitteln, vor jedem Gast tanzte eine und zog sich halb aus und streckte ihm hin, was sie hatte. Es half nichts. Revolutionsnächte sind schlecht fürs Geschäft. Sogar verregnete. Scheiternde. Ich ging in die untere Bar. Gestern Abend hatte ihr Wirt einen Gast mit der Faust niedergestreckt, er hatte es verdient. Jetzt saß der große, dicke Michail da mit seinen nervösen Freunden in den schwarzen Lederjacken. Er schaute ab und zu herüber, und erst als er aufstand, sah ich, wie groß er wirklich war. Ein Hüne. Er kam an die Bar, schüttelte mir die Hand, wir sahen uns in die Augen.

»Ich hab's gleich gewusst.«

Er schüttelte mir weiter die Hand.

»Ich hab gleich gewusst, dass du Soldat bist.«

Ich nickte, er nickte mir auch zu und setzte sich wieder zu seinen Freunden.

Die Nacht war unruhig, ich hörte Geräusche und wälzte mich im Bett. Es war wie an dem Abend, bevor ich über die Oder ging, wie die Tage in Białystok, nur dass es jedes Mal ernster wurde. Was morgen früh begann, war das letzte Drittel, und was jenseits von Minsk lag, lag jenseits meiner Vorstellung. Bis hierher hatte ich eine Idee vom Weg gehabt und notfalls ein oder zwei Adressen. Das hörte jetzt auf. Das Telefon läutete lange und immer wieder, ich bohrte den Kopf unters Kissen, es nützte nichts, wie ich wusste, denn bald klopfte es an der Tür. Natascha konnte sehr ausdauernd sein.

Drink Vodka!

ICH GING WIEDER. Minsk blieb endlich zurück. Und endlich stand Moskau auf den Schildern, siebenhundert Kilometer plus ein paar, jedes neue Schild war ein Tagesmarsch weniger oder zwei. In den ersten Tagen mied ich die Autobahn M 1 und nahm die alte Chaussee über die Dörfer.

Ich sah jetzt ganz und gar russisch aus. Das Letzte, was ich in Minsk getan hatte, war, zur Perjukmacherskaja zu gehen. Ich mochte das Wort, es war mir von den vielen russischen Anleihen aus meiner Sprache die liebste. Es tarnt sich so gut und verrät sich so schön. Perückenmacher, wer kommt schon darauf, wenn er die entmutigend lange kyrillische Schrift irgendwo an einer Wand sieht. Der Pfeil darunter zeigte in einen kleinen Hof, ich folgte ihm und sah eine strenge Blonde auf einem Klappstuhl sitzen und ihre Nägel lackieren.

»Schneiden, bitte. Schön russisch.«

Sie war sehr konzentriert und sah nicht einmal hoch.

»Moment.«

Gemeinsam beobachteten wir, wie der karmesinrote Lack auf ihren langen Nägeln trocknete, dann gingen wir in den kleinen Friseurladen. Sie zeigte mir, ohne eine Miene zu verziehen und das Kauen des Kaugummis eine Sekunde zu unterbrechen, meinen Platz und tat an mir, was zu tun war. Als es vorbei war, hatte sie mich geschoren, und am Ende hatte ich sie enttäuscht, weil ich ihre Salbung zurückwies, ihr Wet-Gel, aber ich hatte meine russische Ölung von Oleg bekommen und wollte den Wermut auf meiner Haut nicht parfümieren und übertünchen. Die Perückenmacherin war ernsthaft böse auf mich, es gelang mir nicht, die

Kränkung durch ein gutes Trinkgeld vergessen zu machen, doch das waren Dinge von gestern. Manchmal, im Gehen, fuhr ich mir mit der Hand über den Schädel und lächelte.

Die Tage nach Minsk waren spätsommerlich mild, nie war das Gehen angenehmer gewesen. Smolewitschi roch nach frisch geschlagenem Holz, es war eine Holzgegend, viel Wald, wenige Menschen, das Sägewerk tauchte auf, schaukelte im Augenwinkel, verschwand wieder. Kein Halt in Smolewitschi, keine Rast. Die Allee machte einen großen Bogen um ein Stoppelfeld, ich kürzte ab. Die Stoppeln standen scharf und nagelbretthart, sie knallten und explodierten, wenn ich sie zertrat, aus lauter Wut, dass ich nicht barfuß lief, sie hätten mir gern die Sohlen zerschnitten und hätten gern Blut gesehen, aber Oleg hatte mich in Wermut gebadet. In der Nacht nach dem Bad hatte ich einen Traum gehabt. Ich konnte fliegen, es war nicht so schwer, wie man glaubt, es erforderte nur Konzentration. Ich saß in der Luft, und die Fortbewegung geschah durch den gleichmäßigen Flügelschlag der angewinkelten Beine, eine Technik, die an eine Draisine erinnerte. Wenn ich aufhörte, die Knie auf und nieder zu bewegen, sank ich. Wenn ich es gut machte, flog ich davon.

Wenn ein Tag es gut meinte, legte er mir Teppiche aus. Dann wuchs Gras auf dem Seitenstreifen, und es war frisch gemäht. Dieser Tag meinte es gut, ich ging wie auf Moos. Die Schnitter, die es ausgelegt hatten, lagen auf einer Wiese im Heu, sie hatten ihre Gummistiefel ausgezogen und ihre Fußlappen abgewickelt, die Sensen blinkten in der Sonne; müde Blicke folgten mir, als ich vorüberflog. Einer richtete sich auf. Ich hatte mir diese knappe, stumme Art zu grüßen angewöhnt, die Art des Fremden. Nicht freundlich, nicht unfreundlich. Nicht hinsehen, nichts wollen, nur weiter. »Lauter Wälder, Sumpf und Sand.« Das Gedicht hatte ich in der Bibliothek des Literaturhauses von Minsk gefunden, es handelte von der Verlorenheit des Landes, die mir bevorstand und in die ich jetzt hineinging. Ein einfaches Gedicht, einfache Reime. Jakub Kolas hatte es 1906 geschrieben, einer der weißrussischen Dichter, deren Statuen in Minsker Stadtparks standen.

Unser armes Heimatland,
lauter Wälder, Sumpf und Sand.
Dort ist eine kleine Lichtung,
dichter Fichtenwald am Rand.

Kolas hatte das Land in seinem vorrevolutionären Halbschlaf gemeint, aber was hieß das schon, es war immer noch so. Sumpf und Sand, Sumpf und Sand, eins und zwei, drei und vier, ich zählte meine Schritte bis hundert, und wieder hundert und wieder, bis tausend voll waren. Ich traute den Kilometerzahlen auf den kleinen blauen Schildern nicht. Die russischen Kilometer kamen mir vor wie die russische Spurweite, ungefähr anderthalbmal so weit. Ich rechnete mein Tagespensum aus und überlegte, wie viele Wochen länger ich brauchen würde bis Moskau, in russischen Kilometern. Nichts stimmte mehr, keine Berechnung, kein Tagesziel, ich konnte meine Pläne vergessen und würde in den russischen Winter kommen.

Nach achthundertfünfzig Schritten tauchte das nächste blaue Schildchen auf, bei neunhundertneunzig flog ich an ihm vorbei. Doch nicht, dachte ich, alles normal. Nachdem das klar war, kam ich wieder deutlich schneller voran, etwa anderthalbmal so schnell. Nicht lange. Sobald ich aufhörte, meine Schritte zu zählen, war es das alte Lied. Die Meter waren mein Rosenkranz. Ich habe viele vor mich hingemurmelt östlich von Minsk.

Als das Licht rötlich wurde und mein Schatten länger, zog ich den Miniwecker aus der Hemdtasche, eine Armbanduhr trug ich nicht, ich dachte, es sei besser so. Ich ging jetzt die elfte Stunde und seit einiger Zeit durch Datschenland. Teils waren die Sommerhäuser bewohnt, teils nicht. Ein Rohbau fiel mir auf, gar nicht weit von der Chaussee, offenbar waren seine Besitzer nicht da, und das Dach war wie üblich als Lager für Heu und Holz vorgesehen und hatte keine Giebelwände. Ich musste nur hinaufklettern – die Leiter lehnte am Haus, ich würde sie hinter mir hochziehen und hatte einen wunderbaren Platz für die Nacht, unerreichbar für Tier, Mensch, Regen, einladender ging es nicht.

Leider waren die anderen Datschen bewohnt. Ich wartete, bis es dunkel war und wollte gerade hochsteigen, da hielt ein Peugeot.

»Steig ein.«

Es gibt eine Sorte Mensch, die muss man nicht bitten, die ist unterwegs, um Gutes zu tun. Mein Chauffeur war so einer. Sein Peugeot sah aus wie ein Holzfällerlager. Beile und Keile verschiedener Größe, eine leuchtend chinarote Thermoskanne. Sägespäne. Waldgeruch. Er wuchtete die schwere Kettensäge vom Beifahrersitz auf den Boden und sagte mir, ich solle sie gut festhalten, sie sei scharf. Ich war einverstanden mit dieser Wendung der Dinge. Ich war kurz vor Shodino laut Karte, und er fuhr hin. Ein Gefühl sagte mir, Shodino sei gut. Jedenfalls war es nicht weit, mit etwas Disziplin hätte ich hinlaufen können. Der Holzfäller hatte es nicht eilig, mich abzusetzen. Es machte ihm Freude, diesem Fremden seine Stadt zu zeigen, wann hatte Shodino schon Besuch aus Berlin.

»Wot magasin.«

Hier der Laden. Siehst du. Und da die Poliklinik, die schöne neue. Die alte ist woanders. So.

»Wot ristoran.«

Und dort der Stadtsowjet. Dann der Park. Das schöne neue Einkaufszentrum. Und da ist die Polizei, höhö. Na ja. Er kurvte schwungvoll durch ein paar Wohnblocks, über die Parkplätze und Fußwege ihrer Innenhöfe.

»Wot prospjekt. Prospekt 50. Jahrestag. Da drüben ist die Parallelstraße, Prospekt 40. Jahrestag. So heißt das bei uns. Komisch, was?«

Er wies zur Statue.

»Wot Lenin.«

Er sah mein Gesicht und lachte wieder. »So ist das bei uns. Warte, ich bringe dich noch zum Hotel, dem besseren der beiden. Schesliwawo puti. Guten Weg.«

Shodino sei eine junge Stadt, hatte er noch gesagt. Das stimmte. Im Park und auf der Promenade gingen fast nur junge Leute spazieren. Ich ließ das Ristoran, das er mir empfohlen hatte, links liegen, mein Glaube, es müsse etwas Besseres geben, war stark genug. Nach wenigen Minuten fand ich es. Es hatte einen Terracottaboden in Rot, Grün und Creme und grobe Sowjetkacheln an den Wänden in kräftigem Grau und Rot, und es hatte eine massive Bar im Rohbaustil, dazu lief Russenpop von der beschleunigten Art. Genau die rohe Größe, die kleine, kalkulierte Rohheit, die Berlin so liebt, man sollte es, dachte ich, nach Berlin versetzen, so wie es war, einen Namen hatte ich auch schon: Tanz- und Trinkhalle Jugend. Ich legte den Hut auf einen der Tische, und die Bedienung kam sehr effektvoll hinter einem deckenhohen, bodenlangen Stofftuch hervor und zog die schweren russischgrünen Samtvorhänge zu. Ich bestellte wie immer Schaschlik oder Kiewskij Kotlet, je nachdem, was es gab, diesmal gab es Kotlet, vorweg Gurken und Tomaten mit Schmand und Brot und Bier.

Ein paar junge Männer ließen mich fertig essen, dann unterbrachen sie ihr Billardspiel und kamen herüber, wir plauderten über Shodino und Berlin. Dann ging ich an die Bar, was Russen nie tun, sie sitzen lieber an Tischen, und der lokale Dealer kam. »Kupisch? Kaufst du – zehn Dollar.«

Er war ein städtischer Typ mit echten Markenhosen.

»Ich würde gern die Halle kaufen.«

Er sah mich mitleidig an und ging.

Ich hatte einen Satz über die Schönheit von Shodino gelesen, in einem alten sowjetischen Reiseführer. »Schön sind auch die erst vor kurzem entstandenen Städte. Nowopolozk mit seinen Chemie- und Energiebetrieben sowie Shodino mit seinen Autowerken.« Vor kurzem hieß 1951. Shodino und ich waren gleich alt.

Shodino war das Helle am Sowjetismus, das Junge und Attraktive, das Bau-auf-bau-auf der großen Kraftwerke und Stauwerke, das unbekümmerte Heldentum der Ingenieure, die gewaltige Flüsse umleiteten und ganze Städte aus der Steppe stampften, das Moderne eben, das Amerikanische, wenn man will. Mussolini und die Futuristen hatten es auch. Im Westen war diese Zukunft nur noch Nostalgie, ein Eisensteinfilm im Programmkino, eine alte Wochenschau. Hier war ihr heller Posaunenton manchmal noch in der Luft.

Am anderen Morgen erwachte ich früh von einem nervösen Fingergetrommel, es war am Fenster, es war der Regen. Es regnete jetzt oft während der Nacht. Es dauerte, bis ich aus Shodino heraus war, seine Fabriken zogen sich hin. Dann das Übliche – die Chaussee und der Wald. Nach acht Kilometern kam ein Schild. Borissower Militärforst. Ab jetzt hörte ich häufig das trockene Klackern von Maschinenpistolen, manchmal auch dumpfes Kanonenröhren, so ging es über Stunden, ich gewöhnte mich daran wie der alte Mann, der ruhig im Straßengraben Heu machte oder die Frau, die mit zwei Eimern Pilzen aus dem Manöverwald kam. Der Marsch nach Borrisow dauerte wieder einen vollen Tag, wie gestern der nach Shodino, wie am Tag davor. Am frühen Abend kam ich an, und auch mein erster Wunsch war wieder der übliche: eine Tasse heißer Tee.

Auf der Straße der Revolution lauerte ein Kamerateam den Passanten auf. Ob es um die Wahl gehe, fragte ich. Nein, um Kinder. Um Kinder? Ja, ob Kinder gut seien oder nicht so sehr, und ob sie heute schlechter seien als früher. Schlechtere Schüler, schlechteres Benehmen und so weiter. Kinder kämen immer gut an. Das Café sei dort drüben. Eine Minute später war ich wieder bei dem Team.

»Das Café hat zu.«

»Dann weiß ich's auch nicht.«

»Was macht man hier abends?«

Ich blickte in ratlose Mienen, die Frage schien sie nun wirklich zu verblüffen. Ich wollte schon achselzuckend weitergehen, da hellte sich das Gesicht des Teamchefs auf.

»Drink!«, rief er auf Englisch. »Drink Vodka!«

Es gab doch ein Café. Ich war daran vorbeigelaufen, ich hatte nicht aufgepasst. Du bist von Shodino verwöhnt, sagte ich, du hast erwartet, das Café würde sich zeigen und dich hereinbitten, ich führte jetzt öfter kleine Selbstgespräche. Shodino ist etwas anderes, das kannst du nicht vergleichen, normal ist das nicht, normalerweise versteckt sich das Café. Ich hatte nie verstanden, warum für sämtliche Lokale zwischen Ostberlin und Alma-Ata das Verdunklungsgebot galt. Dieser merkwürdige Drang auszugehen, um es sich in einem Kellerloch gemütlich zu machen, im Bunker, im Winterschlaf. Auch im Café von Borissow musste der Tag draußen bleiben, dunkelrote Vorhänge sorgten dafür.

Meine Augen gewöhnten sich an das Dämmerlicht, und ich erkannte am Tisch gegenüber eine junge Frau. Sie aß ihre Suppe und legte ab und zu den Löffel aus der Hand, fuhr sich durch die blonde Kurzhaarfrisur und lachte heftig, aber lautlos. Sie winkte der Kellnerin, und ein Mokka stand auf meinem Tisch. Von der da, bedeutete mir die Bedienung mit einer nachlässigen Kopfbewegung und grinste. »Müssen Sie nicht trinken. Lassen Sie's einfach stehen.«

Ich nippte, lächelte ihr zu, sie kam herüber und bestellte sich auch einen Mokka. Sie habe drei Männer gehabt letztes Jahr. Der erste ein Spediteur, reich, aber ein Schwein, dem sei sie nach vier Wochen weggelaufen. Der zweite herzensgut, aber leider arm, das habe nichts werden können. Der dritte war wieder Spediteur, seine Lastwagen fuhren zwischen Moskau und Holland hin und her, immer in Hafenstädte. Er habe angefangen, sie zu Geschäftsessen mitzunehmen, und soweit sie verstanden habe, fahre irgendwo da draußen ein Frachter herum mit Chemikern unter Deck, ein schwimmendes Drogenlabor. Vielleicht auch chemische Kampfstoffe, so genau könne sie das nicht sagen. Einer habe einen Sprachfehler gehabt, so ein blödes Wort, es fuhr ihm dann in die eigene Rede, ein Sprung in der Platte, die Nadel schrammte sich fest, er musste das Wort repetieren, es passierte meist, wenn er sich aufregte und besonders kalt und brutal wirken wollte. Negerpisse. Negerpisse. Negerpisse. Ekelhaft sei es gewesen und doch zum Lachen, immer habe sie ein Lachen unterdrücken müssen, aber einmal habe sie nicht mehr an sich halten können und losgeprustet.

Sie zog die Kurzhaarfrisur vom Kopf, er war kahl, und eine

breite, hässliche Narbe lief quer darüber. »Sehen Sie, was er getan hat.«

Es sah aus wie ein aufgeschminkter Säbelhieb in einem Piratenfilm. Die Klinge musste stumpf gewesen sein, sonst hätte er ihr den Schädel gespalten. Sie setzte den Schopf wieder auf, ich wollte sie ein bisschen aufmuntern und machte einen missglückten Scherz. »Perjukmacherskaja, da?« Sie sah mich böse an. Sie verstand das Wortspiel nicht, natürlich nicht, sie sprach ja kein Deutsch. Sie stand abrupt auf und ging. Die Kellnerin räumte die Tassen weg und sagte verächtlich: »Schauspielerinnen!«

Letzte Sonne stand rot und warm auf dem Zentralplatz, ich setzte mich auf den Sockel des Borissower Lenin, eine Ausführung in Beton, panzergrau getüncht, mit erhobenem rechtem Arm. Genau da, wo sich beim heiligen Georg der Drache um dessen Speer windet, wand sich eine graue Sowjetfahne um Lenins Fahnenstange, und die Mädchen im Zentralnij-Laden an der Ecke trugen amerikanische Dinner-Käppis aus bordeauxroter Pappe und dazu bordeauxrote Schürzchen mit beigem Rüschenrand.

Jetzt öffnete sich das Kasernentor am Platz, Soldaten kamen heraus und Jeeps und bezogen Posten auf dem Platz und in der langen Straße der Revolution, in einer stillen Ecke instruierte ein Zivilist einen Trupp Milizionäre, andere Zivilisten standen plötzlich mit Walkie-Talkies auf dem Trottoir herum und holten einzelne Passanten in bereitstehende Verhörwagen. Ich zog es vor, das Hotel aufzusuchen, es lag am anderen Ende der Straße der Revolution.

Unheimlich

Es goss wieder die ganze Nacht, und diesmal hörte es am anderen Morgen nicht auf. Regen hatte mir nie viel ausgemacht, in den Tropen nicht, auch nicht der Monsun im Himalaya, warum setzte mir der Regen von Borissow derart zu? Ich ging die paar Schritte zum Bahnhof, ich hoffte, an einem der Kioske einen heißen Tee zu bekommen. Über den Vorplatz schleifte ein Polizist einen Trunkenbold, der hing auf halbmast, und einer schlappte durch die Pfützen und durch den Unrat wie der andere, beiden war es egal. Plötzlich wusste ich, warum ich unter dem Regen von Borissow litt wie ein Straßenköter: So wenig Widerstand, so wenig Schönheit, und der Regen brachte es an den Tag. Die Mühe der jungen Frauen, sich hübsch zu machen, war bewundernswert, aber sie hatte etwas Vergebliches an einem solchen Tag, an dem die klamme Trostlosigkeit alles durchdrang und besiegte. Ich konnte hier nicht bleiben.

Ich holte den Rucksack aus dem Hotel und ging los. Für die Überquerung der Beresina benötigte ich nicht mehr als eine Minute. Sie sah so harmlos aus, wie sie sich durch die Ebene wand mit ihren Grasufern und ihren schwimmenden grünen Inselchen. Törichter Bonaparte, was musstest du auch im Winter kommen. Es hörte irgendwann auf zu regnen, und ich konnte mich auf dem Seitenstreifen der M 1 vollständig umziehen, ohne dass mich ein Auto gestört hätte, das Donnern hinter mir war also nicht der Verkehr. Ich drehte mich um. Es war ein Gewitter. Unten am Fuße der Böschung stand ein Bushäuschen, dort würde ich es abwarten.

Es setzte mit einem Trommelwirbel auf dem Dach ein, unter

dem ich Schutz gefunden hatte, nach ihm kam noch ein Gewitter und so fort. Zwischen dem fünften und dem sechsten Gewitter rannte ich die Böschung hoch und ein paar hundert Meter weiter Richtung Moskau. Ich hatte etwas gesehen, das wie ein Rasthaus aussah, ich hatte Hunger, und es war wirklich eines, ein winziges Café namens »9–3«. Unter dem Holzdach davor saß eine üppige Halbnackte und trank abwechselnd Orangensaft und Wasser. Neben den Lastwagenfahrern hatte ich oft Frauen sitzen sehen, und nicht die hässlichsten. Entweder die Fahrer mochten sie nicht zu Hause lassen, oder sie waren so etwas wie Seeleute, als es noch richtige Häfen gab, und hatten in jeder Stadt eine andere. Ich fragte die Halbnackte, ob auf den nächsten zwanzig Kilometern ein weiteres Rasthaus käme. Sie sah mich etwas verwundert, aber nicht unfreundlich an und schüttelte ihre derangierte blonde Hochsteckfrisur. »Nitschewo.«

Bevor unser Gespräch Fahrt gewinnen konnte, war es auch schon beendet. Ihr Mann oder was immer er war kam aus dem »9–3«, musterte mich kurz und zog sie am Arm von der Bank, knöpfte ihr die Bluse zu und nahm sie mit zu seinem Laster, sie riss sich los, um die Riemen ihrer roten Stöckelschuhe zu schließen, dabei warf sie mir eine Kusshand zu. Ich hatte daran gedacht, hier zu bleiben, aber das »9–3« machte über Nacht zu, außerdem war es zu früh, um den Tag zu beschließen, weiter also. Nach einer halben Stunde an der M 1 erreichte ich eine Lichtung, zwei junge Kerle waren da und ein paar Autos, eines versuchten sie in Gang zu setzen.

»He! Nach Moskau?«

»Ja.«

»Aus Deutschland?«

»Ja.«

Er fragte, als käme hier morgens, mittags, abends ein verrückter Deutscher vorbei, und schüttelte den Kopf, bevor er ihn wieder unter die Motorhaube steckte.

Es gab eine Parallelstraße, und wenn ich etwas für die Nacht finden wollte, musste ich es bis dahin schaffen, nur an ihr lagen

Dörfer. Von der Lichtung ging ein Waldweg ab. Ich nahm ihn. Mitten im Wald lag ein Dorf, anscheinend war es von seinen Bewohnern verlassen. Keinen Menschen sah ich, dafür zerschlagene Fenster und Türen und schlammige Wege zwischen den eng stehenden grauen Holzhäusern. Windschiefe Schuppen, herrenloses Gerät, halb offene Brunnen, in die der Regen fiel. Ich erschrak, als ich das Gesicht sah, reglos und im Profil. Ein Mann hinter einem Fenster, es lag tief, hüfthoch etwa, als rage der Oberkörper des Mannes aus der Erde heraus. Ich machte ihm Zeichen. Straße dort? Nach dort weitergehen? Er reagierte nicht. Er wandte sich mir nicht einmal zu, und ich war nicht sicher, ob er lebte oder jemals gelebt hatte.

Zweimal verirrte ich mich und landete in den Sumpfwiesen, es regnete wieder stärker jetzt. Es musste einen Weg weiter durch den Wald zur Chaussee geben, aber ich hatte ihn nicht gefunden und kehrte ins Dorf zurück und ging in ein Haus, um abzuwarten, ob der Regen nachließ. Wenn nicht, hatte ich eben noch gedacht, musst du hier übernachten, aber es war voller Unrat und Scherben und stank so sehr nach Verwesung, dass ich nicht einmal den Rucksack absetzen mochte. Ich behielt ihn auf, und nachdem ich eine Weile am Fensterkreuz gelehnt und dem Regen zugehört hatte, wie er alles zudeckte, bemerkte ich die Hühner. Es waren nicht viele, und sie liefen völlig lautlos herum. Ein gutes Zielkreuz, dachte ich, und du bist ein gutes Ziel, und trat vom Fensterkreuz weg. Dann sah ich das Pferd. Ohne jedes Zaumzeug stand es mitten auf der Sumpfwiese, in die ich eben fehlgegangen war, da war es noch nicht da gewesen. Das Dorf war mir unheimlich.

Plötzlich war es ganz einfach, den richtigen Pfad zu finden, ich erreichte die Straße und schließlich Krupki, gerade als es dunkel wurde. Zu meiner unbeschreiblichen Freude hatte Krupki eine Gostiniza. Eine so schlichte, dass sie nicht einmal einen Namen hatte, einfach die Gostiniza in der Uliza Sowjetskaja. Die Hausdame empfing mich mit der Bemerkung, es sei aber teuer hier, und eigentlich sei nichts frei, aber wenn ich unbedingt so viel zahlen wolle – bitte. Überflüssig zu sagen, dass es dem Preis einer deutschen Kinokarte entsprach.

Der Abend klang aus im Ristoran von Krupki, das ebenfalls keinen Namen hatte, aber ein Kupferrelief an der Wand, es zeigte den Kreis der Sternzeichen und mittendrin ein Gesicht, Odysseus war gemeint, aber sein Bart war gedrechselt wie der eines assyrischen Bogenschützen, und er hatte ein Einschussloch in der Stirn, genau unter dem Scheitel. Ich bat um einen Salat, wie der andere Gast ihn bekam, die Kellnerin, ein verträumtes, zickiges Ding auf überweißen langen Beinen, sagte nein. Sie kriegen Rote Bete. Ich bat um Bratkartoffeln, sie brachte Püree. Dazu spielte das Lied »Work Your Body«, eine unglaublich billig gemachte Maschinenversion, »work, work, work your body«. Hinter den vergilbten Stores war der Tag weggedimmt, und eine Person in roter Strickjacke und Moonboots trat herein, in der Hand ein weißes Blindenstöckchen, bat jeden im Saal um Wodka und wurde von jedem weggejagt. Dann kam der Sheriff mit der extradicken Seitennaht auf der Uniformhose und seinem Revolver am Gürtel, und dann erschienen die Honoratioren. Jetzt sind sie alle da, sagte ich zum Püree, jetzt kann es losgehen. Die träumende Kellnerin will hier rausgeholt werden, sie provoziert den Fremden, der holt sie auch raus, aber erst nach einem Kampf mit dem Sheriff, der hinter ihr her ist, seit sie fünfzehn war, und den sie hasst. Am Ende rettet der Narr in den Moonboots die beiden. Die Honoratioren waren in Feierlaune und ließen sich die Bar öffnen, die hatte kunstlederbezogene Wände mit rot-schwarzen Rauten und rotes Licht, aber dann entschieden sie sich doch für den Saal und bestellten viel zu essen und Wodka, und ich hörte mich sagen, sie fressen wie die Schweine. Ich hatte es zum Püree gesagt, und es antwortete, sieh mal, die Alte, und ich drehte mich um und bemerkte erst jetzt, dass die Person in den Moonboots kein Mann war, sie war aufgesprungen und tanzte zu der Maschinenmusik, warf das graue Haar aus der Stirn, hieb mit dem Blindenstock den Takt in die Luft und schrie: »Wot Budjonny! Wot Budjonny! Wot, wot,

wot Budjonny«. Und alle sprangen auf und klatschten in die Hände und schrien mit und brachten einen Toast aus auf den roten Reitergeneral.

Die Straße nach Moskau glänzte, die Welt war verwandelt am anderen Morgen. Krupki, das hatte ich vorher nicht gesehen, lag hingestreckt an einem See. Silberfäden flogen durch die Luft, Regenseen glitzerten in der Sonne. Ein wunderbarer Morgen, um nach Moskau zu gehen. Gestern hatte ich an der M 1 vor einem blauen Schild gestanden: Moskau 598. Zum ersten Mal war mir der Gedanke gekommen, jetzt ein Auto, und du bist heute noch da, mein Gott, heute Abend in Moskau.

Das Wort Souvenirs stand da wie ein Plüschsessel in der Steppe. Groß stand es über dem Dorfladen von Bobr, und ein prächtiger Ziegenbock graste davor. Glücklicherweise war es nicht ernst gemeint. Ich ging um den Bock herum und war erleichtert, drinnen das Allerüblichste zu finden – Bier, Brot, Bonbons, Wodka natürlich –, und versorgte mich mit dem Üblichen: Wasser und Schokolade. Der Weg nach Tolotschin war laut Karte einsam und viele Stunden lang. Das Nächste, was ich sah, war ein toter Baum und der Rabe darauf, er krächzte dreimal, dann flog er fort.

Ich ging eine Anhöhe hinauf und bemerkte ein altes Ehepaar, sie saßen im Gras und waren in den Pilzen gewesen. Er atmete mit offenem Mund und sah offenbar nur noch auf einem Auge, das andere war klein, runzlig und wässrig wie das eines alten Elefanten, beide, dachte ich, wird er bald schließen. Seine lebhafte Frau dachte das auch, ich sah es ihr an. Sie zeigte ein geradezu sportliches Interesse und fragte mich aus. Wie viele Tage schon? Wie viele noch? Wie viele Kilometer pro Tag?

Den winzigen Friedhof am Rande der Straße hätte ich beinahe übersehen, er lag ein paar Schritte im Kiefernwald, durch den ich seit Stunden ging und von dem ich nichts Neues erwartete. Wilde Erdbeeren, die hier überaus gut gediehen, überwucherten alles, aber die Saison war vorbei. In einem durchweg christlichen

Land wäre es ein alter Selbstmörderfriedhof gewesen, eine Verfemtenstätte, und die hart geregneten Karsthügelchen, die keiner pflegte, sprachen dafür. Doch es gab auch ein frisches, mit Kreuz und Kränzen geschmücktes Grab. Liebe auf immer, liebes Mütterchen, deine Söhne. Liebe auf ewig, dein Mann. Das war keine Selbstmörderin. Es war einfach ein wilder Friedhof. Ich überlegte, wer ihn angelegt haben könnte, er lag fern jeder Siedlung, es gab hier keine, in diesem Land lagen die Dörfer dreißig, vierzig Kilometer auseinander, nur manchmal sah ich eine einzelne Hütte, ein Haus. Vielleicht waren nach einem Unfall die Toten gleich an Ort und Stelle begraben worden, ich hatte solche Straßengräber gesehen, aber diese hier waren verschieden alt. Wahrscheinlich war es der Familienfriedhof praktisch denkender Leute, zu jeder Jahreszeit bequem erreichbar. Sie begruben die Verstorbenen direkt neben der Straße, kein Schnee und kein Aprilschlamm konnten sie hindern. Ich aß den Rest Bitterschokolade. Wäre es früher im Sommer gewesen, hätte ich frische Erdbeeren dazu gehabt.

Am Nachmittag wollte mich eine Bäuerin für die Feldarbeit anheuern, eine dicke, pralle. Ihre Oberschenkel spannten die löchrige blaue Turnhose, und wenn sie kurz ihr straff gebundenes Tuch hochschob, um sich im Nacken zu kratzen, wurde ihre weiße Haut sichtbar. Sie war höchstens dreißig. Sie stellte die übliche Frage, und während ich antwortete, taxierte sie mich und machte sich ihre Gedanken. Ihr Feld war ganz in der Nähe, die Verwandten hatten aufgehört zu ernten und schauten zu uns herüber. Sie rief ihnen mit hoher Stimme etwas zu und scheuchte sie, weiterzuarbeiten, dann drehte sie sich wieder zu mir um. »Was läufst du den ganzen Tag. Komm, hilf mir Kartoffeln ernten.«

Ich sagte, ich würde lieber Kartoffeln essen. Sie wies auf ihr Feld. »Erst ernten, dann essen.« Ich sagte, ich müsse sehen, wo ich über Nacht bliebe, der Weg zum nächsten Ort sei weit. Wir saßen auf einem Baumstamm, und sie rückte nahe herbei. »Du liebst das Arbeiten nicht, wie?«

Sie versprach mir ein Kartoffelgericht, ein gutes, von dem ich satt werden würde, aber vorher müsse ich aufs Feld. Davor war mir nicht bange, als Junge hatte ich jeden Herbst Kartoffeln geerntet, aber ich ahnte, was danach kam. Ein spät heimkehrender russischer Ehemann hätte die Situation leicht missverstehen können.

So kam es, dass ich hungrig und durstig in Tolotschin eintraf, wo zwei junge Frauen sich meiner annahmen. Sie fuhren zu ihrem Vergnügen im Auto herum, eine blonde und eine schwarze; ich fragte, ob es eine Gostiniza gäbe, sie boten an, mich hinzubringen, bestanden aber darauf, englisch zu sprechen. Sie kellnerten im Libanon. Sechs Monate Beirut, sechs freie in Tolotschin, dann wieder sechs in Beirut, so funktioniere das, so sei es nun mal, denn immer nach sechs Monaten laufe das Visum ab. Ich fragte, ob ich sie auf ein Bier einladen dürfe. Sie bedauerten, aufrichtig, wie ich fand. »Zu Hause warten die Kinder.« Auf mich wartete das Kolchosrestaurant.

Ich war und blieb dessen einziger Gast. Abendsonne fiel in seidigen Bahnen durch die dünnen Vorhänge, und auch die olivocker-roten Keramikhängelampen im Töpferstil der siebziger Jahre erinnerten mich an Kleinstadtcafés meiner Heimat. Als die Dämmerung so weit fortgeschritten war, dass der Saal im Halbdunkel lag, wurde eine einzige Lampe angeknipst, die über mir. Nach dem Essen ging ich in die Kolchosbar nebenan, wo ich ebenfalls der einzige Gast war. Und während die Maus, nachdem sie sich versichert hatte, dass die Luft rein war, hinter der Stereoanlage hervorkam und sich daran machte, das Regal im Rücken der Bardame zu inspizieren, sprach diese von der Verwunderung des Personals, dass heute ein Fremder gekommen sei. Es sei jeden Abend so leer wie jetzt. Ja, alles sei staatlich, das Ristoran und die Bar und auch die Gostiniza, in der ich schlafen würde. Staatlich war auch die Musik, ich kannte sie schon. »Work your body, work, work, work«. Ich kannte das ganze Band, es lief den ganzen Abend, und es lief überall, und wenn es zu Ende war, lief es wieder von vorn. Die Maus war jetzt im Wodkaregal angelangt, ein possierliches Tier, nicht feldgrau, sondern braun und sehr geschickt mit den Vorderpfoten, und es hatte ein Ziel. Die Barfrau hatte sich nämlich aus einem großen Plastiksack Speiseeis eine Schale voll herausgeschabt und führte es genüsslich Löffel um Löffel zum Mund, was die Maus aufmerksam beobachtete, aber die Barfrau war auch helle. Plötzlich fuhr ihre Löffelhand nach hinten und hieb, ohne hinzusehen, ins Regal. Die Barfrau lachte. »Da ist sie wieder, was? Ich seh's an Ihrem Gesicht. Sie kommt jeden Abend.«

Die Maus hatte sich nur kurz erschreckt, und der Barfrau war bei ihrem Hieb der Eislöffel aus der Hand gefallen. Sie hob ihn nicht wieder auf. Die Maus machte sich über ihn her und leckte ihn ab, bis er sauber war. Erst am anderen Morgen sah ich das Schild an der Rezeption der Gostiniza: Kaffee 155 Rubel. Dusche 283 Rubel. Präservative 154 Rubel. Nur eines davon hätte ich brauchen können.

Ich ging zurück auf die M 1. Mein Weg wurde immer einsamer. Heide und Wald. Wald und Heide. Nur noch selten weidete Vieh irgendwo, und selten duckte sich ein Weiler in die spätsommerliche Steppe, wenige grau verwitterte Holzhäuser in der Distanz. Seit über einer Stunde hatte ich die Trasse in Richtung Moskau ganz für mich, zweispurig plus Seitenstreifen, alles war frisch asphaltiert und noch gesperrt, und niemals nahm ein Straßenarbeiter Notiz von mir, wenn ich vorüberging. Ich war da und war nicht da. Der Wind war stark in der Steppe, stark wie über dem Meer. Er kam von Osten, er wollte mich nicht, ich musste mich gegen ihn stemmen und gegen ihn angehen, manchmal ging ich in einer Wolke aus Staub und allem, was der Wind aufhob und vor sich her trieb. Fetzen Plastik und Papier, Steinchen und Sand, den Ruß der Laster, ein altes Hemd, eine riesige tote Libelle. Der Wind packte sie und schabte mit ihr den Asphalt, es klang wie eine Feder auf Pergament.

Orscha war das Ende, und am Ende floh ich aus Orscha. In der Stadt am östlichen Rand von Belarus waren mehr Betrunkene unterwegs als in allen anderen Orten, die ich gesehen hatte, die

Gostiniza war absurder, das Kriegsdenkmal maßloser als alle bisher. Aber das Traurigste vom Traurigen ist ein Rummelplatz im Regen. Orscha hatte einen. Ich setzte mich auf die Stufen der geschlossenen Schießbude und sah zu, wie das Karussell sich langsam drehte. Vierzehn weiße Schwäne, lautlos im Kreis, wie im Stummfilm, auf ihren Köpfen vierzehn goldene Kronen. In einigen Schwänen saßen traurige Kinder, in einem saß ein trauriges Liebespaar. Die Wolken rasten, die Sonne brach durch und ließ die goldenen Kronen blitzen. Milizionäre mit Walkie-Talkies standen um das Karussell herum und sorgten für Sicherheit. Hier war das Ende. Hier fiel alle Anstrengung in sich zusammen. Anstrengung hatte die Paläste von Minsk hervorgetrieben und die proletarische Schönheit von Shodino. Alles, was hier trieb, waren die Algenteppiche auf dem Dnjepr, die Müdigkeit trieb dahin und der Regen. Das Rad des Lebens drehte sich träger und träger, nur fort von der Straße, hinein in die Nacht, die nächste kleine Nacht mit ihren speckig gegriffenen Gläsern und ihren freudlosen kleinen Freuden und den Kopf in die Tischpfütze, und ganz wichtig: alle Vorhänge zu. Das russische Trinken ist wie das russische Leben, und nirgends ist das russische Leben russischer als in der Provinz, und nirgends, dachte ich, warst du tiefer in der Provinz als hier. Ich verstand jetzt die Russen. Ich verstand die Säufer, und ich verstand den überstrengen Arkadij. Es laufen lassen oder streng werden. Sich voll laufen lassen oder Flucht. Sofort. Nichts sonst war hier zu tun. Ich ging zum Bahnhof und sprang auf den nächstbesten Zug. Er fuhr nach Vitebsk.

Fernsehen in Vitebsk

ICH WAR DEN ganzen Tag durch die Stadt gelaufen und saß nun vor einem Sommercafé, und ein alter Bekannter war wieder da, der Brandgeruch. Ich hatte die Nacht bei Valerij und Natascha verbracht, sie hatten in meinem Waggon gesessen und mich eingeladen, als wir in Vitebsk ausstiegen. Valerij war Seemann gewesen, wir tranken ein bisschen Wodka und plauderten den ganzen Abend über Singapur, über das Ankern der vielen großen Schiffe auf See, darüber, wo es die besten chinesischen Garküchen gibt, dann platzte die Geschichte aus seiner Frau heraus. Die Tante ihres Mannes sei bei den Partisanen gewesen, mit zwanzig, und nachdem die Gestapo sie misshandelt hatte, es waren die Augen gewesen, sie hatten ihr die Augen ausgestochen, hatte man sie mit den anderen gehenkt, dort drüben vor dem Rathaus – Valerij und Natascha hatten es mir heute früh gezeigt –, und ihre Mutter hatten sie damals gezwungen, es mitanzusehen. Nachdem das heraus war, war sofort die andere Erinnerung gekommen. Ihr Großvater war Plennij gewesen, Kriegsgefangener in Deutschland, und der deutsche Arzt dort hatte ihm regelmäßig Lebensmittel zugesteckt. Er hatte ihm das Leben gerettet. Ein Leben genommen, ein Leben gegeben. Natascha sagte, es gibt überall gute und schlechte Menschen. Wusste ich mehr? Nein, ich wusste auch nicht mehr.

Der brandige Luftzug kam aus dem Tal gleich neben dem Bierzelt, er nahm rasch zu und nebelte alle ein. Ich ging hin und sah erst jetzt, wie tief das Tal war, aber ich verlor das Interesse an dem Geruch und nahm die schmale Brücke hinüber, dort lag ein großes Gebäude, ein Kulturzentrum, ich ging hinein, am Pförtner vorbei, weiter hinein. Irgendwann kam ich in eine menschenleere Cafeteria. Auf der Bar stand der Fernseher, ich stellte mich davor. Ein rauchendes Hochhaus war zu sehen, dann kam ein Flugzeug und flog darauf zu, ich dachte, auch das noch, erst dieser Großbrand, dann rast auch noch ein Flugzeug hinein, wahrscheinlich die Orientierung verloren, die Rauchentwicklung war ja enorm, dann gab es eine Explosion, und das Flugzeug tauchte auf der anderen Seite nicht wieder auf. Es war das russische Fernsehen, das diese Bilder sendete, und langsam nahm der Gedanke Gestalt an, gerade passiert etwas Außerordentliches, die Fernsehstimme redete immerzu von Details, die ich nicht verstand oder besser, ich verstand sie nur halb, dann zeigte das Fernsehen neue Szenen derselben Vorgänge, andere Blickwinkel, und nach und nach begriff ich, dass die Flugzeuge nicht irrtümlich in ein Feuer gerast waren.

Ich verließ die Cafeteria. In der Pförtnerkabine lief jetzt auch das russische Fernsehen, und ein paar Männer standen davor und sahen zu. Eigenartigerweise blieb nicht eine einzige Frau stehen, und es kamen viele Frauen vorbei, in dem Kulturzentrum fanden alle möglichen Kurse statt, Ballett und so weiter, und immer wieder gingen Frauen herein oder hinaus, aber keine von ihnen blieb auch nur zehn Sekunden lang stehen. Inzwischen war mir völlig klar, was geschah, und ich wusste nicht, was mich fassungsloser machte, das Geschehen selbst oder die Tatsache, dass es simultan in die ganze Welt übertragen wurde, während es noch geschah. Dass einer, der seit Wochen allein, ohne Zeitungen, ohne Fernsehen und in dem Glauben nach Osten lief, langsam der Welt zu entgleiten, der, auf schäbigen Hotelbetten liegend, den einzigen Kanal eingeschaltet hatte, das belorussische Staatsfernsehen mit seinen Berichten von der Erntefront – dass so jemand wie auf ein Satellitensignal hin plötzlich das nächste Fernsehgerät aufsucht, um zuzusehen, wie auf der anderen Seite der Welt Menschen aus einem von feindlichen Flugzeugen getroffenen Wolkenkratzer in den Tod springen. Meine Füße konnten tun, was sie wollten, meine Augen waren eine Million Mal schneller, und sie hatten eine Fernbedienung.

Teil 3

RUSSISCHE WEITEN

Über die Grenze im Sturm

ICH SASS IN Liosno, drei Stunden vor mir lag Russland. Die Hochsteckfrisur, die ab und zu im Bittstellerfensterchen der Busstation erschien, gehörte der Zuständigen, und diese riet mir dringend, den Zug über die Grenze zu nehmen, was ich nicht wollte. Ich war nicht bis kurz vor die Ostgrenze von Weißrussland gegangen, um die letzten vierzehn Kilometer im Zug zu fahren, ich war entschlossen, zu Fuß russischen Boden zu erreichen. Ich gab mir eine Stunde, wer weiß, vielleicht ließ der Regen nach Momentan war die Busstation der einzige trockene Ort in Liosno, der mir zugänglich war.

Das Ristoran, das Belorussia-Bistro und die Bar hatten sich verabredet, eben jetzt, da ich sie brauchte, ihre Türen zu schließen. In den Gärten der Holzhäuser blühten rote und gelbe Astern, auf den Dächern die abenteuerlichsten Antennen. Ein Straßenköter trottete durch den Regen, ein Paar schob ein schwankendes Wägelchen, hoch beladen mit Bananenkisten, durch die Pfützen. Ich entschloss mich aufzubrechen. Im Warteraum wurde es unerträglich, alle Fliegen von Liosno hatten sich hier drin versammelt, so warm und stickig war es, und der Regen und der Wind ließen nicht nach, es wurde nur schlimmer.

Gegen vier Uhr ging ich los. Die Chaussee nach Russland lief über offenes Land. Keine Allee beschirmte mich, dafür verpasste mir jeder Lastwagen seine Gischt, der Himmel war hoffnungslos. Es war ein Kampf. Ich ging gegen den Sturm, wieder kam er von meinem Paradiese her, wieder blies mich der Osten fort, er versuchte es immerhin, und gebrauchte die Regenpeitsche, wütend wie ein Kosak. Ich sah das Land nicht mehr, es war auch nichts mehr zu sehen; einmal suchte ich Schutz im Windschatten eines Erdhügels, aber der Sturm fand mich gleich und drehte.

Meine Regenhaut hielt sich gut, darunter hatte ich alles angezogen, was ich besaß, der Rucksack hing schlaffer als sonst im Kreuz, das Wichtigste darin waren die Karten und die Notizbücher, sie durften auf keinen Fall eingeweicht werden. Ich untersuchte auch die zweite Regenhaut, die um den Rucksack gezurrt war, und stellte fest, dass ich sie nachlässig zugebunden hatte. Ich sah mich um, aber da war nichts, um mich unterzustellen. Ich riss den Sack herunter und untersuchte ihn mitten auf der Chaussee im Regen. Alles war feucht, die dreckigen Zweitsachen, das kleine Buch von Tschuang Tse, der Fotoapparat, die Notapotheke auch, die Karten; wenigstens mein Notizbuch war in der Hosentasche, und die war trocken bis jetzt. Ich schnallte den nassen Rucksack wieder auf und zog die Haut darüber, sorgfältiger diesmal. Irgendwann tauchte ein Busschild auf, auf der anderen Straßenseite. Ich rief die Frau an, die dort wartete.

»Wie weit zur Grenze?«

»Sieben.«

Sieben Kilometer, ich hatte die Hälfte geschafft, aber was hieß das schon. Die wahre Hälfte war die Grenze, sie teilte den Weg in ein großes Davor und Danach. In diesem Augenblick kam der Bus, hielt, ich hätte nur einsteigen müssen, doch er fuhr nicht nach Russland, er fuhr nach Liosno zurück. Ich ließ ihn.

Es war kein Regen, es war ein Landregen. Kein Landregen, es war ein Weltregen, und die Welt war dunkel und leck und hatte kein Dach, und ich war der Einzige in dieser Welt, und es ging nur noch um eines, vorwärts und durch. Nichts denken. Gehen. Ich sprach vor mich hin und brabbelte unsinniges Zeug, wenn es nur zum Gehen passte und sich reimte. Erst eins, dann zwei, dann drei, dann vier, dann steht der Mao vor der Tür. Mir fiel auf, dass das ein Marsch war, eine Marschmusik lag darunter, flüsternd sang ich ihn, die Pauke kam dazu, der Schellenbaum, der Reim ritt mich, er hatte mich in der Gewalt, ich habe ihn hergesagt, bis mir schlecht wurde, ich versuchte ihn auszuspucken, ich spuckte bei jedem Schritt, jedem Takt, bis ich keine Spucke mehr hatte. Russland spuckte mich aus, es packte mich und zerrte an mir und schlug mir ins Gesicht, das große, große Land, es will und will und will dich nicht, du deutscher, deutscher Zwerg. Jetzt sah ich die winzigen Frösche, zu Tausenden hüpften sie auf der Straße herum, sie waren die Einzigen, die ihre helle Freude am Weltregen hatten.

Nach der dritten Stunde sah ich ein Licht. Das muss die Grenze sein, es ist höchste Zeit, und während ich das vor mich hin sagte, wurde mir klar, was für einen Blödsinn ich redete. Was war denn mit der Grenze gewonnen, gar nichts. Die Nacht übernahm das Land, eine halbe Stunde noch, eine ganze höchstens, und es würde finster sein.

In Sichtweite der Grenzposten lag die letzte Bar von Belarus. Eine Frau tanzte davor im Regen zu einer wüst scheppernden Musik, die von drinnen kam. Ich ging an ihr vorbei, die Bar war eine Hütte rechts neben der Straße, genau genommen im Straßengraben, und ich betrat den kleinen, niedrigen Raum. Niemand beachtete mich. Ein paar Männer spielten Karten an einem der drei Tische. Die Barfrau hatte ihren Kopf auf den Tresen gelegt, direkt vor das Radio, es war aufgedreht bis zum Anschlag. Eine andere Frau rüttelte an ihr, doch sie rührte sich nicht. Sie war stockbetrunken. Neben ihrem Kopf lag ein zerlesener, in Zeitungspapier geschlagener Schmöker, ich trat nähe und blätterte den Titel auf, er hieß »Illusionen«. Er hieß wirklich so. Das Mädchen, das draußen getanzt hatte, setzte sich zu mir.

»Trinken wir Wodka?«

Sie war klatschnass. Alles an ihr war aufgelöst, das Haar, die Gesten, der Ausdruck. Ich versuchte zu bestellen, aber es kümmerte sich niemand darum, die ganze Bar war in den Zustand der Auflösung eingetreten.

»Tanzen wir?«

Wir gingen hinaus und tanzten. Es war unmöglich, sie zu führen, sie führte mich. Es war mehr ein Kampf, aus dem Hinterhalt einiger gleitender Bewegungen stieß sie zu und warf sich gegen mich oder riss mich zu sich heran. Als ich spürte, dass sie mit etwas anderem tanzte, ließ ich sie los, sie merkte es nicht, und alles war wieder wie am Anfang. Eine Frau tanzt im Regen vor einer Bar im Straßengraben zu einer wüst scheppernden Musik, die von drinnen kommt.

Die Grenze war insofern ein Kuriosum, als sie überhaupt nicht auf einen Ausländer zu Fuß eingestellt war. Ein Kontrollposten auf freiem Feld, eine kurze Verdickung der Chaussee, seitlich ein paar Container, das war es. Die Belorussen wollten gar nichts von mir. Ich bat den Zuständigen um einen Schtamp im Pass, einen Stempel, ohne ihn könnte es Komplikationen bei der Ausreise aus Russland geben, aber er schüttelte den Kopf. Schtamp njet. Nur Lastwagenfahrer kriegten einen Stempel, diese Grenze sei überhaupt nur für den Frachtverkehr da. Er sah mich mitleidig an. Für Menschen in Autos. Gehen Sie nur. Ich ging zwischen den Lastern durch zu den russischen Posten. Sie sagten mir das Gleiche, aber das Gespräch mit ihnen machte mehr Freude. Der lange Dünne ließ den kleinen Dicken reden. In dessen gut durchblutetem, hellem Gesicht war eine solche Geistesgegenwart, dass ich mich fragte, wann mich zuletzt jemand mit einem so wachen, gutmütig-ironischen Blick gemustert hatte. Ich mochte ihn sofort. Ich war glücklich, ich wusste nicht, wie ich so viele verständnislos starrende, meist aber bloß gleichgültige Blicke hatte ertragen können. Ich war glücklich, die Augen eines Mannes zu sehen, der mich vielleicht nicht verstand, aber sofort begriff. Ich sagte ihm, wie froh ich sei, endlich Russland erreicht zu haben und meinte es vollkommen ernst. Er war in Plauderlaune.

»Sehr gefährlich, was Sie da tun.«

»Was denn?«

Er zeigte nach Belarus und dann nach Russland hinein.

»Die Straße. Sehr gefährlich.«

»Sehr ruhig. Belarus ist sehr, sehr ruhig.«

Ich erkundigte mich nach dem nächsten Ort und ob es ein Rasthaus gebe, das ich vor Mitternacht erreichen könne. Er wisse es nicht, sagte er, er komme von weiter her. Und dabei grinste er wie eine Katze.

»Also, nach Moskau wollen Sie gehen?«

Er meinte es gut mit mir. Er mochte mich auch.

»Nu dawai!«

Nu dawai. Na dann, vorwärts. Ich hatte seinen Segen. Wir gaben uns die Hand und schieden als Freunde, was vermutlich ein Satz von Karl May ist und jedenfalls stark übertrieben, aber an jenem Weltregenabend an der russischen Grenze war es das nicht. Wer je einen Weg unter ähnlichen Umständen ging, weiß, dass ein Handschlag, ein einziges Wort die Macht hat, einen Verzagenden glücklich zu machen, bereit, den Weg noch einmal zu gehen und noch ein weiteres Mal, wenn es sein muss. Ich überlegte kurz, ob ich die Nacht auf der Grenze verbringen sollte, es wurde rasch dunkel, und vielleicht ließen sich die Grenzer überreden, mir einen trockenen Platz in ihrem Container zu überlassen.

Ein paar Schritte weiter entdeckte ich Hütten. Es gab auch auf der russischen Seite der Grenze ein Café, es hatte sogar ein Vordach, das erste Dach seit Liosno. Ich ließ es links liegen und wählte den Regen. Wenn es ganz schlimm kommt, sagte ich mir, kannst du immer noch umkehren zu diesem Dach, aber ich wusste, das würde ich nicht tun. Die Straße stieg hügelan durch schwarzen Wald, mein Atem ging tief, ich sah mich nicht um. Ich war keineswegs erschöpft. Eben hatte ich die Grenze überschritten, und nichts hatte mich besiegt, das widrige Land nicht und das müde Land nicht und die Zweifel, die ich in Polen gehabt hatte, auch nicht. Ich bin in Russland. Ich bin in Russland. Auf dem Kamm drehte ich mich endlich um, und was ich sah, traf mich ins Herz. Im Westen war der Himmel aufgerissen, ein glühender Schlitz, breit wie der Horizont, die letzte Sonne brach gerade durch. Sie verklärte alles. Das bräunlich leere, wellige Land. Den ganzen feindlichen Tag. Ich blieb stehen und sog das Bild aus dem Himmel, bis es verschwunden war, dann wandte ich mich wieder nach Osten, und die dunkle, schnurgerade Chaussee ins

Nichts war mir die liebste, die ich je sah. Voller Versprechungen, voller Abenteuer. Voller Anfang.

Schwarze Wolken rasten heran und rissen die Schleusen wieder auf, nach einer Stunde Regen und Sturm erreichte ich den Kolchos Kirow. Das Magasin, der Kaufladen, lag unweit der Straße, natürlich war er geschlossen um diese Zeit, aber er verfügte über eine bequeme Veranda, sie war überdacht und hatte sogar ein halbhohes, verschließbares Törchen gegen fremde Blicke und Tiere. Ich war gerettet. Ich warf die Regenhaut ab, breitete sie zum Trocknen auf den Dielen aus und rückte den Rucksack vor die Ladentür, als Kissen. An Schlaf war nicht zu denken, und es lag nicht am harten Boden und nicht an der Kälte.

Sobald die Last von mir gefallen war, regte sich ein unbändiger Hunger, und für einen, der den ganzen Tag im Sturm gegangen war, ohne zu essen, war die Schwelle eines verschlossenen Lebensmittelladens ein qualvoller Schlafplatz. Eine Weile hielt ich durch, dann setzte ich mich auf und drehte dem Laden den Rücken zu, redete mir zu, wie gut ich es hatte, und horchte auf die Geräusche der Kolchosnacht, die fremdartig waren und sonderbar.

Flügelschlag. Irgendwo Männerstimmen. Etwas bewegte sich auf dem Dach. Auf dem Verandadach. Über mir. Stille. Es war stockfinster jetzt. Es regnete und regnete, aber die Veranda lag im Windschatten, und ihr Dach war groß und dicht, es war wirklich auszuhalten hier, und morgen früh würde die Verkäuferin aufschließen und mir Brot und Wurst und Käse und Kekse und Dörrfisch verkaufen, wer weiß, vielleicht kochte sie mir sogar Tee, ja, wahrscheinlich gab es sogar eine Kantine, kein Kolchos ohne Stalowaja, und dies war kein kleiner Kolchos, so phantasierte ich vor mich hin und vertrieb mir den Hunger.

Etwas schlich. Jetzt kratzte es. Jetzt drückte es gegen das Törchen. Es musste ein Hund sein, dem Scharren nach und der Kraft nach. Diejenigen, denen ich auf meiner russischen Wanderung bisher begegnet war, waren träge Tiere. Die Andeutung einer Drohgebärde reichte, sie zu vertreiben. Dieser hier war zäh, er rüttelte derart heftig an der Tür, dass sie bald aufspringen musste. Mir kam der Gedanke, der Hund suche vielleicht das Gleiche wie ich – eine Mahlzeit. Er konnte sie nur im Laden suchen, hier auf der Veranda war nichts. Womöglich wusste er, dass die Ladentür leicht zu öffnen war. Ich hatte das gar nicht erst versucht. Als ich mich umwandte, um es zu probieren, flog das Törchen der Veranda auf, etwas sprang herein. Etwas dunkel Großes mit etwas hell Großem im Maul. Es hatte die Mahlzeit dabei.

Die ganze Zeit hatte ich den Daumen am Knopf der Taschenlampe gehabt, jetzt drückte ich ihn. Der Jäger sprang ins Licht, im Kegel sah ich die blutige Beute, ein schlanker Kopf schleuderte, überm Gefieder die Augen des Jägers. Kein Zögern, kein Stillstand, nicht eine Sekunde. Ins Licht springen, sich krümmen, noch im Sprung die Bewegung verwandeln, war eins – weg. Eine Feder segelte zu Boden. Ich stürzte zur Brüstung und leuchtete ihm nach, vergebens. Ich untersuchte den Boden, und alles, was ich fand, waren ein paar Blutstropfen und eine Kranichfeder.

»Wer da? Wer da?«

Ich leuchtete zum Weg. Eine Kolchosfrau war von ihrem Rad gestiegen und machte einen ziemlichen Lärm. Ich war nicht einmal sicher, ob sie bemerkt hatte, was gerade geschehen war, nicht nur blitzschnell war alles passiert, auch geräuschlos, vom Aufdrücken des Törchens abgesehen. Sie glaubte, einen Einbrecher vor sich zu haben. Jetzt ging drüben im Sägewerk des Kolchos Licht an, vorhin in der Dämmerung hatte ich dort Männer gesehen, offenbar waren sie die ganze Zeit da gewesen. Leider war ich nicht annähernd so schnell wie der Jäger mit seiner Beute. Ich rief der aufgeregten Kolchosfrau beruhigend etwas zu und tat instinktiv, als habe ich pinkeln müssen, schnappte Regenhaut und Rucksack und sah zu, dass ich Land gewann. Diesmal nahm ich mir erst gar nicht vor, später zurückzugehen, der Platz war verbrannt.

Ich war wieder auf der Straße, und alles, was ich hoffte, war, die Kolchosbauern würden mich nicht verfolgen. Nur ganz selten tauchten noch Scheinwerfer auf. Kamen sie von hinten, verschwand ich kurz. Es wäre sowieso sinnlos gewesen, den Arm auszustrecken. Wer liest schon mitten in der Nacht einen Landstreicher auf, wenige Stunden hinter der Grenze. Ich wusste nicht, wen ich auf der Veranda gesehen hatte. Einen verwilderten Hund, einen Fuchs, einen Wolf. Nicht nur, dass alles ungeheuer schnell gegangen war. Der Jäger war maskiert gewesen, er hatte seine Beute im Maul wie eine Larve getragen. Aber einer von den dreien war es gewesen. Langsam kam, aus einem Querweg hervor, ein russischer Jeep angefahren. Ich rannte hin, der Fahrer wollte Gas geben, aber ich hatte die Regenhaut nicht an und die Kapuze nicht auf, und eine der beiden Frauen auf dem Rücksitz sagte, er sieht nicht wie ein Verbrecher aus, nimm ihn mit. Ich warf den Rucksack in den Wagen und bemerkte zu spät, dass ich ihre Astern quetschte. Sie nahm es mir nicht übel. Hier war mein Nachtgeschenk, ich musste daraus etwas machen. Sie fuhren nach Rudnja, das war der erste Ort nach der Grenze, den meine Karte verzeichnete. Um das Gespräch auf die Frage der Übernachtung zu bringen, fragte ich die Frauen scheinheilig, ob es wohl in Rudnja eine Gostiniza gäbe, und zu meiner Überraschung sagten sie: »Ja.«

Es gab einen dreißig Sekunden langen Moment der Verzweiflung, als die Portiersfrau, nachdem ich an ihr Fenster gepocht hatte, resolut den Vorhang zuzog. Ich stand vor der dunklen, zugesperrten Seitentür, und der Titel des Buches, das ich in der Bar gesehen hatte, fiel mir ein. Illusionen. Dann hörte ich Schritte.

»Ich brauche ein Zimmer.«

»Hundertzwanzig Rubel.«

Das nächste Problem war, dass ich keine russischen Rubel hatte, und belorussische nahm hier niemand. Ich versuchte, in der Kneipe gegenüber zu tauschen, sie hatte noch offen. Die Männer, die dort am Feuer im Hof saßen, machten einen komplizierten Plan, ein Taxi musste besorgt werden, es musste uns alle in ein entferntes Haus bringen, dort würde die Transaktion vonstatten gehen. Mir war das nicht geheuer, außerdem war der Kurs, den sie mir anboten, lächerlich. Ich sprach noch einmal mit der Portiersfrau, und sie war einverstanden, dass ich am anderen Morgen zahlte, und ließ mich ein. Das Bett hing durch, die Decke war klamm, Kabel quollen aus der Verteilerdose, die Spanplatte des Schreibtischs, den mein Zimmer überflüssigerweise hatte, war an verschiedenen Stellen angefressen. Meinem Glück konnte das alles überhaupt nichts anhaben. Ein Dach. Ein Bett. Raum, meine Sachen zu trocknen oder doch immerhin aufzuhängen. Kaum war das getan, war der Hunger wieder da.

Ich besaß noch zwei Dollarscheine, lief damit zum Magasin hinüber, in dem erstaunlicherweise noch Licht brannte, brachte die Verkäuferin gegen ihren Willen dazu, mir Rubel dafür zu geben, rannte zurück in die Hofkneipe, voller Sorge, sie könne inzwischen geschlossen haben, schob alle meine Rubel über den Tresen, sechsundfünfzig waren es, kaufte sämtliche Butterbrote auf und ein Bier dazu und setzte mich zu den Russen ans Feuer.

Das blaue Haus

STATT EINES Frühstücks bekam ich früh Ärger. Eine elegant gekleidete strenge Schönheit war in der Gostiniza erschienen, zuerst hörte ich ihre hohe Stimme im Flur sirren wie ein Insekt, das ich mir groß und blaumetallisch dachte, mit einem langen Stachel, dann klopfte die Wirtin und das Fräulein Blaumetallica klappte kurz ihren gefährlich roten Klappausweis auf und gleich wieder zu und nahm mich mit zum Dorfsowjet. Eine Frau wie sie hatte ich in ganz Belarus nicht getroffen. Sie wollte eine Gebühr, ich wollte den russischen Einreisestempel, sie wollte ihn mir nicht geben, wenn ich nicht zahlte, ich wollte nicht zahlen, sie gab ihn mir nicht, also wollte ich doch zahlen, aber jetzt hatte sie genug von mir, sie schlug ihre Amtsmappe zu und warf mich raus. Ich war beeindruckt.

Ich war es schon gestern Abend am Feuer gewesen. Alles war schneller hier, die Leute, die Autos, sogar die Rede. Russland war schneller als Belarus. An deutlich langsamere Aussprache wochenlang gewöhnt, kam ich kaum mit. Ich merkte, wie mich das russische Tempo aufkratzte und eine gewisse Trägheit, die sich in den letzten Wochen auf mich gelegt hatte, vertrieb. Ich ging zur Bank, Geld tauschen, und die Angestellte entschuldigte sich, weil ich warten musste. Sie müsse meine Kreditkartendaten an die Zentrale in Smolensk durchgeben, und es könne leider dauern, bis die zurückriefen. »Das System ist noch ein bisschen primitiv.«

Es war angenehm auf der Bank, ich wartete gern. Dann floss mein Geld, und ich wollte gerade losgehen, da kam die Gostiniza-Wirtin gelaufen, den Panamahut in der Hand. Ich erschrak ein bisschen, zum ersten Mal in den zwei Monaten, die ich jetzt unterwegs war, hatte ich ihn vergessen – vorhin, als die Klappausweisschönheit mich abführte. Ich dankte der Wirtin und schenkte ihr mein restliches belorussisches Bargeld, dann ging ich zum blauen Haus.

Gestern Abend, als die Männer am Feuer erfahren hatten, woher ich kam, hatte es ein großes Hallo gegeben. Als hätte ich einen Haufen englischer Fußballfanatiker mit meinem deutschen Akzent auf das Wembleytor angesprochen, das ihnen den Sieg über Deutschland gebracht hatte. Ja, sie hatten Berlin geschlagen im April '45, und der Torschütze kam von hier. Michail Jegorow war einer der beiden Rotarmisten gewesen, die damals die rote Sowjetfahne auf dem Berliner Reichstag gehisst hatten. Leider lebe der Held von Rudnja nicht mehr, hatten die Männer gesagt, etwas triefäugig, wie ich fand. Aber Tamara, seine Tochter. Und Jegorows blaues Haus sei unverwechselbar, es sei nun ein Museum, und die Tochter habe den Schlüssel. Tamara Jegorowna öffnete nicht gleich, sie habe sich erst die von der Pflaumenernte schmutzigen Hände waschen müssen, sagte sie mit einem Jungmädchenblick, und das Haar richten und sich umziehen. So erschien sie in der blauen Tür, in ihrem grauen Museumsdirektorinnenkostüm.

Es waren zwei blaue Häuser, Tochterhaus und Vaterhaus. Das Vaterhaus war das schönere, russischere. Sie schloss es auf, und wir traten in ein geräumiges Holzhaus ein, wie es tschechowhafter nicht sein konnte; Sonnenlicht wärmte die blanken Dielen, und die einzigen Bewohner waren seine schöne Stille und seine Nostalgie. Da war der hübsche, aber leere Sekretär mit dem kleinen Messingpanzer darauf, Jegorow war wohl kein Mann der Briefe gewesen, da war der sputnikhafte Sowjetfernseher mit den Kuscheltieren, da waren die biedermeierlich grünen Tapetenranken, die Puschkinbüste, natürlich, die Puschkinbüste, und die Uhr auf halb acht.

Und Fotos. Unser Held als junger, verwegener Mann auf dem Reichstag. Unser Held im offenen Sarg auf der Lafette. Unser Held mit dem Genossen Chruschtschow. Mit Gagarin, dem anderen großen Helden der Sowjetunion, dem ersten Menscher im All, auch er stammte aus der Gegend, sie hatten nach ihm gleich die ganze Stadt benannt, aus der er kam. Die Stadt Gagarin lag an meinem Weg.

Es war nicht leicht gewesen, die Berliner Ikone zu malen. Sechsmal mussten sie mit der Fahne hinauf. Vier Versuche anderer Soldaten scheiterten. Nun kletterte Jegorow hoch, er und sein Freund, und sie schafften es. Die beiden kamen mit zerschnittenen Händen und blutigen Nasen und Ohren vom Reichstagsdach und seiner völlig zerschossenen Glaskuppel wieder herunter, aber sie hatten die Fahne aufgepflanzt. Fahne Nummer fünf. Wenn ihn später jemand unter vier Augen fragte, na, Jegorow, warst du wirklich oben, war doch bestimmt ein Fototrick, mir kannst du's ruhig sagen, dann zeigte er die Stigmata vor, die Reichstagskuppelglasnarben auf seinen Händen. Leider hatte niemand daran gedacht, den Fotografen mit hochzuschicken, und um das Foto ging es doch, der Genosse Stalin sollte sehen und die ganze Welt sollte sehen, wer die Bestie in ihrer Höhle vernichtet hatte, und wer sowjetische Kriegsdenkmale kennt, weiß, wie ernst ihnen diese Metapher ist, so oft und so eindeutig in der Pose besiegt der Heilige-Georgs-General den faschistischen Drachen. Aber so sehr der Fotograf sich auch mühte und bessere Standorte und Winkel suchte, es wurde nichts. Fahne Nummer fünf war einfach zu mickrig für das Siegesfoto, der Reichstag sah darauf mächtig aus, das Zeichen der Sieger wie ein Vereinswimpel. Jegorow und sein Freund mussten noch einmal hinauf, diesmal mit einer größeren Fahne. Nun erst war die Ikone, nun erst war der Sieg im Kasten.

Schon der junge Jegorow hatte einen Hang zum heroischen Bild gehabt. An seinem achtzehnten Geburtstag schloss er sich einer Partisanengruppe an, die sich »13« nannte, nach einem populären sowjetischen Vorkriegsfilm: Dreizehn Kommunisten ziehen gegen die Basmatschiki, die kirgisischen Freiheitskämpfer. Nun, nach dem Krieg, war er selbst so etwas wie ein Kinoheld. Zweieinhalb Jahre dauerte seine Tournee durch das riesige

Land, so lange zeigte man den Mann herum, der die glorreiche rote Fahne auf den Gipfel des fernen Berlin gepflanzt hatte. Dann kam er zurück nach Rudnja, in den Kolchos der Bauarbeiter, dessen Direktor er nach einem Parteistudium wurde. Mit zweiundfünfzig Jahren fuhr er sich tot.

Seine Tochter sprach von der nassen Straße an jenem Tag und von der Haarnadelkurve, denn ein zweites Auto war nicht im Spiel gewesen. Er war allein, und er war die Böschung hinabgerast. Sie seufzte manchmal, und irgendwie wirkte sie traurig. Dann schloss sie das blaue Haus wieder zu. Der alte Mann auf der Straße, den ich nach ihm fragte, hielt mit seiner Ansicht nicht hinterm Berg. »Sicher kannte ich ihn. Sicher hat er getrunken. Und so ist er auch Auto gefahren. Alle trinken. Und – was?«

Totenwaldbeeren

ICH GING NACH Smolensk, und Russland war fortgezogen, es war noch nicht lange her. Hier hatten Menschen gelebt, es war noch zu spüren. Das Haus dort hinten, der verfallende Kolchosstall, sogar ein paar Kühe weideten in der Steppe, die Hüterin lag reglos im gelben Gras. Eine Fluchtwelle ging vor mir her, und ich folgte ihr im Abstand einiger Wochen, einiger Monate vielleicht, nach Moskau, nach Moskau, ich erwartete, Russland in Moskau wieder zu treffen. Zurück blieb das Land, wie es vor den Menschen gewesen war. Sümpfe, Tümpel, Wald und Wind. Eine große Fabrik, aufgegeben, ich ging an ihr vorüber, überstürzt verlassen, dachte ich, an ihrer Backsteinwand stand »1967« und »KPCC«, eine eckige Intarsie aus helleren Steinen, etwas holprig gesetzt.

Dann der Wald. Ich wusste, was mich in diesem Wald erwartete, und als ich links an einem Sanatorium vorüberkam, nahm ich an, ich sei schon da, denn als Sanatorium war Katyn immer ausgegeben worden. Es war das falsche. Ein Pfleger sprach mich an, was ich hier suche. Ich sagte es ihm. »Die Chaussee hinab, noch drei, vier Kilometer, Sie sehen es schon.«

Ich bildete mir ein, der Wald zu beiden Seiten der Straße würde immer stiller. Jeden Zweig hörte ich knacken, auf den ein Pilzsammler trat, natürlich wurden auch in diesem Wald Pilze gesammelt. Nach vierzig Minuten weitete sich die Chaussee rechts zum Besucherparkplatz, und ein Schild tauchte auf. »Staatlicher Gedenkkomplex«. Der Eingang war ein rasenbewachsener Erdwall, monumental genug, dass das Museum hineinpasste, er erinnerte abwechselnd an eine keltische Wehranlage und an einen Schießstand. Eine Gruppe Veteranen kam mir entgegen, wie üblich trugen sie ihre Kriegsorden, und viele hatten ihre Frauen dabei, aber ihre Gesichter waren so starr und bedrückt, als ob sie ihre eigenen Söhne begraben hätten dahinten im Wald. So ungefähr war es auch, sie hatten eben ihre Jugend zu Grabe getragen, ihren ruhmreichen Sieg, ihre hoch dekorierten Heldenjahre, sie gingen eng beieinander und schwiegen und schauten zu Boden oder ins Leere und beeilten sich, den Parkplatz zu erreichen, wo ihr Bus wartete. Es fasste mich an, durch diese alten Männer zu gehen, die gerade ihren Glauben verloren hatten. Es machte mich wütend, schwer zu sagen, auf wen. Wem gefällt das? Wen befriedigt es, sie so zu sehen, wozu ist das gut?

Ich ging ins Museum, und eine junge Frau zeigte mir grobkörnige Fotos aus den späten Dreißigern und ging noch einmal mit mir hinaus. Sie hieß Oxana und arbeitete hier. Sie führte Besucher hinein. Ich erzählte ihr von den alten Männern. »Es ist sehr schmerzhaft für diese Veteranen, und doch kommen viele. Sie wussten es alle, sie wussten es all die Jahre. Tal des Todes hieß der Wald beim Volk. Nun öffnen sie die Augen und sehen es an.«

Das Allerheiligste von Katyn ist ein Hochgrab von den Ausmaßen eines Häuserblocks, darin eingelassen ist eine Glocke. Sie schlug, während ich um die vier Wände des Massengrabs herumging, auf denen 4421 rostbraune Täfelchen angebracht sind wie Kacheln, und auf jedem steht ein polnischer Name. Die Szymanskis, Szymskis, Szymanowskis. Die Szmids und die Szuberts. Und der Dr. med. Berlinerblau, Leopold. Geboren am dritten Tag nach Heiligabend 1901, auf Stalins Befehl erschossen vierzig Jahre darauf hier im Wald von Katyn, wie die anderen 4420 Offiziere und was an polnischer Elite sonst greifbar war. Wie der Vater der Gräfin Mankowska, den man von seiner alten galizischen Burg hierher gebracht hatte.

Der Komplex war als KGB-Sanatorium getarnt gewesen und wurde auch tatsächlich so genutzt. Gagarin sei hier zur Kur gewesen, sagte Oxana, auch Chruschtschow, auch Gorbatschow. Eines Tages sei eine alte Frau ins Museum gekommen. Sie erzählte, wie sie als Kinder im Sommer heimlich über den Zaun geklettert waren, der Erdbeeren wegen, die im Sanatoriumswald so zahlreich wuchsen, an denen hatten sie sich satt gegessen, und jedes Mal hatten sie dann alles erbrochen. Wir verließen den sorgfältig gepflegten Gedenkkomplex und gingen ein paar Schritte in den Wald. Oxana zeigte mir viele Stellen, an denen Grabräuber gewühlt hatten. Der ganze Waldboden war dubios. Ich nahm einen Ast, und kaum dass ich ein bisschen Moos und Erde anhob, stieß ich auf Knochen, eine Schuhsohle, rahmengenäht, Ledergurte, eine schwarze Rippe.

Es war ein Exekutionswald gewesen, die Bahnstation lag günstig in der Nähe, ich war die ganze Zeit parallel zu den Gleisen gegangen. Tausende, vielleicht Zehntausende waren herangekarrt worden, über die Chaussee in den Wald getrieben, erschossen, verscharrt. Dreihundert Gräber hatte das Museum identifiziert, darin jeweils sechzig bis neunzig Leichen. Die Namen der erschossenen Polen waren auf polnisches Betreiben hin ganz genau dokumentiert, die Zahl der Opfer unter ihren eigenen Landsleuten gaben die Russen mit zehntausend an, die Nachfolgebehörde des KGB veröffentlichte dreitausend russische Namen. Läge in diesem Wald nicht Polens Elite erschlagen, und hätten die Polen nicht massiv den Bau dieser großen Stätte gefordert, Katyn wäre bis heute irgendein Totenwald, wie sie auch an den Ausfallstraßen anderer sowjetischer Städte liegen, wer es weiß, weiß es eben, und wer es nicht weiß, fährt vorbei oder geht in die Pilze oder in die Erdbeeren.

Katyn war, der Zahl der Toten nach, zuerst ein Verbrechen, das Russen an Russen verübt hatten. Es musste erst eines an den Polen sein, damit sich jemand dafür interessierte. Entdeckt wurde es von den vorrückenden Deutschen. Hitlers Soldaten gruben Stalins Katyn 1943 aus, das heißt, sie ließen die Bevölkerung graben. Fünfhundert Russen wurden hinterher erschossen, auch sie liegen im Wald. Ein großes orthodoxes Kreuz erinnert an sie, und die Russen auf ihrer Suche nach heiligen Orten, die sie bei ihren Hochzeiten aufsuchen, gingen hin; als wir vorüberkamen, legte eine Braut Blumen vor das Kreuz, und die Familie machte ein Foto von dem Paar. Der späteren Legende, die Deutschen hätten den großen Mord von Katyn verübt, hatten Stalins Kommissare übrigens vorgearbeitet, indem sie bei den Massenexekutionen Patronen deutscher Fabrikation ausgaben. Oxana zeigte mir eine. Der Firmenname Gerka stand darauf gestanzt. Kaliber 7.65.

Oxanas Freund Andrej spielte in einer Smolensker Band. Sie nahm mich mit in die Stadt, und wir gingen zur Probe, was etwas schwierig war, denn Andrejs Band probte in einem Club der Armee, und man musste mich durch die Wache lotsen, was dann aber wieder einfach war, weil ein Freund Wachdienst hatte. Ein dunkler Saal, auf der Bühne sang Andrej. »Somebody pours poison into my dream.« Ich musste an Kalender denken und seine Schreie in der Nacht und wieder an die alten Männer im sonnigen Wald da draußen. »Ni prawelna«, sagte Oxana, »du hast falsch verstanden, es heißt: ›Somebody put something in my drink.‹ Es geht ums Trinken, nicht um Stalin.«

Oxana schlug vor, Pelmeni zu kochen. Es war Sommer, die Zeit des Jahres, in der sie mit Andrej zusammenleben konnte. Weil der Großvater wie jeden Sommer auf die Datsche zog und erst mit Einsetzen der Herbststürme wiederkam und ihre Eltern auch fortfuhren, stand die sonst ziemlich enge Wohnung wunderbar leer. Wir hatten gegessen und redeten. Nietzsche, sagte Oxana plötzlich. Nietzsche und Kierkegaard. Ich musste lächeln, so etwas hatte ich lange niemanden sagen hören. So einen Namen zu nennen ungefähr an der Stelle des Gesprächs, an der es in Berlin so weit gewesen wäre, nach den beruflichen auf ein paar persönliche Dinge zu kommen. Sie nannte den Namen wie jemand eine Schublade öffnet und einen privaten, von Hand geschriebenen Brief zeigt. Ich sage Camus. Du sagst Gucci. Hier sagte man noch Nietzsche. Auch Myschkin in seinem Museum am Rande der Tschernobyl-Zone hatte Nietzsche gesagt. Die Dinge, die Oxana beschäftigten, liefen auf ein paar einfache, komplizierte Fragen hinaus. Glaubst du wirklich, die Menschen sind gleich? Aber das behauptet doch eure Demokratie. Und was denkst du, hat Russland eine Zukunft? Bis dahin hatte ich nein gesagt, jetzt sagte ich ja. »Wirklich?«

Ich erzählte ihr von meinem Beschleunigungserlebnis an der Grenze, und sie freute sich, aber sie nahm die Beobachtung als Kompliment und traute ihr nicht. »Ich glaube, die sowjetische Mentalität steckt tief in uns, noch in meiner Generation.«

Andrej hatte nicht so viele Grundfragen, beim Wort Philosophie verzog er das Gesicht. »Philosophie ist das Elend der russischen Popmusik.« Immer sei sie Musik zum Sich-zu-Hause-hinsetzen - und - mit - Freunden - philosophische - Lieder - hören gewesen. Hörmusik. Textmusik. Schlechte Musik. Jeder russische Sänger habe seine dumme kleine Philosophie. Andrej wollte nicht philosophieren, darum sang er englisch, denn es war egal, was er sang, wenn die Leute nur dazu tanzten. Er hatte Hoffnung. Langsam, langsam höre Russland auf zu philosophieren und zu grübeln und beginne zu tanzen. Er war ein guter Sänger, aber ein englisch singender Popmusiker in einer Provinzstadt wie Smolensk zu sein, hieß, mit sehr wenig Geld auskommen zu müssen. Fünfzig Dollar betrug die Gage für gelegentliche Konzerte in Moskau und Sankt Petersburg für alle vier Bandmitglieder, und genau das kostete die Bahnfahrt hin und zurück. Er saß in der Falle, er wusste es. Nach Moskau! Nach Moskau! Da müsste er hin.

Es war Nacht geworden, und wir saßen bei Hermann Görings Hirsch. Hier saßen alle, die einfach nur sitzen und reden und etwas trinken und nicht zu Hause sein wollten. Der Hirsch war ein Beutetier, die Sieger hatten ihn aus irgendeiner Göring-Villa nach Smolensk gebracht, und nun stand er am Rande des Glinkaparks im Zentrum der Stadt, und wenn es dunkel wurde, traf sich die Jugend bei ihm und trank Bier aus dicken braunen Flaschen und summte russische Lieder, und immer zur Mitternacht erklang Michail Glinkas Sowjethymne von seinem Standbild her, ein Moment, in dem ich mich plötzlich in die Pasternak-Zeit versetzt fühlte und noch ein bisschen weiter fort in eine der zauberischen Altstadtnächte von Spitzweg. Ich wohnte nur ein paar Schritte entfernt in einem prächtig gedachten Hotel aus der Zeit nach dem Krieg, das in Maßen schäbig war; im Foyer gab es einen Kiosk, der Wasser, Bier und Schokolade verkaufte, meine Hauptnahrungsmittel seit Wochen, und jedes Mal, wenn ein Gast kam oder ging, knallte die bretterne Hoteltür mit einem harten Schlag hinter ihm zu. Aber mein Zimmer war recht groß, und das Fenster ging auf den nächtlichen Park hinaus.

Ich war gern in Smolensk. Und wenn die alte Grenzstadt mir das Gefühl gab, in einer russischen und nicht in irgendeiner sowjetischen oder nachsowjetischen Stadt zu sein, dann lag das an zwei unverwechselbaren Bauwerken. An der gewaltigen, weitgehend erhaltenen backsteinernen Stadtmauer mit ihren Turmwerken und an der großen grün-weißen Kathedrale auf der Anhöhe über dem Dnjepr. Sie hatte ich zuerst gesehen, als ich von Westen her kam, zu ihr stieg ich nun hinauf. Ein junger Pope fiel mir auf, die Leute verneigten sich vor ihm und küssten seine Hand, und er segnete sie und malte ihnen das Kreuz auf die Stirn. Er war vielleicht fünfundzwanzig, und er tat das alles mit einem handwerklichen Eifer, der seine wasserhellen Augen ab und zu aufleuchten ließ, und seine Goldzähne – alle Russen haben Goldzähne – blitzten dann durch die struppigen Fransen seines Bartes. Er war ein großer, dünner Mensch, und so hatte sein schwarzes, fußlanges Gewand die Form eines in die Länge gezogenen Dreiecks, er wirkte ein bisschen gotisch, und wenn er sich bewegte und sich etwas drehte, sah er aus wie ein tanzender Derwisch. Er hieß Vater Wladimir, und ich weiß nicht, wie wir auf wundertätige Ikonen kamen. Er rief den alten Michail herbei, der habe so eine. Der alte Michail war entweder störrisch oder scheu, er wollte seine wundertätige Ikone durchaus nicht holen, aber nach ein paar Minuten stand er vor uns und wickelte mit allergrößter Vorsicht die kleine Ikone aus dem Tuch, in dem er sie verwahrte, sie war nicht größer als ein durchschnittlicher Buchdeckel, und sie zeigte den heiligen Nikolaus, und von links oben rann etwas Harziges, Dunkles auf ihr herab, was ich nicht anfassen durfte, aber Vater Wladimir durfte es und nahm eine Fingerkuppe voll davon, mir fielen seine schmalen, sehnigen Hände auf, und machte mir damit das Kreuz auf die Stirn. »Mirra«, sagte er auf Russisch. So heißt in der ganzen Ostkirche die harzige Absonderung wundertätiger Ikonen. Es gebe viele Ikonen, mit denen Dinge passierten, aber diese hier sei eine weinende, und Ikonen, die Tränen weinten, seien sehr selten.

Ich wirkte wohl etwas verwirrt, jedenfalls schaute mich Vater Wladimir irgendwie beruhigend an und sagte, mit den Wundern sei es nicht so schwer. Das Wunder sei kein Ding, keine Tinte oder Farbe, es sei der Mensch, der glaube, und ob ich etwas von Boris-Gleb gehört hätte. Nein, sagte ich. Aber es liege doch beinahe an meinem Weg nach Moskau, sagte er. Er rate mir dringend, einen Abstecher dahin zu machen, von der Stadt Wjasma aus in den Wald.

»Boris-Gleb war einmal ein Dorf, davon ist aber nichts mehr übrig, das ist lange her. Es sind nur noch zwei Kirchen mitten im Wald, weit weg von jeder Siedlung, nur ein Einsiedler lebt da, der Igumen Awraam. Und seit der letzten Fastenzeit sind dort die Bäume rot. Etwas färbt sie rot, die Apfelbäume und die Tannen um die beiden Kirchen im Wald herum, als habe sie jemand angestrichen, und die alten, in Jahrhunderten gedunkelten Ikonen werden wieder hell, und alles, was in ihrer Nähe ist, wird wieder wie neu, und als die Sonne stärker wurde jetzt im Juni, fiel das Rot von den Bäumen ab, es tropfte herab wie Blut.«

Der Weg nach Wjasma

AN EINEM STILLEN, heißen Sonntag verließ ich Smolensk. Es war früh am Tag, die Hoteltür fiel ein letztes Mal hinter mir zu, und drüben bei Görings Hirsch standen wieder die beiden Stalinisten und verteilten ihre Stalin-Flyer. Es waren zwei alte Männer, der kleinere trug alle seine Orden und Kriegszeichen und einen langen weißen Bart und hatte listige Augen, aus denen er mir zulächelte, und hielt mir eine lange Resolution gegen die Übel der neuen Zeit hin, die schon ein bisschen zerknickt war, sie war wohl oft zusammengefaltet und wieder glatt gestrichen und ausgelegt worden, die paar Unterschriften unter dem eng getippten Text versiegten im waagerechten Mittelknick. Ich brachte es nicht übers Herz, diesen kleinen alten Mann mit Ansichten, die er nicht mögen würde, vor den Kopf zu stoßen, und schützte vor, die Resolution und die Zeitungen nicht lesen zu können und ihn nicht zu verstehen. Aus Berlin, wiederholte ich ein paar Mal, ich aus Berlin, und er glaubte mir kein Wort und lächelte mir spöttisch zu, aber irgendwie auch dankbar für die taktvolle Lüge.

Sein Genosse war mir unangenehm. Er trug natürlich auch alle Orden und Kriegszeichen und dazu einen weißen Hut wie auf Fotos der Sputnikzeit. Stocksteif stand er da, ein Standbild, in der einen Hand die Stange einer großen Sowjetfahne, in der andern ein selbst gemachtes Plakat, fast so groß wie er selbst, und ich versuchte mir vorzustellen, wie es damals gewesen war, unter der Unerbittlichkeit dieser Züge kleiner und kleiner zu werden und mit einem leisen Knacks zu zerbrechen. Auf seinem Plakat war ein Foto von Josef Wissarionowitsch, darunter stand: Jeden

Morgen danke und bitte ich Gott, dass Stalin leben möge und gesund sei. Nur Stalin kann die Welt retten. Churchill.

Ich ging die Große Sowjetskaja hinunter zum Dnjepr, und irgendwo auf dem Weg kam ich mit Bill und Michael aus Seattle ins Gespräch. Bill war ein leutseliger Amerikaner mit breiten Schultern und einer breiten Art zu reden, sein langhaariger Freund Mike hatte viel Ähnlichkeit mit Neil Young. Ich fragte sie, wie es sei in Smolensk.

»Oh, Smolensk is great«, sagte Bill.

»Und was macht ihr hier so?«

»Oh, we just teach the bible.«

Bill lebte bereits eine ganze Weile im Land. Zunächst im russischen Fernen Osten, dann hatte er ein paar Jahre in Omsk gewirkt, und nun war er tief im russischen Westen angekommen, in Smolensk. Ich fragte die beiden nach dem Anschlag, auch weil ich an meinem letzten Abend einen Mann getroffen hatte, der mich in einer Bar zum Wodkatrinken einlud, um seine Freude über den 11. September mit mir zu teilen. Er freute sich wirklich über die Ereignisse und machte mit Augen und Armen immer wieder den großen Schlag nach und rief dazu »Bummbumm«. Ich mochte ihn nicht und seinen Wodka auch nicht und war gegangen. Aber Bill, der Missionar, wusste nur Gutes über die Russen zu sagen, ihre große Anteilnahme rührte ihn. Während wir redeten, hatten sich einige Smolensker eingefunden, die Andacht sollte beginnen, und Bill und Mike luden mich ein. Ich konnte das nicht, ein starker Magnet riss mich aus der Stadt auf die Chaussee hinaus, Bill und Mike verstanden das, und Mike sagte »God bless you«, und Bill sagte »Go with care«, dann ging ich über den Dnjepr.

Jedenfalls wollte ich das. Da sah ich einen Bus, darauf stand »Busreisen Obersberger«. An sich war das nichts Besonderes. In den Ländern, durch die ich gekommen war, waren viele ausgemusterte deutsche Busse unterwegs, geschenkt oder billig verkauft, und natürlich gab niemand Geld dafür aus, sie neu zu lackieren, und so fuhren sie die absonderlichsten deutschen Aufschriften spazieren. Es konnte geschehen und geschah auch ständig, dass auf einer staubigen Piste im tiefsten Weißrussland ein Bus auftauchte mit einem »Gruß von der Loreley« oder von der Waiblinger Sparkasse. Aber der auf der Brücke über den Dnjepr kam aus der Stadt, in der ich neun Jahre lang aufs Gymnasium gegangen war – in den Bussen von »Busreisen Obersberger« hatte ich meine ersten Klassenfahrten gemacht. Es war absolut möglich, dass ich vor vielen Jahren in genau diesem Bus gesessen hatte, Sitze und Lehnen noch dünner und fester als heute, in der Reihe hinter ihr, für nichts anderes Augen als für die steigende Hügellinie ihrer bloßen Schulter, da, wo sie in den Nacken übergeht, die Hand in den festen, dünnen Sitz gekrallt, damit sie nicht tut, wonach es die Nervenenden in den Kuppen aller zehn Finger verlangt und dieser Linie folgt bis in den ersten Flaum, so dunkel, so weich, und weiter, weiter, wo die Kammlinie in der Schwärze des Haarwaldes verschwindet.

Ich erschrak. Die Sonne brannte, ich wollte den Hut aufsetzen, und meine Hand war leer. Ich hatte den Panama verloren. Ich ging sofort den Weg zurück, vom Ufer bergan, ging schneller und kam ins Schwitzen, dann wusste ich es. Bei den Stalinisten! Ich hatte ihn auf eine Bank gelegt. In dem Moment, als ich um die Ecke zum Gorkipark bog, sah ich, wie eine ältere Frau den Hut in ihren Einkaufsbeutel stopfte und eilig wegging. Ich rannte ihr hinterher, holte sie ein und nahm ihr den Hut ab. Sie gab ihn gleich her. Der lustige Stalinist lächelte mir zu und sagte, er habe die ganze Zeit auf den Hut aufgepasst, aber nach einer Stunde habe er gemeint, er sei nun herrenlos und die Genossin tue Recht daran, ihn an sich zu nehmen. Die Peinlichkeit war jetzt an mir, der Mann hatte gemerkt, dass ich ganz gut verstand, was man mir sagte, ob es nun Hüte betraf oder Resolutionen gegen die Übel der neuen Zeit.

Dann war ich wieder am Ufer des Dnjepr, zum ersten Mal wirklich unsicher, was ich tun sollte. Das Gehen in der Fremde schärft den Sinn für Zeichen und zwingt dazu, sie zu lesen. Hier standen alle Zeichen unübersehbar auf Stopp. Ein Missionar aus

Seattle tritt mir in den Weg und will mich aufhalten. Nein, sage ich, ich muss weiter. Dann steht mein Schulbus vor mir und zieht mich mit der Gewalt eines Überfalls in die Erinnerung an meine erste Liebe hinein. Nein, sage ich, vorwärts. Und dann holt der Hut mich zurück. Alles schien ganz eindeutig: nicht gehen, kehrtmachen. Ich hatte nie kehrtgemacht, ich hatte einen tiefen Widerwillen dagegen, und die Sonne schien und der Tag war gut. Heiß, aber nicht so heiß, dass es eine Schinderei gewesen wäre, zehn Stunden unter der Sonne zu gehen. Ein sanfter Wind kam auf. Ich konnte ihm nicht widerstehen, er zog mich mächtig an. Ich suchte ein Zeichen. Ich bat darum. Ich wollte nicht los ohne einen Reisesegen, einen noch so kleinen, eine grüne Ampel wenigstens. Mein Blick irrte über die Brücke und blieb an den Bäumen am Ufer hängen. Viele Äste zur Straße hin waren abgesägt, die runden Schnittflächen hatte man mit einer grünen Schutzfarbe bestrichen. Hundert grüne Ampeln. Ich ging über den Dnjepr.

Aus der Karte wusste ich, dass das Land ab jetzt nicht mehr so flach sein würde und mein Weg nicht mehr so eben. Ein Auf und Ab immer neuer Höhen lag vor mir, ich würde heute über acht Hügel gehen müssen und über acht Flüsse, erst danach kam der nächste kleine Ort, die vage Chance, etwas zu essen zu kriegen, vielleicht sogar einen Platz zum Schlafen. Kardimowo hieß das Dorf.

Am ersten steilen Hang hinter der Stadt überholte mich ein Bus, durch die dreckigen Scheiben starrten mich fünfzig Augen an, dann ging dem keuchenden Motor die Kraft aus, der Bus blieb oben am Hang liegen, und ich überholte ihn. Alle mussten aussteigen und gehen wie ich. Nun starrten sie nicht mehr. Der Weg war grün, es gab Büsche und Bäume und Wald, und durch das Auf und Ab wirkte das Land ganz mitteleuropäisch. Ich kam in eine Senke, ein Auto mit Moskauer Kennzeichen bremste, der Fahrer fragte mich nach dem Weg. Es waren ironisch gebildete Leute, diesen Ton hatte ich länger nicht gehört. Mich hielten sie für einen dummen Provinzrussen. Ich konnte das verstehen. Tatsächlich hatte ich auf meine eigenen Fragen nach dem Weg oft sonderbar somnambule Antworten erhalten. Es war keine Viertelstunde her, dass ein junger Mensch, der eine Schubkarre über die Straße schob, mir nicht sagen konnte, wohin die Chaussee ging, an der er wohnte. Der verächtliche Ton der Moskauer legte sich, als ich meine Karte herauszog und ihnen zeigte, wo sie waren. Sie sahen mich an, als sähen sie mich erst jetzt und stellten die übliche Frage:

»Peschkom?«

»Ja, zu Fuß.«

Sie machten keine große Sache daraus und fanden rasch zu ihrer gebildeten Ironie zurück.

»Nach Moskau – auf Napoleons Weg, was? Na, dann viel Spaß.«

Sie waren eben Moskauer, und ich spürte, wie weit weg von Moskau ich war. Es stimmte, ich ging die alte Chaussee, hinter Smolensk war sie von der Autobahn abgebogen. Ich ging Napoleons Weg, und wie zu seiner Zeit gab es keine Straßenschilder, und auf die Auskünfte der Landbevölkerung war kein Verlass. Ich musste mit der Karte zurechtkommen. Sieben Berge noch, sieben Flüsse bis Kardimowo.

Auf dem zweiten Berg holte ich mir Steine aus den Stiefeln, dazu hatte ich mich auf einen Eisenrost gesetzt, der über ein Rinnsal führte; ein Mann kam des Weges und fauchte mich an, weil ich auf seinem gewohnten Pfad saß und er meinetwegen einen Schritt zur Seite tun musste. Dafür war die Frau, in deren Kiosk ich etwas Proviant kaufte, freundlich zu mir.

Am Ufer des dritten Flusses stand ein himmelblauer Moskwitsch, daneben spielte ein kleiner Junge, das Autoradio lief, und aus dem hohen Gras auf der anderen Seite des Moskwitsch, wohin die Eltern sich zurückgezogen hatten, kam alle paar Minuten die Stimme seiner Mutter: »Spiel! Spiel! Geh hinters Auto! Spiel!«

Die vierte Höhe dehnte sich zu einer kleinen Hochebene, auf der viele Feuer brannten. Dichter schwarzer Rauch zog über die

Stoppelfelder wie über ein napoleonisches Schlachtfeld. Dann ging es wieder hinab. Die Chaussee wirkte unten im Tal als Staudamm. Sie staute den vierten Fluss auf der linken Seite und schuf eine Neuengland-Szene: Ein kleiner See, an seinem Ufer ein Wald, der sich zu färben beginnt. Das Blau des Sees, das Grün der Kiefern, feuerroter Ahorn. Dann kam, um mich daran zu erinnern, wo ich nicht war, eine lang sich streckende, beinahe ebene Steppe.

Der fünfte Fluss war ein Sumpf, viele graue Bäume standen abgestorben darin, ich stieg die sechste Höhe hinauf und kam in eine andere, mit Masten übersäte Steppe, an denen wirre Stromleitungen hingen. Mit seiner Waffe streifte ein Jäger durchs hohe gelbe Gras, das sich zu einer kleinen Savanne dehnte. Meine Karte stimmte nicht mehr, ich hätte längst Kurdimowo erreichen müssen, das Ziel vor Kardimowo.

Als ich Kurdimowo endlich sah, stand die Sonne tief, und der Rohbau einer neuen Brücke über den sechsten Fluss war fast fertig. Ich ignorierte die Umleitung und weihte die Brücke ein, in langen Sätzen sprang ein Frosch vor mir her über den frischen Beton. Sonst erblickte ich von dem Weiler nur flüchtig den eisgrauen Ziegenbock, der mich vom Dach einer Hundehütte aus beobachtete. Irgendwo hörte ich Hämmern und Hühner. Ich sah nicht hin. Ich war längst in den Zustand eingetreten, in dem Mensch und Gang die Rollen tauschen. Ich ging nicht mehr, es ging mich, und was um mich her geschah, bemerkte ich nicht mehr. Wie lange ging ich jetzt? Wie lange noch würde ich gehen können? Würde die Nacht bald kommen? Für solche Gedanken war kein Raum, denn die Steppe hatte ein Ende, nun hieß es wieder auf und ab, auf und ab.

Der siebte Fluss war der Kleine Bopez, kaum mehr als ein Rinnsal, und wieder hinauf und wieder hinab zum Großen Bopez. Ich habe keine Erinnerung an ihn, ich habe ihn gar nicht gesehen, ich habe ihn nur gezählt. Fluss Nummer acht. Nun ging es länger und strenger bergan als je zuvor. Mein eigener Schatten lief vor mir her auf dem Asphalt, unmäßig lang war er, so tief stand die Sonne, sie brannte mir im Nacken, und der Schatten reckte sich, er reckte sich länger und länger, jetzt berührte er schon die Stelle, wo die Steigung endete und auf der nächsten Hochebene ankam, in der nächsten Steppe, jetzt stieß er über den Pass hinaus an den Horizont, er fraß und fraß, was auf der Straße lag, in sein Schwarz hinein, nachgebesserte Teerflecken, Frostlöcher, kleine und große Kadaver, jetzt stach er tief in den Osten, stach jeden Augenblick an den Moskauer Ring. Nein, ich ging nicht mehr, ich stand auf dem Leitwerk meines vorwärts rasenden Schattens, auf dem allerhintersten Flügel, und die Frage, bin ich es, der ihn bergan schiebt oder zieht er mich, verglühte gerade in der Sonne, aus der ich kam. Etwas war schneller. Etwas Blaues schoss an mir vorüber, mit wahnsinnigem Getöse, der himmelblaue Moskwitsch von Fluss drei, und etwas war langsamer.

Denn da war noch ein Wanderer. Er war die ganze Zeit vor mir gewesen, doch ich schob mich heran und holte ihn ein, langsam, aber gewiss. Auf der Anhöhe hatte ich ihn. Er war neben mir. Er wandte mir sein Gesicht zu. Ein Gesicht mit fünf oder sechs Zähnen und ohne Stirn, eine dunkle Basecap schnitt sie ab. Und die Schuhe. Er trug rote Lederschuhe, und ich glaubte, dass seine Kraft aus ihnen kam. Ich war am Ende meiner Kräfte. Rast, nur eine kleine Rast. Ich hatte keine gehabt, seit ich am Morgen in Smolensk gestartet war. Ich rechnete. Neun Stunden. Neun Stunden nonstop. Da war ein Stapel Holz. Ich lehnte mich an. Ich ließ mich daran herabrutschen. Er schüttelte den Kopf.

»Zu gefährlich.«

»Warum?«

»Dann kriegst du den Zug in Kardimowo nicht.«

»Was für einen Zug? Ich will keinen Zug.«

»Aber ich. Los! Komm!«

Ich starrte ihn an. Ich zählte seine Zähne. Zwei saßen oben links und rechts von der Mitte wie die Zähne einer Giftschlange. Ich riss mich los von dem Holzstapel und ging mit ihm.

Es dämmerte, als wir den Bahnhof erreichten, es gab ihn wirklich. Eine kleine Menge wartete auf den Zug, auch ihn schien es wirklich zu geben. Er würde ohne mich abfahren, denn er fuhr nach Smolensk. Ich konnte das nicht tun. Ich hatte an diesem Tag getan, was der Zug tat. Ich hatte seine Strecke zurückgelegt. Um keinen Preis der Welt durfte ich das auslöschen. Ich hatte keine Ahnung, wo ich etwas zu essen herbekam und wo ich schlafen sollte. Aber es hätte mich völlig niedergedrückt, in diesen Zug zu steigen und mit ihm und meinem zahnlosen Gefährten zurück nach Smolensk zu fahren wie ein wieder eingefangener Deserteur. Auf der Wiese neben dem Bahnhof sah ich einen Brunnen, ich warf meinen Rucksack hin, riss das Hemd herunter, pumpte, bis das eiskalte Wasser floss, streckte den Kopf hinein und ließ es über mich laufen. Mit dem nass geschwitzten Hemd trocknete ich mich ab. »Da ist ein Platz frei«, sagte er, als ich zur einzigen Plattform zurückkehrte. Drei Bänke gab es, von einer war jemand aufgestanden, der Zug würde bald kommen. »Setz dich.« Ich setzte mich und wandte mich kurz dem Rucksack zu, um mein anderes Hemd herauszuholen, und als ich mich ihm wieder zuwandte nach ein paar Sekunden, da war er weg, und ich war nicht einmal sicher, ob er je da gewesen war.

Der Zug kam, alles stieg ein, der Zug fuhr. Ein kurzer Rundgang zeigte mir, dass ich hungern würde. Es war ein kleiner Provinzbahnhof, der nicht einmal einen Kiosk hatte, und Kardimowo war ein kleines Nest, das nun schlafen ging, denn es wurde Nacht. Ich nahm mir vor, es von seiner besseren Seite zu nehmen. So hart der Hunger ist, das Gute ist, keiner kümmert sich um dich, deine Tarnung funktioniert hervorragend. Tarnung? Was für eine Tarnung? Da ist keine Tarnung. Du bist, was du scheinst, längst geworden. Ein Landstreicher in Russland, was denn sonst. Einer, der sich auf den Straßen herumtreibt, einem Ziel entgegen, das es vielleicht gibt, vielleicht aber auch nicht.

Im Grunde war Kardimowo inexistent. Nur der Bahnhof existierte ein bisschen. Der Bahnhofsvorplatz war der Treffpunkt der drei oder vier jungen Wilden, die es hier gab, sie hatten einen frisierten kleinen Traktor, auf dem rasten sie auf dem Platz herum, bis sie genug davon hatten, dann rammten sie ihn in die Büsche und gingen heim in ihre niedrigen Holzhäuser, in denen ihre Familien schon schliefen. Mir blieb die Bahnhofshalle. Ohne sie hätte ich mich an irgendeine Hütte setzen und, an sie gelehnt, versuchen müssen, diese Nacht durchzudösen. Aber der kleine Bahnhof schloss nicht, ein weiterer Zug wurde erwartet, und weil die Bahnhofshalle der einzig erleuchtete Ort im Dorf und es darin äußerst stickig war, war sie der Treffpunkt sämtlicher Insekten; ich versuchte auf einer der drei Bänke im Freien zu schlafen, aber draußen war es empfindlich kühl geworden, und so nahm ich meine Sachen und legte mich hinein.

Irgendwann, es musste tief in der Nacht sein, rüttelte mich eine Hand an der Schulter. »Der Zug!« Halb wach, halb im Schlaf, packte ich wieder meine Sachen und trottete auf die Plattform hinaus, stieg in die erstbeste offene Waggontür, und der Zug fuhr an. Ich ließ mich auf eine Holzbank fallen und versuchte weiterzuschlafen, aber ein schriller Lärm kam auf und kam näher, jetzt war er da. Ich schlug die Augen auf und sah die Zigeuner. Eine große Gruppe, sie zog durch den Zug, der plötzlich kreuz und quer durch Indien fuhr, so hatte ich sie gesehen, niedrigkastige Wanderarbeiter in langgezogener Formation auf ihrem Weg durch Gujarat, viele barfüßige Kinder darunter, sehr quecksilbrig, sehr dünn harte Augen, die alles ausleuchteten und anfassten, Dinge, Körper, Gepäck, ob etwas davon zu gebrauchen sei. Sie waren Sammler. Jedes Kind trug ein Bündel Pappe auf dem Arm oder auf dem Kopf, die Beute dieses Tages, so nachlässig mit Bindfäden geschnürt, dass sie jederzeit auseinander fallen musste, sie fiel aber nicht auseinander. Manche Männer schleppten Kleinkinder mit sich. Einer hätte die Hauptfigur eines indischen Liebesfilms sein können mit seinen weichen Zügen und seinen dunklen fiebrigen Augen.

Dann erschien der Held Rama. Er war der Männlichste unter ihnen und ohne Zweifel ihr Anführer, er trug seinen gelbschwarzen Kaftan offen, wie golddurchwirkt sah er aus im trüben Licht des Waggons, und als er provozierend langsam durch die Sitzreihen ging, als ob er etwas suche, wurde der russische Wachmann dort vorn ganz still und verhielt sich möglichst unauffällig. Er war dem Zigeuner körperlich ebenbürtig. Er war der weiße Held, der Traum des sowjetischen Kinos und der russischen Frau. Verwegenes, helles Gesicht, hochgewachsen, schmale Hüften, breite Schultern, die Uniform, das weiß-blaue Ringelhemd der Soldaten unterm offenen Blouson, die Geste, mit der er seine Schirmmütze ins weißblonde Haar schob, so weit, dass sie ihm lässig und leicht schief auf dem Hinterkopf saß. Ein russischer James Dean, bestimmt hieß er Sascha. Bis der Zigeunerfürst eintrat, hatte er sehr erfolgreich mit den beiden jungen Frauen geflirtet, zu denen er sich gesetzt hatte, seinen Wachgang durch den Zug für eine Weile unterbrechend.

Die Zigeuner gingen durch den Waggon, die Kinder mit ihren leichten Papplasten, die bunt gekleideten Frauen, die braunen Männer. Sie hatten es nicht eilig, ihr Lärm war um sie wie ein Moskitoschwarm, und dass sie alle aufweckten und störten, kümmerte sie nicht. Etwas vollkommen Fremdes, unter einem anderen Gesetz Lebendes zog durch den Zug. Als der Anführer den Wachmann erreichte, verfinsterte sich sein Gesicht. Er fuhr ihn an und sagte ihm etwas, das ich nicht verstand, aber ich sah, wie der schöne, verwegene Russe sich noch mehr verkroch. Er trug einen Revolver am Gurt, doch er wagte es nicht zu antworten und ließ die Beleidigungen und die Drohungen seines Widersachers, den Kopf vornüber gebeugt, über sich ergehen.

Dann hielt der Zug auf freier Strecke, weder war von einem Bahnhof etwas zu sehen noch von einem Dorf, keine Lampe, kein Licht in der Ferne, nichts. Hier stiegen die Zigeuner aus, sonst niemand, und jetzt sah ich durch das staubige und von den vielen müden Köpfen, die sich daran gelehnt hatten, ganz fettige Fenster, wer sie wirklich anführte. Eine Frau. Sie dirigierte den Marsch in die Nacht, und das Chaos und der gellende Lärm, den ihre Leute machten, gefielen ihr sehr, immer wieder brach sie darüber in ein kehliges, lautes Lachen aus. Sie war nicht mehr jung, aber ihre Bluse war tief geknöpft, sie trug ihre Brüste stolz zur Schau, und wenn sie mit einer herrischen Handbewegung ihre

Befehle erteilte, blitzte Gold auf, an den Händen und auf ihrer nackten Haut.

Ich schlief nicht mehr ein, die anderen im Waggon auch nicht, und mit dem Flirt des Wachmanns war es vorbei. Er schlich hinaus wie ein geprügelter Hund. Jemand nannte mir eine Station, wo man übernachten konnte, dort stieg ich aus. Wo ich war, wusste ich nicht, ich ging den anderen nach und kam an ein zweistöckiges Haus mit mehreren Eingängen und zwei Kiosken, die beide noch offen waren so spät in der Nacht. Mitten auf dem Vorplatz stand ein Auto, sämtliche Türen aufgerissen, aus dem Autoradio plärrte das Lied, das mich durch diesen Sommer verfolgte. »Ja ljublju tebja.« Ich liebe dich. Ich versorgte mich sofort mit Bier und Wasser und fand nach einer Weile die richtige Tür zur Herberge. Es waren nur Kaukasier da, die Geschäfte machten und bis weit nach Mitternacht rauchten, tranken, redeten. Das Zimmer, das man mir zuwies, war übel, aber abschließbar, also gut. Das Bett war noch übler, aber es war ein Bett, und so wurde am Ende dieses langen Tages alles gut, für ein paar Stunden.

Laute Musik riss mich aus dem Schlaf. Es war die russische Staatshymne, sie war ganz nah. Sie war im Zimmer. Sie kam aus dem kleinen grauen Plastikkasten an der Wand gegenüber. Schief saß er da mit seinen meterlangen Drahtfühlern, die wirr an der vergilbten Tapete herabhingen, ein dadaistisches Insekt. Ein Lautsprecher, ich hätte es wissen müssen. Ich hätte ihn vor dem Einschlafen untersuchen müssen. Ganz abstellen ließen sie sich nicht, aber sie hatten eine Art Stellschraube, mit der man die Lautstärke dimmen konnte. Einen Knopf zum Abschalten hatte der sowjetische Volksempfänger nicht, einen zum Sendersuchen auch nicht, die Beziehung von Sender und Empfänger war einfach. Die Partei war immer auf Sendung gewesen und die Massen immer empfangsbereit. So ein Kasten hing an zahllosen Wänden, um jeden Morgen die Massen zu wecken, zu mobilisieren, über das zu informieren, was sie wissen mussten, und sie abends wieder ins Bett zu bringen. Es war sechs Uhr früh.

Der Ort, in den es mich verschlagen hatte, hieß Sofonowo und machte den Eindruck einer Stadt, die, obwohl sie jung war, bessere Zeiten gekannt hatte. Ich sah nichts Altes, nichts aus der Zeit vor der Revolution. Sofonowo war eine sowjetische Gründung, eine Bergarbeiterstadt, so stand es auf einer Tafel am Kulturpalast, und der Kulturtempel war das prachtvollste Gebäude von Sofonowo, viel prächtiger als der Stadtsowjet. So war es oft. Die Revolution hatte in diesem Land, das nicht leben konnte, ohne zu glauben, einen religiösen Unterdruck erzeugt, und nun musste sie sich etwas einfallen lassen, einen Ersatz. Sie selbst konnte es nicht sein, das wäre zu schmucklos, zu trostlos, zu protestantisch gedacht für ein Volk, das nie der Versuchung erlegen war, den Glauben in die Sphäre des Lebens zu zerren, für das er sein blaues Schweben bewahrt hatte, seinen Goldglanz, das mystische Leuchten. Mit Predigt und Kirchensteuer, den Waffen von Schule und Politik, konnte man Menschen nicht kommen, die in ihren Kirchen standen und nicht auf Bänken saßen und sich niemals wie eine dumme Schulklasse von einem Mann im schwarzen Talar hatten belehren lassen. Einem Volk, das stundenlang dastand und sich bekreuzigte und verneigte und betete und sang, eine Urmenge darstellend, die, wenn die Tür zum Allerheiligsten auffliegt, der Zug der bärtigen Priester teilt und der heiligen Bilder, die sie hochhalten. So war Russland gewesen, und so war es wieder. So hatte ich es immer und immer wieder gesehen.

Also, die Revolution hatte etwas gebraucht, das fast ebenso schön war, nicht ganz von dieser Welt, und das einen erhob. Eine neue Ikonographie und einen neuen Gesang. Sie verfiel auf die Kultur. Ihr baute sie herrliche Tempel und gab sich ihr hin in einer verrückten Emphase. Und die Kultur dankte es ihr und schoss in das sakrale Vakuum und füllte es mit tausend Kulturpalästen und stellte Säulen vor ihnen auf, dick wie siebenhundertjährige Eichen. Die von Sofonowo waren besonders dick und besonders hoch. Zwölf übermächtige, immer noch sorgfältig geweißte Säulen wachten vor dem Dom der Bergarbeiter, um ihnen den Abglanz jenes Reiches zu zeigen, das jenseits der Arbeit und ihrer Mühsal lag, den Sonntag der Welt, und der hieß in Ermangelung anderer Worte dafür: Kultur. Auch die übrigen transzendenten Hauptsachen waren da. Die ewige Flamme des Sieges über den Tod im Großen Krieg war der Altar. Das Heldendenkmal war das Heiligenbild. Und das Kriegsmuseum diente der Unterweisung der Jugend.

Ausgerechnet die Farbe Rot hatte eine völlig neue Bedeutung erhalten, es war jetzt die Farbe von Marlboro und Coca-Cola. Rote Plastikstühle, rote Firmenfahnen, Zelte, Tische, Markisen. Wo Rot war, war Westen. Und wo eine Fassade aus gut verfugten roten Backsteinen aus dem blätternden Grauweiß einer Straße hervorstach. Der Archipel Coca-Cola von Sofonowo war eingezäunt, hineinkam, wer mit der neuen Zeit ging und ihre Preise zahlen konnte. Hier saßen die neuen Russen an den roten Tischen und tranken Bier, das zivilisierte Getränk der neuen Zeit, und aßen dazu die Speisen der neuen Zeit, Pommes frites und gegrillte Hähnchen, die ihnen junge, hübsche Bedienungen brachten in den roten und weißen Uniformen der neuen Zeit, und manchmal, in einem Augenblick der Bestürzung, hielt ein Gast inne und schüttelte den Kopf. Wie hatte er ein halbes Leben lang die finsteren Kolchoskantinen ertragen können, den Gang zur Stalowaja mit ihren schlurfenden Frauen in schlampigen Kittelschürzen und ihren Gerüchen der alten Zeit?

Die alten Russen lagen unter den Büschen im Park außerhalb des weißen Zauns mit ihren Wodkaflaschen, oder sie hockten in den zerschlissenen Fensterrahmen ihrer Wohnblocks und sahen einem städtischen Treiben zu, das es nicht gab und nie gegeben hatte. Und manch einer war in der Gosse gelandet, sie hatte nichts Sprichwörtliches, sie war ein stinkendes Rinnsal, darin lag der Junge, vollkommen reglos, zehn Jahre vielleicht, die Füße seltsam verdreht wie bei einer Unfallleiche, auf der Stirn ein blauer Fleck. Ich fragte mich, ob er tot sei, aber niemand beachtete ihn, woraus ich schloss, dass er oft hier lag und die Leute daran gewöhnt waren. Und wirklich, ein paar Stunden später saß er an einer anderen Stelle und versuchte mechanisch, sich den Dreck von der Kleidung zu kratzen, was nicht gelang.

Ich ließ den Tag hingehen, der Gewaltmarsch gestern steckte mir in den Gliedern und die kurze Nacht. Ich schlenderte faul in der Stadt herum und nahm mir vor, im Archipel Coca-Cola zwei Bier und ein halbes Hähnchen zu bestellen und nach dem Essen die Nacht durchzuschlafen, nicht ohne die Dada-Box entschärft und den Schlafsack zwischen mich und die ein- bis zweideutigen Flecken gebreitet zu haben, welche andere Nächte auf der Matratze hinterlassen hatten.

An der Archipel-Bar kam ich mit Nina ins Gespräch. Sofonowo sei eine schöne kleine Stadt, sagte sie, leider habe niemand mehr Arbeit, der Schacht sei geschlossen.

»Wie ist Wjasma?«

Solche Fragen stellte ich jetzt häufig, ich hatte nicht einmal eine Reiseführeridee von den Städten, die vor mir lagen.

»Wie Sofonowo«, sagte Nina, »aber die Häuser sind höher.«

»Und Mojaisk?«

»Das ist schon Moskau.«

Dann fragte sie mich. Sie fragte, was mich jeder fragte, der bemerkt hatte, dass ich ein Fremder war.

»Wie findest du Russland?«

»Ich liebe Russland.«

Nina war gerührt, und ich kam mir schäbig vor. Warum hatte ich das gesagt? Den ganzen Tag hatte ich einen einzigen Gedanken gehabt: bodenlos, alles bodenlos. Völlige Abwesenheit von Form und Schönheit. Und dass es unendlich viel mehr Kraft kostete als daheim, sich nicht gehen zu lassen. Nicht zu verkommen. Dass die Kräfte der Auflösung und des Verfalls ungeheuer stark seien. Ich liebe Russland. Ich hatte das gesagt, um etwas zu sagen, was dem Mädchen in dieser sterbenden Stadt gefiel, in der nachts Männer auf engen Balkonen standen, mit dem Rücken zu ihren Frauen, allein, rauchend, und in die Nacht hinaus sahen, ihren wirren Gedanken nachhingen. Es schnitt mir ins Herz, sie taten mir Leid, mir schien, eine einzig Umarmung hätte die Macht, sie zu erlösen. Ja ljublju Rossija.

Semljowo heilte meine Augen, ein winziges Dorf in der

Steppe am andern Tag. Hier war nichts hässlich. Aus den Kaminen seiner Holzhäuser wehten dünne Rauchfahnen, alte Männer und Frauen ernteten in ihren Gärten die Vorräte für den Winter. Ich war aus dem Wald gekommen und brauchte vielleicht fünf Minuten vom ersten Haus bis zum letzten und wäre gern länger über die Dörfer gegangen.

Dann lief ich durch Steppenland, alle halbe Stunde hatte irgendwer irgendwo ein schmales Kartoffelfeld herausgeschnitten, die krummen Furchen im Gras sahen aus wie Spuren allererster Besiedlung. Ich war jetzt der einzige Mensch weit und breit, jedenfalls sah es so aus. Das Gras war längst braun und gelb, es stand hüfthoch, ich konnte nie wissen, was es verbarg, und in einiger Entfernung vom Weg begann der Wald. Einmal fiel irgendwo ein Schuss. Ein andermal tauchte eine alte Frau auf, sie trug einen Eimer roter Beeren zur Großen Straße. Die Sonne schien schon kraftloser an diesem Mittag, eine herbstliche Blässe lag über allem, und wenn ich mir Mühe gab, hatte ich leichte Winteraromen in der Nase. Ich erreichte bald die Große Straße, und sie hatte Nachricht für mich: Moskau 248 Kilometer. Eine ganze Weile stand ich vor dem blauen Schild. Mein Gott, 248 Kilometer, das war nichts. Es war Ende September, und ich befand mich sechs Tagesmärsche vor Moskau.

Wald der Wunder

AUS DER EBENE tauchten auf einer Anhöhe die goldenen Kuppeln von Wjasma auf, und wenn sie nicht mehr golden waren, so waren sie es gewiss einmal gewesen. Ich war den längsten Teil des Tages auf der M 1 gegangen, und sie hatte mich spüren lassen, dass ich in die Nähe von Moskau kam. Mit der schönen Leere der Autobahn war es vorbei. Ich ging in Abgasen, das war jetzt normal, und meist waren es neue, große Fernlaster, die gleichmütig wie Frachtschiffe an mir vorüberzogen, ohne mir sonderlich zuzusetzen; aber wenn es bergan ging und ein alte Sowjetlastwagen sich hinaufquälte, lief ich in schweren, schwarzen Wolken, die mir den Atem nahmen und mich vergifteten. Alles raste nach Moskau. Oder fort von Moskau nach Westen, nach Berlin und Rotterdam und Paris.

Die M 1 hatte viel Ähnlichkeit mit einem Transatlantikflug, auch sie führte durch ein transitorisches Nichts. Man kam von da und flog nach dort, dazwischen war Luft und Wasser, nur dass auf dem Wasser Steppengras wuchs. Man fuhr viele Stunden lang geradeaus und wollte es einfach hinter sich bringen. Der Mann dort, der kurz am Rande der Route auftauchte und schon wieder im Rückspiegel verschwand, gehörte einer niederen, unfassbar statischen Außenwelt an, ein unidentifizierbares, allenfalls bemitleidenswertes Ding, es krabbelte am Rande eines langen Raumes aus nichts als Zeit. Eigentlich war es nicht schlecht, dass es da krabbelte, bei seinem Anblick empfand man die Coolness des Fliegens umso intensiver, die Schönheit der Kapsel, in der man saß, die Glätte ihrer holzverkleideten Armatur, die Kraft der Motoren. Ein kleiner Druck der Fingerkuppe am Lenkrad genügte, um ein Überholmanöver zu starten, und ein Lächeln erschien auf dem Gesicht des Fahrers bei dem Gedanken, heute Abend gehen wir essen am Twerskij Boulevard, und ich sah, wie die Beifahrerin ihre Hand auf seine legte, und nun lächelte sie auch, und das Komische war, ich genoss diesen Anblick, als säße ich selbst in der Kapsel und flöge nach Moskau oder sonst wohin. Auto um Auto fegte vorüber und fegte mich auf den Seitenstreifen, fort von der Trasse, so hieß sie hier, alle paar Sekunden peitschte mir ein neuer Fahrtwind Staub und Kiesel und was er sonst vom Asphalt auflas ins Gesicht.

Wo die Straße nach Wjasma abbog, gab es ein Stehcafé, ich ging hin, zu durstig und zu hungrig, um noch die halbe Stunde zu warten bis zur Stadt. Die Bedienung glaubte an einen Überfall, ich sah es ihr an. Ich mühte mich, ein Lächeln hinzukriegen und zog Rubelscheine heraus, um sie dadurch zu beruhigen, sie aber beobachtete den Griff in die Hosentasche mit Schrecken. Wir standen uns gegenüber, zwischen uns war keine Armlänge Abstand. Neben der Kasse lag ihr kleiner Kosmetikspiegel mit dem rosa Griff, ich nahm ihn und führte ihn langsam vor mein Gesicht. Ich sah hin und sah einen, der von der Trasse kam. Die Frau ließ mich nicht aus den Augen, sie starrte mich an, vollkommen versteinert. Wir hatten kein Wort gesprochen, ich war der einzige Gast. Ich legte den Spiegel an seinen Ort, ganz vorsichtig wie eine Waffe, und ging rückwärts hinaus.

Ich hoffte sehr, in Wjasma warmes Wasser zu finden. Ich war von der Idee, warmes Wasser über mich laufen zu lassen, besessen, die Herberge in Sofonowo hatte weder warmes Wasser gehabt noch eine kalte Dusche, nur das Rinnsal aus dem lecken Hahn des Männerwaschraums.

Von Wjasma aus wollte ich in den Wald, zu den Bäumen, an denen es angeblich rot herablief wie Blut, dort würde es erst recht kein warmes Wasser geben, und mein Zwei–Hemden-zwei-Hosen-System war darauf angelegt, dass ich alle paar Tage Waschtag hielt. Ich stank vermutlich, ganz sicher stank ich, aber die russische Provinz war nicht der Ort, an dem das zählte oder auch nur auffiel; die Frau im Stehcafé hatte nicht mein Geruch erschreckt, sondern mein Gesicht.

Wjasma war eine Stadt kurz nach dem Krieg. In einigen Kellern hatten erste Geschäfte eröffnet, provisorisch noch wie die kleinen Tische und die Pappen am Boden, auf denen Frauen Kürbisse und Birnen aus eigenem Anbau anboten und schrumpelige, tiefrote Tomaten und warmes Bier. Wo ein kleines, gewelltes Plastikvordach über einer Tür montiert war, hieß das: Ich bin ein Laden. Höhere Häuser, hatte das Mädchen in der Sofonowo-Bar gesagt. Es gab ein paar Staatsbauten mit mehr als zwei Etagen. Den höchsten aber hatte man die Köpfe abgeschlagen, den erstaunlich vielen Kirchen von Wjasma.

Noch am selben Abend ging ich zum Kloster, das etwas außerhalb lag, ich hoffte, dort mehr über den roten Wald zu erfahren und vor allem den Weg dahin. Ich überquerte den Fluss, von dem die Stadt ihren Namen hat; die Wjasma war grün von Algen und braun von anderen Dingen, ein Mann saß in seinem Boot und fischte. Mauern und Türme des Klosters waren vor kurzem getüncht worden, es leuchtete inmitten von Holzhäusern und Gärten. Seine Nebengebäude bildeten die Klostermauer, sie öffneten sich nach innen und standen mit dem Rücken zur Welt. Im großen Hof, den sie umschlossen, lag die Kirche, sie hatte die Form eines kleinen schneeweißen Berges und erinnerte mich an indische Tempel. Ein Arbeiter auf seinem Gerüst strich den Turm, sonst war niemand zu sehen, aber aus einem offenen Fenster kam Gesang, eine steile Treppe führte zu ihm hinauf. Der weite Klosterhof war erfüllt von der feierlichen Abwesenheit der Bewohnerinnen, denn so viel wusste ich, vor der Revolution war es ein Männerkloster gewesen, jetzt hatten es Nonnen übernommen. Das Schöne am orthodoxen Ritual ist seine poröse Monotonie, man kann fast jederzeit eintauchen oder daraus auftauchen und gehen. Ich wartete nicht, bis sie fertig waren, das konnte Stunden dauern, ich stieg die Treppe hinauf und sprach die erstbeste an, sie war sehr jung, ein Mädchen eigentlich noch. Die Äbtissin, sagte sie, werde morgen früh da sein, sie sei eine gebildete Dame und Doktorin der Wissenschaften, sie werde mir alles, alles erklären. Wörtlich sagte sie: Die Frau wird dir alles erklären, was den kindlichen Eindruck noch verstärkte.

Ich ging den Weg zurück durch dieselbe krumme, lange Straße, die ich gekommen war, der Frieden wohnte darin in roten, blauen, grünen Holzhäusern mit ihren weißen, durchbrochenen Zierrahmen, mit ihren Wintergärten, in denen eingemachte Gurken und Zwiebelbunde lagerten und sich träge Katzen räkelten, und in den Scheiben glühte die Abendsonne. Hier war Russland heil und unversehrt, hier war Wjasma so schön, wie es irgendwann einmal hatte sein wollen. Vom Fluss stieg Nebel auf, den die sinkende Sonne rosa färbte, rosa Gaze hing über der Stadt, ganz zart, über ihren vielen Kirchen und Kathedralen, die fast alle Ruinen waren, bewohnt von Elstern und Tauben und mutlosen Hunden und streunenden Kindern und Wodkaleichen.

Der Kellner des Restaurants, dessen einziger Gast ich wiederum war, brachte das würzige graue Kastenbrot, zwei geviertelte Scheiben auf der üblichen bunten Untertasse, die Kriegsration, und den täglichen Salat aus einer halben Tomate und vier halbierten Gurkenscheiben mit einem Löffel saurer Sahne, dann brachte er die Flasche Bier und das Salz und bald darauf Kiewskij Kotlet und schließlich den Tee, und dann versuchte er mich um vierzig Rubel zu betrügen, was ich verstand. Nur weil ich ihn nicht leiden konnte, musste er sie wieder herausgeben. Um ihn zu ärgern, blieb ich. Ich rief ihn und ließ mir noch einen Tee bringen. Nun war er wütend auf mich, das war gut so, denn ich war wütend auf Wjasma. Es war einmal schön gewesen, das sah man sogar seinen Ruinen noch an, und nun war es hässlich und tot, und sogar wo es lebte, ließ es sich treiben wie der Fischer im Wjasmafluss und spielte toter Mann. Gut, das Hotel hatte wieder keine Dusche, aber das war es nicht. Eher schon das lang gezogene Schlürfen, mit dem die Frau an der Rezeption ruhig ihren Milchkaffee getrunken hatte, ohne sich davon irre machen zu lassen, dass ein Mann vor ihr stand, der die offenkundige Absicht hatte, sie zu bitten, ihm ein Zimmer zu überlassen, gegen gutes

Geld. Und mit den Frauen in den Kittelschürzen, die ich bat, meine wenigen Sachen zu waschen, was sie für das Hotel ohnehin taten, und für sehr viel weniger Lohn als ich ihnen bot, jede einzelne bat ich, und keine war bereit, sich das Geld zu verdienen, und sie hatten die Zeit dafür, es war nicht zu übersehen. Der Krieg, der Krieg, der verdammte Krieg. Er war in Wjasma gewesen, er war noch da, und es war nicht der Krieg der Deutschen, der war lange her, mein Großvater war lange tot, es war der Krieg der Russen gegen sich selbst, und die Wut war eine tiefe, protestantische Wut, und ein gutes, starkes Wort tauchte auf: Schrott.

Ungeheure Mengen Schrott hatte das Kriegsregime hinterlassen. Hausschrott. Staatsschrott. Essundtrinkschrott. Autoschrott. Atomschrott. Stadtlandflussschrott. Benimmschrott. Kirchenschrott. Seelenschrott. Der Kellner fixierte mich. Es war immer noch hell draußen, das wusste ich, doch das Restaurant war verdunkelt wie bei Fliegeralarm, die großen Vorhänge waren zugezogen, und es lag mitten am Platz. Dieses Klamme, Stickige war wieder da, das Rohe und das Gepresste in der Stimme und in den Gesten des Kellners, aber das Restaurant war kein Luftschutzkeller, es war die düstere Parterrewohnung eines langsam vertierenden alten Mannes, der niemals die Gardinen aufzieht und lange schon nichts und niemanden mehr hereinlässt, alles war so trostlos, so unendlich trostlos, auf dem Grunde der Wut war eine große Trauer. Was habt ihr aus eurem Land gemacht. Aus euren Städten. Aus euch, die ihr im Dunkeln lebt. Was fluchst du, Idiot, über deinem Teeglas. Der Kellner starrte mich so feindselig von seiner Stellung an der Theke her an, als stünden meine Gedanken auf einem Transparent, das ein kleines Propagandaflugzeug hinter sich her durch den trüben Luftraum des Restaurants zöge, und es stimmte, was ich vor mich hinredete, lag in der Luft. Es kam aus der Erde und ging durch mich wie durch leitfähiges Material, wahrscheinlich war es aus diesem ranzigen Teppichboden gestiegen, den die Gäste anderer Abende mit ihrer Asche gedüngt hatten und ihrem Kartoffelwässerchen und ihren kleinen Geschäften und großen Trinksprüchen, und es stieg mir zu Kopf und kondensierte zu Sätzen, die ich vor mich hinmurmelte und die der betrügerische Kellner las.

Ich tastete mich durch den stockfinsteren Flur hinaus auf den Platz, wieder knallte eine Brettertür hinter mir zu, und wieder war der scharfe Brandgeruch in der Luft. Das letzte Sonnenlicht war kühl und rot wie im Winter, eine Impression, verstärkt durch eine Reihe entlaubter Pappeln, hinter deren schwarzer Silhouette die Türme und Kuppeln des Frauenklosters lagen. Rauch stieg von glimmenden Müllhaufen diesseits des Flusses auf und färbte das Abendrot orange, am Himmel stand gestochen scharf und unfassbar elegant die Sichel eines neuen Mondes. Ich floh in die Hotelbar, sie spielten wieder »Ja ljublju tebja«.

Diese Abende in kleinen russischen Städten waren einsam und immer gleich. Etwas zum Schlafen suchen. Die kostbare erste halbe Stunde auf der völlig durchgelegenen Pritsche, Arme unterm Kopf, über mir an der Decke die Lichtspiele des zu Ende gehenden Tages. Das Ersatzhemd überziehen, das trocken ist, aber dringend eine Wäsche braucht. Durch Straßen gehen, in denen Fremde herumlaufen auf der Suche nach einem Abendbrot oder einer Frau. Irgendwo in der letzten Sonne sitzen, irgendwo doch noch etwas zu essen finden, in der einzigen Kantine meist und oft als einziger Gast. Und noch einmal durch die dunkle Stadt und noch nicht ins Pritschengrab, irgendwohin, wo Russen Wodka trinken. Auf der Karte den Weg von morgen nachsehen, zum vierten Mal. Auch dieser Abend würde so sein, und er war so.

»Beauty is a dramatic power« stand auf einer der Plastiktüten, die fabrikneu auf dem Markt von Wjasma verkauft wurden am andern Morgen. Der Marktplatz hatte das provisorische Stadium hinter sich. Feste Budenstraßen gab es, erste aus Stein gebaute Geschäftshäuser, ein Café, in dem Händler über ihre Geschäfte in der Ukraine plauderten, und einen respektablen Zaun um das alles. Der Markt lag am Rande der Stadt, wie das Kloster. Um ihn herum bauten die neuen Russen hemmungslos Villen mit Rundbögen und Türmchen und allem, was neu war und alt wirkte und traditionsreich. Es war die Zelle eines neuen Wjasma, und es war wie im vorvorigen Jahrhundert, als außerhalb der Mauern enger Altstädte die Neustädte entstanden. Und mitten in der von Baustellen durchzogenen Wjasmaer Neustadt stieß ich auf eine der alten Kirchen, die schon wieder hergerichtet waren. Wieder einmal beschämte mich Russland, wieder einmal klappte alles irgendwie doch noch. Als ich wieder im Hotel war, klopfte es. Es war eine der Dienstfrauen. Wo denn meine schmutzige Wäsche sei. Sie wolle sie abholen. Noch am Abend desselben Tages hatte ich alles gebügelt und stank nicht mehr und war ein neuer Mensch, und auch das war wie immer. Am Abend verfluchte ich Russland, einer Grobheit wegen oder wegen eines unfassbaren Stumpfsinns, und am anderen Tag beschämte mich eine unerhörte Hilfe, eine wildfremde Gastfreundschaft, ohne die ich es niemals geschafft hätte bis Minsk und Orscha und Vitebsk und Rudnja und Smolensk und Sofonowo und Wjasma, bis kurz vor Moskau.

Ich ging zum Kloster. Die Äbtissin war wirklich da, sie hieß Angelina und hatte überhaupt nichts Frömmelndes, sie war handfest und schnell und hatte eine sowjetische Karriere aufgegeben, wie viele russische Mönche und Nonnen, und bestimmt wäre sie eine erfolgreiche neue Russin geworden, hätte sie nicht das schwarze Kleid angelegt und das schwarze Kopftuch. Das Kloster sei vierhundertfünfzig Jahre alt, sagte sie, und Wjasma habe vor der Revolution sechsundzwanzig Kirchen gehabt. Daran könne ich ablesen, wie viele reiche Bürger hier gelebt hätten. »Nach dem Krieg stand in der Stadt noch ein einziges Haus, aber die Kirchen haben die Deutschen nicht angerührt. Das hat Stalin getan. Nach dem Krieg ließ er achtzehn unserer Kirchen zerstören.« Dann saßen wir in ihrem Auto, sie nahm mich mit in die Stadt.

»Wie komme ich nach Boris-Gleb?«

»Jedenfalls nicht allein. Sie finden es nicht. Lassen Sie sich fahren.«

»Sie haben ein Auto …«

»Mit dem hier? Das wird nichts. Da draußen brauchen Sie einen Panzer.«

Ich fand einen. Ich versuchte dies und das, vergeblich, schließlich ging ich in die nächste Schule, fragte nach der Direktorin und trug ihr mein Problem vor. Sie war eine energische Frau ohne Vorurteile gegen wandernde Fremde. Sie überlegte kurz, dann holte sie eine Lehrerin aus der Klasse, die sie gerade unterrichtete, sie hieß Lena, und wir wurden rasch einig; die Direktorin gab ihr den anderen Tag frei, und früh am nächsten Morgen stand Lena mit Sergej, dem Fahrer, und einem rustikalen Auto vor dem Hotel.

Es war eine träumerische Fahrt, Frühnebel lag auf Wiesen und Seen und schwebte über den Wäldern, und Lena, die gestern noch einen durchaus weltlichen Eindruck gemacht hatte, trug jetzt ein Kopftuch. Sie hatte in der Bibel gelesen, mit vielen Freunden über Boris-Gleb telefoniert und wurde darüber von einer religiösen Stimmung erfasst, die sich unterwegs noch verstärkte. »Wir müssen sehr vorsichtig sein,« riet sie Sergej und mir, »es ist ein heiliger Ort.« Eine der beiden Kirchen dort sei letztes Jahr niedergebrannt worden, und bei ihren Telefonaten habe sie erfahren, dass es am heiligen Tag der Satanisten geschehen sei und dass viele Leute auf dem Weg dorthin anfingen, zu streiten und sich böse Worte an den Kopf zu werfen. »Dabei wollten sie gar nicht streiten. Der Teufel ritt sie. Er ist sehr eifersüchtig auf diesen Ort, es ist einer der heiligsten in Russland.«

Irgendwann bog Sergej von der Landstraße ab, die Wege wurden schmaler und schlechter, er bog noch ein paar Mal ab, sein Auto hielt sich tapfer und schlitterte und hüpfte dorthin, wo die Straßen endeten und es keine Dörfer mehr gab und keine Felder, am Ende waren es gewundene, sich wie Tierpfade kreuzende Pisten durch Steppenland. Ich sah ein, dass die Äbtissin Recht hatte, auf mich gestellt, hätte ich Boris-Gleb nicht gefunden. Dann kamen wir an einen Wald. Sergej hielt und sagte: »Wot Boris-Gleb.«

Lena und ich gingen ein Stück in den Wald hinein, bald sahen wir eine ältere Kirche und gleich darauf die zweite aus Holz, die neu, aber ganz im alten Stil gebaut war. Eine Frau um die vierzig kam uns entgegen, sie lebe, erklärte mir Lena, mit ihrem Mann hier draußen, die zwei sorgten für den Einsiedler. Lena hatte mich in der Stadt angehalten, großzügig für den heiligen Mann einzukaufen, nun übergab sie seiner Helferin mehrere Plastiktüten voll Lebensmittel. Ljuba hieß sie und war wieder so ein Fall wie Angelina. Ökonomin bei der Bank war sie gewesen, bevor sie und ihr Mann das alles aufgaben, um hier zu leben. Zu meiner Enttäuschung erfuhr ich, der Igumen Awraam sei nicht da. Krank sei er und zur Kur im Süden, man erwarte ihn aber täglich zurück, er habe sich wohl verspätet. Dann zeigte uns Ljuba die roten Bäume.

Es waren einige Dutzend, und sie sahen aus wie bestäubt. Die rote Substanz haftete aber fest auf der Rinde oder Borke und auch auf den Flechten aller möglichen Bäume, meist Tannen, aber auch auf Eichen, Birken und anderen Laubbäumen. Es wirkte weniger spektakulär, als ich nach den Schilderungen vermutet hätte. Das Rot fiel auf, das schon, es war bis zu einer Höhe von drei, vier Metern auf den Stämmen, wie angeweht, und es war tatsächlich nur im Umkreis der beiden Kirchen zu finden, doch wer nicht wusste, um was es sich handelte, musste es in dieser Jahreszeit für irgendeinen Befall halten. Im Winter freilich, als das ganze Land und der Wald schneeweiß waren und die Wölfe bis an die Häuser kamen und um die Grabsteine dort drüben schlichen, unter denen die heiligen Männer lagen, die vor dem Igumen Awraam hier gelebt hatten, da musste es eine starke Wirkung auf die Bewohner der Einsiedelei gehabt haben, eines Morgens die kahlen schwarzen Bäume rot zu sehen. Letzten Winter war das geschehen, bald nach dem russischen Weihnachten. Als ich die rote Rinde mit der Fingerkuppe rieb, färbte sie ab und verfärbte sich dabei zugleich gelblich.

Ich fuhr nicht mit Lena und Sergej zurück, ich blieb über Nacht, irgendwie würde ich morgen hier herauskommen. Ich war froh, als sie fort waren und unternahm einen langen Gang in die Steppe und in den Wald, saß am Fluss, kehrte um, als die Sonne sank, setzte mich auf einen Baumstamm und sah den Katzen zu, die es hier zahlreich gab und die nun, spielerisch noch, mit der Jagd begannen, denn bald würde es Nacht sein. In der Luft waren Vogelschreie und Insektenschwärme, der Fluss war nahe, der den roten Wald zu zwei Dritteln umschlang; Boris-Gleb war eine Halbinsel.

Der Igumen hatte auf seiner Lichtung Flieder und Tannen gepflanzt und Blumenbeete angelegt. Ein paar Hütten gab es, ein kleines Kartoffelfeld, ein Treibhaus, ein offenes Teehaus. Und ein halb fertiges Holzhaus nach russischer Art. Zuerst werden geschälte Baumstämme zu einem rohen Kasten gefügt, der auf einen gemauerten Sockel gesetzt wird, dann werden Fensterlöcher herausgeschnitten und das Türloch, und ein Dach wird auf das Ganze gesetzt. Wenn dann noch die Luke zum Sockelraum eingesetzt ist, der so niedrig ausfällt, dass höchstens ein Kind darin stehen kann, und die Kartoffeln für einen langen Winter da hineingeschüttet sind, ist das Haus so gut wie fertig. Dieses hier bestand aus zwei Räumen, der vordere ähnelte einem Wintergarten. Es war das neue Haus des Einsiedlers, Ljubas Mann baute es ihm, denn sein altes war niedergebrannt worden, nicht nur die Kirche.

Nach dem Abendbrot zeigte mir Ljuba die mystischen Schätze der Einsiedelei. Wir gingen zur alten Kirche. Die Ikone über dem Eingang sah aus, als sei ein Restaurator, nachdem er halbe Arbeit geleistet hatte, mit dem Vorschuss durchgebrannt. Das Gesicht war hell und frisch, der Rest alt und dunkel, und so ging es drinnen weiter. Alle Ikonen waren in Arbeit, oder sollte ich sagen, sie waren in Veränderung begriffen, halb leuchteten sie, halb dunkelte der Schlaf der Jahrhunderte auf ihnen nach, und es gab nur die Wahl, entweder wie Ljuba an den göttlichen Restaurator zu glauben, der dieses Wunder wirkte, der machte, dass die alten Ikonen von Boris-Gleb neu wurden und ihre Farben wieder hell und stark – oder an eine grandiose Scharlatanerie. Ich näherte mich diesen Dingen, indem ich vorderhand Ljuba glaubte, dass sie glaubte, was sie mir darüber sagte. Anders gesagt, ich glaubte nicht an ihre Fähigkeit, mir und allen anderen, die herkamen, ein Theater vorzuspielen und heimlich nachts an den Ikonen zu arbeiten. An einer rann Mirra herab, der mystische Saft, so reichlich, als ob sie schmelzen wolle. Es sei die, mit der das Ikonenwunder begonnen habe, sagte Ljuba.

»Habt ihr bei euch im Westen so etwas auch?«

»Protestanten nicht. Aber die Katholiken haben blutende Marienstatuen und Heilige.«

»Ja, das gibt es bei uns auch. Ikonen, die bluten.«

Wir gingen zum Fluss, wo ein Boot lag, das als Fähre diente. An einem hinübergespannten Drahtseil konnte sich, wer wollte, ans andere Ufer ziehen. Nach kurzem Weg durch hohes Gras, durch Beifußstauden und riesige Disteln und Büsche kamen wir an einen Brunnen, über den ein windschiefes Holzdach gebaut war. Ich musste mir das Hemd ausziehen und Ljuba schöpfte mehrere Eimerchen eiskaltes Wasser und schüttete sie mir über den Kopf. Natürlich war es ein heiliger Brunnen. Ljuba sah sich um. »Ist es nicht schön, unser Russland? Wie Jessenin sagte. Ich muss immer an Jessenin denken, wenn ich das sehe, diese wunderbare Natur, an den armen Dichter Jessenin.«

Seit dem Brand teilten sie und ihr Mann ihr Haus mit dem Einsiedler. Es war das einzige alte Haus auf der Lichtung, sie begnügten sich mit dem vorderen Raum, dem Igumen hatten sie den anderen abgetreten. Sein Priestergewand hing an der verschlossenen Tür, das weiße Hemd und der schwarze Umhang. Er musste ein zierlicher Mann sein. Ljuba wies auf die Vase unter der Ikone. »Ihre Farben waren ganz blass geworden mit der Zeit, die Vase hatte lange in der Sonne gestanden, und sehen Sie, nun strahlen sie wieder.« In der Tat, die ineinander verlaufenden grünen und roten Schlieren der großen Glasvase waren frisch und klar. »Und sehen Sie seine Kleider. Er trägt sie schon lange, und sie sind wieder wie neu.« Nun ja, das Gewand des Igumen sah alt, aber nicht schäbig aus. »Und es wirkt sogar, wenn man bloß hier war, man nimmt es mit. Meine alten Kleider daheim in der Stadtwohnung sind wieder wie neu. Und nun sehen Sie sich die Ikone genau an.«

Nach einem Gebet, das von vielen Verneigungen begleitet war, näherten wir uns dem Christusbild in der Ecke des Zimmers. Es war eine eigenartige Darstellung, wie ich sie noch nie gesehen hatte. Christus als Autor der Welt. Eine Weltkugel war zu sehen, und er trug eine feine, in einen langen Stiel auslaufende Feder, genau dort aber, wo er sie auf den Globus setzte, ging ein Riss durch ihn und durch die ganze Ikone, die Federspitze stach die Welt entzwei, und sie barst wie eine Schale. Die Feder war das eigentliche Geheimnis des Bildes. Sie wirkte zierlich und gefährlich zugleich, wie der ziselierte metallische Stachel eines Insektenwesens von einem anderen Stern. Und Christus hielt sie nicht, er berührte sie eher mit seiner Linken und führte sie leicht, aber sie schwebte aus eigener Kraft und stand auf der Welt, und die Weltkugel war leer. Ein unbeschriebenes Blatt, wie am ersten Tag oder am letzten. Doch das war es immer noch nicht, was Ljuba meinte. »Sehen Sie die Krone?«

Richtig, über dem Christuskopf schimmerte im dunklen Grund eine Krone, nicht sofort sichtbar, aber deutlich, wenn man näher trat, wie das Relikt eines übermalten älteren Bildes. »Nachdem wir an Ostern hier an diesem Tisch über das Wiedererscheinen des Christus gesprochen hatten, erschien sie. Sehen Sie, es ist die Zarenkrone mit dem Kreuz darin. Christus wird kommen als Zar der Welt.« Dann sagte sie noch: »Die Ikone ist so alt wie das Haus, hundertfünfzig Jahre etwa. Sie war ganz dunkel. Jetzt kommen die Farben wieder, sehen Sie das leuchtende Rot des Gewandes. Und die Strahlen von der Krone aus.«

Sie sagte es nicht eifernd, eher erstaunt, wie jemand vor etwas steht und es einem anderen zeigt, ohne es selbst recht fassen zu können. Ein alter heiliger Ort lud sich neu auf, und sie sah zu. Sie war von Wundern umgeben wie andere von Möbeln oder Terminen. Wie von ihren Sommerbeeren und eingemachten Gurken und Kohlvorräten. Dann sagte sie, dass ich hier schlafen könne, ihr Mann sei in die Stadt gefahren, und sie selbst übernachte, wenn Besuch da sei, in der älteren Kirche. Sie versorgte das kleine rote Öllicht unter der Ikone, das über Nacht brannte, wies mich an, die Tür von innen zu verriegeln und nur ihr zu öffnen, falls sie riefe, sonst keinem. Von den sieben Hauskatzen des Igumen waren die meisten ausgesperrt über Nacht, nur zwei waren drinnen, die weiße und die schwarze. Dämon und Pantherchen.

In dieser Nacht hatte ich zwei Träume. Ein Gesicht ging auf über einer Stadt, mal anziehend, mal schrecklich. Es fraß alles, und als es mich fraß, schmeckte ich mich selbst. Ich war salzig wie das Meer. Der zweite war der Fußballtraum. Ich hatte lange geschlafen, viele Jahre, vielleicht war ich auch tot gewesen, nun sollte ich wieder spielen. Ich war Linksaußen gewesen, aber ich hatte alles vergessen und verlernt, und meine alten Stollenschule waren völlig aus der Mode; das Spiel wurde angepfiffen, ich lief ein. Dann sprang mich etwas an aus der Nacht. Ich schrak hoch, es fauchte und fetzte meine Decke. Es war Dämon. Die nächste halbe Stunde verging mit vergeblichen Versuchen, ihn vom Bett zu werfen. Ich stieß ihn weg, Sekunden später war er wieder da, es war ein zäher, russischer Dämon. Ich stand auf und ging herum, von Gegenstand zu Gegenstand, von Bild zu Bild, am schwarzweißen Igumengewand vorbei zu den dunklen Augen. Das rote Licht der Öllampe warf einen ungewissen Schein auf das ebenmäßige Gesicht, und ich versuchte in diesen Zügen zu lesen, in diesen großen dunklen Augen, aber je näher ich kam, desto mehr löste es sich auf, desto flächiger wurde es, desto unbestimmter und unbestimmbarer, und die dunklen Augen waren nur Farbfelder, dunkle Tore, nein, leichter, nur ein Vorhang aus Farbe; durch ihn tritt, wer es wirklich will, wer es wirklich kann, nein, leichter, wem es eben geschieht.

Dann stand ich vor dem Regal und nahm ein Buch nach dem andern in die Hand, bis ich an einem hängen blieb, einem Buch über Armageddon, über die Endzeit, über dunkle biblische Prophetien. Das Buch blieb nicht im Vagen. Es sagte, was demnächst geschehen würde. Ich las es ohne Schwierigkeiten, es war teils in russischer, teils in englischer Sprache geschrieben. Ich war nach

Russland gelaufen, in den Wald, in die Nacht, in die tiefste Menschenleere, in das Haus eines Einsiedlers, zu dem die Leute von fernher kamen nur für ein Wort, für die Hand, die er ihnen auflegte, und fand ein dunkles Buch aus Amerika. Gog vom Lande Magog war der Irak, Israel war wieder hergestellt, ein Wunder nach zweitausend Jahren und eine jener alten Prophezeiungen, »and this allows the fulfillment of the remaining prophecies«, Gog von Magog griff an, und in diesem letzten Kampf werde ein Drittel der Menschheit untergehen.

Draußen war etwas. Etwas lief herum, an der Tür blieb es stehen, lief weiter, entfernte sich und kam wieder. Die Wölfe hier seien groß wie Schäferhunde, hatte Ljubas Mann gesagt, aber jetzt im Sommer blieben sie im Wald. Nun ja, der Sommer neigte sich, es wurde Herbst. Ich nahm einen Knüppel und ging hinaus in die wunderbare Nacht. Ich musste keine Angst haben, ich hätte es an den Katzen gesehen, wenn etwas gewesen wäre, und Dämon spielte vollkommen konzentriert mit meinem Stiefel. Ich schloss die Tür hinter mir, nun war alles schwarz, das Haus, der Garten, die beiden Kirchen, der Wald. Die Welt war wie gelöscht, nichts störte das Licht der Sterne. Es fiel nieder wie der zarteste Regen, es lief mir über den Rücken, über Kopf und Brust. Wäre es jetzt zu mir gekommen, das Ende der Welt, ich hätte es umarmt wie einen Bruder, wie einen Vater, wie eine Braut.

Der Kampf

WO DER SOMMER endete, auf welcher Straße, an welchem Abend, das weiß ich nicht mehr, aber mein Sommerleben war nun vorüber, der Weg nach Gagarin und weiter nach Mojaisk war ein Weg in den russischen Winter. Die Tage kamen und gingen und glichen sich, meist war ich auf der M 1. Ich trug jetzt einen Stock in der Hand, ich hatte ihn unterwegs aufgelesen, es war nicht Furcht, es war das gute Gefühl, eine Waffe zu tragen, ich erwartete geradezu, dass es passierte. Was es sein würde, wusste ich nicht. Ich dachte wieder an Wölfe, manchmal, wenn ich viele Stunden lang durch Wälder ging, wenn links und rechts der Trasse nur Sumpf war und Steppe und Wald, sprach ich mit ihnen, die sich nicht zeigen wollten und mich zum Narren hielten. Ich fuhr sie an, endlich herauszukommen und sich zu stellen.

Ich war jetzt bald ein Vierteljahr allein auf der Straße, seitdem ich Minsk verlassen hatte, hatte ich nur flüchtige Begegnungen mit Menschen gehabt, abgesehen vielleicht vom kurzen Aufenthalt in der Einsiedelei. Ich hatte einen Rhythmus gefunden, er war immer gleich. Ich stand auf, zog die Tür hinter mir zu und ging den ganzen Tag, bis es dunkel wurde, schlief irgendwo, stand auf und ging weiter. Moskau zog mich mächtig an. Dabei hatte ich keine bestimmte Vorstellung von meinem Ziel, kein Bild von Belohnungen gleich welcher Art vor Augen. Moskau war der Magnet, ich der Eisenspan, der darauf zuflog, das war alles, und es war genug, mich ganz und gar auszufüllen. Der Gang bis hierher hatte Kraft gekostet, mir sie aber durchaus nicht genommen. Ich war immer stärker geworden beim Gehen, es war köstlich zu gehen, und wenn es mich auszehrte, wenn der Regen mich peitschte und die Sonne mich briet, war es gut, weil es eben so war und anders nicht sein konnte.

Gagarin sah sehr kosmisch aus und roch sehr irdisch. Ich war durch halb verlassene Dörfer gekommen, durch Steppen, in denen Reiter um Herden kreisten im mürben Herbstlicht. Nun hing eine rote Riesensonne hinter dem Gagarinplatz, sie färbte die ganze graue Straße rot, Krähen schrien, Feuer rauchten, und die Sonne entzündete das Gold aller sieben Kuppeln der Kirche, Bässe zuckten vom Hip-Hop-Club her durch die Luft, und junge Männer in Schwarz standen herum wie Darsteller junger Männer in Schwarz, so nah war Moskau. An einem Tag im April 1961 hatte sich Jurij Gagarin als erster Mensch in den Kosmos schießen lassen, daraufhin war seine Heimatstadt, die bis dahin Gjatsk hieß, umgetauft worden, sie hatte den Namen ihres stolzesten Sohnes angenommen und sich seinem Kult verschrieben. Ich war neugierig zu sehen, ob es etwas gab, das mit ihm zu tun gehabt hatte, sein Haus vielleicht, aber ich gab es bald auf. Es war zu viel. Jedes zweite, dritte, vierte Haus trug eine Tafel, auf der zu lesen war, auch hier sei Gagarin einmal gewesen, hier habe er dies und dort jenes getan. Seltsamerweise hatten sie in dieser Stadt, in der alles Gagarin hieß, das Hotel am Gagarinplatz nicht Gagarin genannt. Es hieß Wostok. Osten. Ich drückte die Holztür auf, trat ein und war im Osten.

Am anderen Morgen kam ich auf der Suche nach einem Frühstück in der Stalowaja, der Kantine, mit einem Moskauer ins Gespräch. Er sei auf Komandirowka, brummte er, auf Dienstreise, und fragte, ob ich ein Bier trinken wollte. Ich dankte und fragte ihn nach der Strecke. »Ich schon«, sagte er, holte sich eine Flasche und genoss die kleine Freiheit, in die man ihn abkommandiert hatte. »Früher war die Trasse zwischen Gagarin und Mojaisk für ihre Banditen bekannt, aber heute …« – er nahm einen tiefen Schluck – »ist alles ruhig.« Spokojnij. Ich mochte den Klang dieses russischen Wortes. Spukhafte Gemütlichkeit.

Ich war etliche Stunden gegangen, da zog ein Aroma von geräuchertem Fisch durch die Luft. Zwanzig, dreißig Buden tauchten auf, die M 1 verwandelte sich in eine Räucherbudenstraße und diese in eine Karawanserei unter freiem Himmel. Autos und Lastwagen hielten, die Fahrer, manche mit ihren Frauen, flanierten von Bude zu Bude, um den besten Fisch zu kaufen. Männer in ölverschmierten Unterhemden zogen die Schrauben der Reifen fest, die sie gerade gewechselt hatten. Ich fragte sie, ob es auf den nächsten zwanzig Kilometern ein Rasthaus gebe. Nein, nein, schüttelten sie die Köpfe. »Mojaisk. Mojaisk.«

Mojaisk war zu weit für mich heute, das war noch ein ganzer Tagesmarsch, was sollte ich tun, gar nichts, ich ging einfach weiter. Nach einer Weile tauchte wieder etwas auf, von ferne sah es aus wie ein Beduinenlager. Dann sah ich die Firmenlogos. Jemand hatte Leinen von Baum zu Baum gezogen und riesige, mit den Zeichen von Ferrari, Coca-Cola, Mercedes bedruckte Handtücher daran aufgehängt zum Verkauf, dieser Jemand war nicht zu sehen. Es war ein guter Rastplatz, aber als ich mich zwischen die Handtücher setzte, schrie eine Stimme mich an. Ich schlug eine Zeltbahn zur Seite und sah die Frau. Sie saß im Graben, war dick vermummt und sehr böse auf mich. Sie sah das Notizbuch in meiner Hand und hielt mich für einen Spion. Als ich ihre Kanonade unterbrach, um ihr zu sagen, ich könne nicht folgen, ich spräche nicht gut genug Russisch, äffte sie mich nach: »Ich spreche auch nicht gut Russisch!«

Unsere Begegnung endete herzlich. Ich zeigte ihr das Notizbuch, und als sie die vielen dicht beschriebenen Seiten in der fremden Schrift sah, hellte ihr runzliges Gesicht sich auf. »Pisatjel.« Das hieß Schriftsteller. Wir plauderten noch ein bisschen, dann ging ich weiter.

Ein paar Stunden später erschien im Dunst der Trasse ein Monument, langsam schälte es sich heraus am rechten Waldrand, alle hundert Schritte ein bisschen mehr. Eine monumentale Schrift in Beton. Ein Wort. Es ließ mein Herz pochen, den ganzen Tag hatte ich es erwartet. Ich ging schneller und schneller darauf zu. Um 15 Uhr 22 Moskauer Zeit passierte ich meine letzte

Grenze, die Grenze zum Moskowskaja Oblastj. Die vorletzte eigentlich, die allerletzte würde – drei Tage noch, drei Tage – die Moskauer Stadtgrenze sein. Ich setzte mich auf den Sockel des Monuments, viele Vorüberfahrende hupten, sie hatten es geschafft, sie hatten das wüste Land hinter sich und freuten sich, in die Sphäre von Moskau einzutreten. Das Nächste, was auftauchte, war eine Tankstelle, sie hatte ein Café, und das Café hatte außen eine Toilette, und die Toilette hatte ein Waschbecken. Ich warf den Rucksack ab, riss mir das Hemd vom Leib, ließ das Wasser über die Hände laufen, und dann spürte ich, wie es wärmer und wärmer wurde. Heißes Wasser. Schauder liefen über mich. Dieses Außenklo an der Trasse hatte heißes Wasser. Das erste warme Wasser seit einer Woche. Ich steckte den Kopf so weit wie möglich in das Becken und wusch mir das Stöhnen vom Mund, aus dem Haar, aus dem Nacken.

Im Café saß eine Reisegesellschaft älterer Westmenschen, zu erkennen an ihren Bauchgurttaschen und Basecaps und ihrer besorgt bei der Gruppe bleibenden Fremdheit. Touristen. Amerikaner. Ich musste lachen und begriff in diesem Moment, dass ich sie mit den Augen eines Russen sah. Jetzt hupte ihr Reisebus, er war aus Moskau, und die Reiseleiterin kam, um sie auf ihre Plätze zu scheuchen. Nach allem, was mir unterwegs gesagt worden war, hatte ich keine Hoffnung, vor Mojaisk einen Platz für die Nacht zu finden, also fragte ich die Touristen, wie es wäre mit einem »lift to Mojaisk«. Sie schauten zur Reiseleiterin, die sagte, der Chef erlaube so etwas nicht, da standen sie rasch auf, gingen zu ihrem Bus und überließen mich der Trasse. Eben noch hatten sie mich einen Helden genannt. »You are a hero.«

Ich tat, was ich immer tat, wenn ich nicht weiterwusste. Ich ging. Und weil die Dämmerung kam und ich nicht verpassen wollte, was womöglich doch näher lag, als ich ahnte, machte ich Tempo. Der demoralisierenden Gradlinigkeit der Trasse setzte ich Sturheit entgegen. Gegen Monotonie half Monotonie, die Füße wussten das, die Beine, die Fäuste, die Haut im Wind. Ab und zu schielte ich zur Seite nach einem Heuschober oder einer

Scheune oder wenigstens einem Rastplatzpilz, aber es gab keinen Schober und keine Scheune und auch keinen Unterstand. Manchmal, wenn es gar zu hoffnungslos war und die Strecken zwischen den Kilometern, um mich zu verhöhnen, sich immer weiter dehnten, zählte ich wieder meine Schritte. Ein volles Hundert, das nächste und wieder nächste und so fort bis tausend und wieder von vorn. Es war ein einfaches, starkes Mantra, seine Magie funktionierte immer noch. So kam ich voran, ohne zu merken, dass die Dämmerung in Nacht überging, übergegangen war, ein allerletzter Schimmer vom Tage war immer noch da, ein Restlicht, an das ich mich hielt, irgendwann nur noch ein Nachglühen in meinem Hirn. Mein Gleichmut gegen die Nacht rührte daher, dass mich nun ganz und gar die Lichter beschäftigten, die mir entgegenrasten, der Rest meines Wachseins sank in die Füße, sie mussten mir einen Pfad ertasten, auf dem ich nicht fiel.

Ich weiß nicht, wie lange ich so marschierte und wie spät es war, das Zifferblatt meiner Uhr leuchtete nicht, und nach den Kilometerzeichen konnte ich die Zeit auch nicht berechnen, die sah ich nicht mehr. Was konnte ich tun, als einfach immer weiterzugehen, bis der Morgen kam oder etwas an seiner statt. Irgendwann erblickte ich zwischen zwei Lastern ein Licht. Ich fixierte es, und es stand. Es bewegte sich nicht wie die anderen. Ich strebte ihm zu, kam näher, wechselte die Straßenseite, und bald gelangte ich an ein schwach erleuchtetes Rasthaus. Ich ging hinein.

Zwei Frauen musterten mich von der Theke her, eine rauchte, die andere wies auf ein Schild: »Remont«. Das Rasthaus wird renoviert, hieß das, du musst weiter. Das konnte ich nicht. Vor einer Minute noch wäre ich durch die Nacht marschiert bis zum Morgen. Jetzt ging das nicht mehr, jetzt war ich hier und sah, dass es Tische und Stühle und Tee und Brot gab. Im trüben Licht der Nachtkantine aßen, tranken, rauchten Lastwagenfahrer. Plötzlich spürte ich den vergessenen Hunger, die schmerzenden Füße, die pochenden Schläfen. Ich ließ mich auf einen Stuhl fallen, und die Rauchende kam. Auf keinen Fall, sagte ich ihr, würde ich weitergehen, ich sei sehr müde und müsse nun schlafen. Sie sah mich neugierig an und blies etwas über mich weg, das nach Heu duftete, in ihren schwarzen Augen war die träge Neugier einer Katze, die noch nicht weiß, ob sich die Mühe lohnt. »Remont, da?« Sie nickte zeitlupenhaft. Es mache mir nichts aus, auf einer Baustelle zu schlafen, sagte ich, ich nähme jede Ecke, die man mir zuweise, ich könne zahlen. Sie drehte sich nach der anderen um, sie wechselten Blicke, die ich nicht verstand, dann sagte sie, man werde mir Essen und Trinken bringen.

Etwas quiekte, eine Frau. Ein hagerer blonder Lastwagenfahrer mit hungrigen Augen hatte zwei bei sich, er saß auf dem Schoß der älteren, es ging laut zu. Sein Freund erschien in der Tür und rief ihn, er löste sich von der Frau und ging, die Männer brausten davon. Fünf Minuten später fuhren sie wieder vor, der Blonde stürmte herein, schnappte sich die lachende, quiekende Frau, warf sie über die Schulter und rannte mit ihr zum Auto. Dann kehrte sein Freund in die Kantine zurück und bestürmte die jüngere, auch mitzugehen, mit ihm, aber er war ein dicker, angetrunkener Kerl, und sie wollte nicht, wieder gab es ein großes Geschrei. Als ich gegessen hatte, kam die Raucherin mit einem Schlüssel, der an einer apfelgroßen Holzkugel hing.

Es ging die Treppe hinauf in eine andere, eine rote Welt. Die ganze obere Etage war tiefrot ausgelegt und tapeziert. Dunkelrote Sessel und Samtsofas standen im Flur, der sich im Dämmer verlor. Sie lief voraus und schloss ein Zimmer auf. Es war staubig und stickig, vier Betten standen darin, zwei links, zwei rechts, jeweils hintereinander, es war eines dieser Zimmer, die mehrfach belegt wurden, man wusste nicht, mit wem man es teilen würde, aber sie waren billig. Die Wände waren von der dunklen Holzpaneele aufwärts mit Goldtapete bespannt, Golddeckchen lagen auf allen vier Nachttischen.

Eben noch, unten am Tisch, hätte ich auf der Stelle in einen tiefen, traumlosen Schlaf fallen können, den Kopf neben dem Teller, nun war ich hellwach. Mir war auf einmal danach, mich zu waschen und in dem seltsamen Rasthaus herumzulaufen, dessen einziger Gast ich wohl war. Ich ging den langen Flur hinab, probierte ein paar Klinken, aber die vielen Zimmer waren verschlossen. Wie groß die Etage war. Als ob sich das Rasthaus, das von der Straße aus unscheinbar aussah, nach oben hin auswüchse. Der rote Flur und mein goldenes Zimmer wirkten wie eine ferne Erinnerung, und es ist nicht sicher, ob es sich um etwas Erlebtes handelt oder um ein Bild.

Ich fand ein Bad. Ich drehte den Hahn bis zum Anschlag auf, aber es kam kein Wasser. Weiter. Ich stieg eine Treppe hoch und gelangte in einen Dachbodenraum, der wiederum in eine Flucht von Dachkammern mündete. In der hintersten hing Wäsche an einer Leine. Sie musste vor langer Zeit gewaschen worden sein, denn als ich sie anfasste, war der Baumwollstoff ganz mürbe, er zerbrach mir fast zwischen den Fingern. Ich nahm ein weißes Geschirrhandtuch ab, es war so steif, dass es den Knick hielt, ich musste es auseinander biegen. Ich nahm es mit.

Auf dem Rückweg tat ich ein Bad mit funktionierendem Wasserhahn auf. Ich riss ein Stück Tuch ab, mit dem anderen würde ich morgen früh meine Stiefel putzen, zog mich aus und wusch mich. Ein Luftzug ging, ich spürte ihn auf der nassen Haut, die Tür schlug zu. Ich zog mich schnell an und wollte sie öffnen, aber es ging nicht. Mir war, als hörte ich Schritte. Ich klopfte an die Tür und rief, man solle mir öffnen. Nichts geschah. Ich hatte den Schlüssel meines Zimmers dabei. Erst jetzt fiel mir auf, dass die Holzkugel, an der er hing, einen Globus darstellte, er war bemalt, aber sehr abgegriffen, nur die Konturen der Kontinente waren noch da. Ich probierte den Schlüssel, er passte.

Unten in der Kantine waren alle Gäste fort, bis auf einen, er hatte noch seinen Tee vor sich stehen, ein finsterer Mann. Mit seinem Messer schälte er einen kleinen Apfel ohne jede Eile, jede Anteilnahme, jeden Appetit, er schnitzte ihn weg, wie ein alter Mann zum Zeitvertreib nach und nach einen Zweig wegschnitzt. Ich sah ihn halb von der Seite, seinen hageren braunen Nacken, seine Camouflagekleidung. Sein Tee stand unberührt da, schien lange kalt zu sein, und ich fragte mich, was ich an dem Mann so unheimlich fand, denn sein Gesicht hatte ich immer noch nicht gesehen, und es sind doch Gesichter, die unheimlich sind, nicht Nacken und Äpfel. Er rührte sich nicht, nichts im Raum schien ihn zu interessieren. Jetzt kam die Raucherin, sie nahm meinen Teller, ohne mich auch nur anzusehen, ging nah an dem stillen Gast vorüber, zögerte, ließ eine Geste erkennen, als ob sie ihm übers Haar streichen wolle, ließ es sein und ging zur Theke. Dann löschte sie das Licht und verschwand.

Ab und zu erleuchteten die Scheinwerfer vorüberfahrender Lastwagen die Kantine, beim vierten oder fünften Mal sah ich, dass ich allein war. Ich liebte diese Stimmung, sie erschien mir unendlich kostbar, und ich wusste, ich würde den Moment nie wieder erleben. Ich blieb und trank meinen Tee, bis er kalt war. Dann sank die Erschöpfung auf mich wie ein großer Stein, ich tastete mich die Treppe hoch und durch den langen Flur zu meiner Tür, zog mich nicht aus, machte kein Licht, fiel in den Schlaf wie auf den Grund der See.

Der Stein sank und sank, die See war tief, und auf einmal wusste ich, ich war nicht allein. Ich sackte noch tiefer, ließ es widerstandslos geschehen und spürte, da ist einer neben dir. Ich lag und atmete ruhig weiter, dann fuhr ich hoch und wir prallten zusammen. Er packte mich, wir kämpften, stürzten, er hatte mich im Griff und ließ sich nicht abschütteln und drückte mich zu Boden, keuchend versuchte ich mich abzurollen, irgendwann gelang es mir, jetzt spürte ich etwas Festes, ein Bettfuß, ich stieß mich mit dem linken Bein ab, er drehte sich halb, wir wirbelten zur Tür, komischerweise stand sie offen. In einem Kampf wissen beide in jedem Moment, wer der Stärkere ist. Ich wusste, dass er es war. Es war ein Ringen, kein Schlagen. Wir waren längst draußen im Flur, vier-, fünfmal rang ich mich frei, jedes Mal hatte er mich wieder im Griff. Er war stärker, weil er unsichtbar war und alles wusste, dabei war er gar nicht schwer, sogar sehr leicht, aber ich wusste gar nichts. Soll es hier sein, schoss es mir durch den Kopf, und dann: ein Messer. Wenn er nur kein Messer hat. Da bekam ich beide Hände frei und seinen Nacken zu fassen. Ich riss ihn mit aller Gewalt an mein Knie, die Nase wollte ich ihm brechen, er kam hoch, ich stieß mit dem Schädel zu, presste ihn gegen seinen, und was ich im Schwitzkasten hielt, war hager und zäh und trocken wie Zunder und roch nicht, kein Schweiß, kein Dunst, nichts, er hatte keinen Geruch. Plötzlich war alles wieder da, die gezogene Waffe des Rivalen an diesem stillen Sommernachmittag in meinem Studentenzimmer, einen Schritt stand er vor mir. Das kalte Kalkül, wenn ich jetzt zur geschlossenen Tür springe, sie aufreiße, mich abrolle, wie springe ich so, dass er mich nur in den Hintern trifft oder ins Bein, und wieder die Verwunderung, beinahe lächelnd, sich noch einmal umwendend, schon auf dem Absatz, hier also soll es sein, so rasch, eben ist noch Sommer gewesen, eben hattest du noch Pläne für den Abend und die fünfzig Jahre danach, könnte man nicht alles um ein paar winzige Sekunden zurückdrehen, den Kosmos, das ganze Ding, nein, geht wohl nicht, hier also ist es, was werden sie sagen, wie werden sie es aufnehmen hinterher. Jetzt hatte er mich an der Kehle, ich musste seinen Kopf freigeben, um seine knochigen Finger von meinem Hals zu brechen, ein kurzes Loslassen, ein neuer Griff, wieder hatte er mich, wieder wand ich mich unter ihm auf dem Boden, suchte verzweifelt seitliche Ausfälle, keuchte, fauchte, heulte beinahe vor Ohnmacht. Nun zuckte noch eine Szene auf, der Junge auf dem gefrorenen Boden, der andere auf ihm, die anderen um uns herum in ihren Fäustlingen und Pullovern, wir ringen in der achten Runde, achtmal habe ich unter ihm gelegen, achtmal hat er seine Knie in meine Oberarme gebohrt, dass ich brüllen möchte vor Schmerz, achtmal hat er grinsend gefragt, ob ich genug habe, und wieder bin ich in dieses Grinsen hineingerannt, wieder haben mich die Fäustlinge am grauen Winterhimmel über mir ausgezählt, nun endlich bricht es heraus, nein, nein, nein, das wird nicht sein, das geht nicht durch, dich mach ich klein, und dem endlich ist er nicht gewachsen, er spürt es, fliegt hin, kracht auf die Eiserde, ich auf ihm, ramme ihm das Knie in den Bauch, nagele seine Arme auf den heißen Frost, er ergibt sich. Lachend. Erlöst. Am Ende, als wir, nur noch keuchend und halbherzig, mehr mit unserer Erschöpfung gerungen hatten als miteinander, hatte er sich davongemacht, und ich hatte ihn nicht gehindert, ihm nicht einmal nachgesehen, es war ja Nacht, mehr wusste ich immer noch nicht. An jenem Wintertag war es um die Ehre eines kleinen Jungen gegangen, am Sommernachmittag um eine Frau. Und hier? Und hier? Das Letzte, was ich von ihm spürte, war die sanfte Berührung seiner Hand, er legte sie auf mein Stoppelhaar, ich wurde ruhig davon, als hätte ich darum gerungen, und das Erste, was ich am anderen Morgen sah, war die Apfelschalenspirale auf dem Boden beim Bett gegenüber. Es war benutzt worden in der Nacht.

In der Kantine liefen russische Chansons, die Frauen sah ich nicht mehr. Ein junger Kellner mit Cäsarenschnitt und großen Augen in seinem Kadettengesicht zapfte einem aufgedunsenen, lauten Lokalhelden und seinen Kumpanen das Morgenbier. Jedes Mal, wenn der junge Mann etwas servierte, hielt er die linke Hand vors Jackett, eine völlig verschwendete Geste an diesem Ort. Dem Dicken gefiel das Bedientwerden und wohl auch der Diener; mit großer Behändigkeit zog er blank und hielt ihm den Hirschfänger vor das hübsche Gesicht, den er am Gürtel seiner speckigen Uniform trug. Die Augen des Jungen leuchteten, er wollte ein Mann sein, und er redete mit den Männern, die sich ihrerseits freuten, einen Bewunderer gefunden zu haben.

Ich ging im Nebel. Es musste ungefähr die Gegend sein, wo der deutsche Vormarsch stecken geblieben war, ganz kurz vor Moskau. Ab und zu tauchten Denkmäler auf. Etwas Rotes, das zementene rote Pioniertuch eines Betonmädchens, das gemeinsam mit einem steinernen jungen Pionier einen Soldatenhelm hochhielt. Dann traten fünf Riesen aus dem Nebel. Als ich mich ihnen näherte, sah ich, dass sie auf Sockeln standen wie Schauspieler auf Kothurnen, die Arme an die klobigen grauen Körper gelegt, barhäuptig, Riesen der Trauer. Sie spielten gut, die Trauer war überall, sie tropfte vom Himmel und von den Bäumen auf mich. Hier fielen fünf Kommandeure, stand auf der Tafel.

Ich war achtzig Tage nach Osten gegangen, ich befand mich

zwei Tagesmärsche vor Moskau, und alles jetzt war wie am ersten Abend bei den Steinen von Seelow. Die Steine, die Namen, die Riesen. Einer fehlte. Ein ganz Verlorener hier draußen in den Weiten, der Verlorenste von allen. Kein Name, kein Stein, kein Ort für mich. In mir war eine große Liebe zu der blutigen, zerlumpten Gestalt und eine ebenso große Wut. Was ging es mich an. Was ging ein Krieg mich an, der mir keinen noch so schäbigen Fleck in der Steppe gönnte, um die paar Schritte von der Trasse zu tun und eine Minute bei meines Vaters Vater zu stehen. Sei ruhig, ich gehe über dich, ohne dass du es merkst. Ganz ruhig, ich gehe durch dich wie der Wind. Ich spürte Nebelluft auf dem Kopf, wie eine leichte Berührung, beinahe ein Segen. Ich verneigte mich vor den Riesen, vor irgendetwas, vor ihm, ich ließ ihn hier bei ihnen und bat sie, auf ihn Acht zu geben und versprach, in der nächsten Kirche Kerzen zu entzünden und ging zurück in den Nebel.

Es wird kalt

ICH SAH DIE TEEBUDE am Waldrand und freute mich auf etwas Heißes, denn der Nebel lichtete sich nicht, es blieb klamm und kühl. »Otkritj« stand an der Tür. Geöffnet. Als ich die Klinke runterdrückte, flog die Tür auf und jemand drehte mir das Schild vor der Nase um. »Sakritj«. Geschlossen. In diesem Augenblick rasten Autos heran, Männer stiegen aus und wurden erwartet, es wurde ihnen aufgetan, bevor sie klopften. Einen Moment lang sah ich sie beisammen stehen und hastig rauchen da drin. Es war besser weiterzugehen. Ich beeilte mich und erreichte nach sieben Stunden die letzte Stadt vor Moskau, Mojaisk.

Viele großstädtisch wirkende Leute liefen am Bahnhof herum, sie kamen wohl von ihrer Sommerdatscha. Wo die Busse nach Moskau abfuhren, sah ich ein Hippiepärchen, sie mit einer Holzplättchenkette, er mit glänzender Nickelbrille, beide trugen nagelneue, gebügelte Camouflagekleidung und große Profi-Trekking-Rucksäcke. Ich schaute auf meinen mittlerweile völlig verdreckten kleinen Rucksack und meine Militärhose, die jede Fasson und einen guten Teil ihrer Farbe verloren hatte und mir lappig und schäbig um die Beine flatterte, und der Anblick der zwei machte mir eine wilde Freude. Ausstaffiert war das Wort. Wie ich vor drei Monaten, so ungefähr sahen die beiden Moskauer aus.

Nichts hielt mich in Mojaisk, es war erst Nachmittag, ich hätte es nicht ertragen, den Rest des Tages in der kleinen Stadt herumzusitzen, der Moskau-Magnet riss mich fort. Leider ging ich nicht auf die Trasse zurück, ich bereute es bald, denn als es dämmerte, strandete ich bei einer Kaserne – man hatte mir gesagt, in der Siedlung daneben gebe es Zimmer. Das stimmte, es gab sogar heißes Wasser, dafür aber nichts zu essen. Der schniefende alte Mann, der die Zimmer vermietete, verwies mich an den Laden der Siedlung; dort schlug mir ein derart traniger Fischgeruch entgegen, dass ich den Hunger eines ganzen Tages vergaß und kehrtmachte. Das ist die Strafe, dachte ich, du hast dich von der Trasse entfernt. Sie hat dich gequält und geprüft, das ist wahr, aber hat sie am Ende nicht immer für dich gesorgt?

Die Herberge war elend, zwei Etagen im Wohnblock. Nebenan tobte ein wüster Streit, Gegenstände krachten hart im Raum, im Zimmer über mir tagte der Delegiertenkongress der allrussischen Hammersportler, Bierstemmer und Radaubrüder, an meiner offenen Tür, sie ließ sich schlecht schließen, lief jede Viertelstunde dieselbe Zigeunerin vorbei zum Tranladen, neue Pokemon-Riegel holen. Über alldem ging ein Gewitter nieder.

Der neue Tag war so kalt wie keiner bisher. Ich zog alles an, was ich hatte, mein Rucksack hing mir so leicht auf dem Rücken, wie ich es in der Glut vieler langer Tage dieses langen Sommers vergeblich gewünscht hatte. Ich stand im Regen, in einem kleinen Ort namens Tuzin, und vor mir, in den schmierigen Pfützen des roten Kioskbretts, stand mein dünner Tee, und nun schob mir die Kioskhand mein Hackfleisch-Blintschik hinaus. Meine Hände waren so steif, dass ich den Tee verschüttete. Über Nacht war das Wetter umgeschlagen, nach dem Sommer war nun auch das bisschen Herbst vorüber. Vor dem Land lag jetzt nur noch der Winter mit seiner Kälte und Düsternis, und alle spürten es, mürrisch liefen die Leute durch den Matsch von Tuzin, widerwillig empfingen sie die Vorboten des Winters. Es war Zeit. Zeit, ein Ende zu machen. Zeit für mich, anzukommen.

Ich erreichte die M 1, auch sie bot nun ein anderes Bild. Wie oft hatte ich ganze Tage umsonst gehofft, ein Rasthaus werde am Horizont auftauchen, wenigstens eine wacklige kleine Bude. Jetzt gab es Tankstellen und Raststätten genug und in ihren Regalen fast alles, was es auch an deutschen Autobahnen gibt. Westliches Katzenfutter. Westklopapier. Hochglanzhefte voll schimmernder

Autos und nackter Körper. Ich fror nicht mehr, vom Gehen wurde mir warm, und ich ging immer schneller, ich wollte es hinter mich bringen; dafür hatte ich jetzt Kopfschmerzen, die Müllkippen häuften sich, viele brannten, immer wieder zog dicker schwarzer Qualm über die Trasse. Hinter mir kam ein Jaulen auf, schwarze, abgedunkelte Staatswagen rasten nach Moskau. Bei Kubinki sah ich den ersten Moskauer Porsche, kurz darauf fiel der erste Schnee. Ich war dem Ziel wirklich nahe.

Die schwarze Katze lag da wie im Schlaf, ungewöhnlich groß war sie, wie ein kleiner schwarzer Hund, ihr Fell war ganz heil, es glänzte, nur ihr Kopf war zerfetzt. Ich wich ihrem frischen Tod aus, ein Instinkt, ich wollte mich dem nicht aussetzen, was dort gerade entwich, und wechselte die Seite. Drüben versuchte eine junge Frau im Sommerkleid eines der vorbeirasenden Autos anzuhalten. Auch sie fror, sie hielt sich an der schweren, viel zu großen Männerlederjacke fest, die sie übergezogen hatte, mit beiden Armen umschlang sie sich selbst. Sie weinte heftig. Ob es wegen der Katze sei, fragte ich. Sie schüttelte den Kopf. Ob ich ihr helfen könne.

»Hast du Feuer?«

»Es ist nass geworden.«

»Hast du ein Auto?«

»Nein.«

»Hast du einen Schlafplatz für mich: Nur heute, morgen früh bin ich fort.«

»Ich suche selbst einen, ich bin unterwegs.«

Durch ihre Tränen schoss Verachtung. »Und du willst mir helfen!« Sie schrie. »Ich weiß, was du bist. Ein Musiker. Noch so ein verdammter Musiker.« Nun wusste ich immerhin, was mit ihr los war. Ein neuer Weinkrampf schüttelte sie, dann sagte sie ganz ernst: »Ja, du kannst was tun für mich. Sing!«

»Ich singe schlecht.«

»Hier hört dich keiner, hier gibt's nur Autos.«

»Sie hören mich.«

»Los, sing!«

Mir fiel nur der Ohrwurm ein. »Ja ljublju tebja«. Ich dachte ernstlich daran zu singen, sie hatte Recht, es hörte ja keiner. In dem Moment hielt ein Auto, und sie war weg.

Am Kiosk »km 47«, nur noch so weit war es bis Moskau, sagte die Wirtin, hinterm Wald liege das Erholungsheim des Schriftstellerverbandes. Ich irrte eine Weile herum, die Gegend war voller sowjetischer Erholungsheime für verdiente Leute, morgen würde ich das Schriftstellerdorf Peredelkino passieren. Am Ende einer langen Piste, an der lauter pittoreske russische Landhäuser lagen, stieß ich auf das gesuchte Heim.

Während die Administratorin meinen Fall eingehend prüfte, trat der russische Präsident im Fernsehen auf, er war gerade in Berlin, und ein dicker Kerl sprach mich an: »Tauschst du Dollar?« Die Leiterin des Hauses, eine zierliche ältere Dame, die für literarische Soireen gemacht war, nicht für Geschäfte, war den Tränen nahe am anderen Morgen. »Die Gäste!« Sie nahm ihr Taschentuch. »Wir haben so furchtbare Gäste.«

Nun liefen wirklich die Tränen. »Was sind das für Zeiten, Herr, in denen wir leben.« Die Zeiten waren mein Glück gewesen letzte Nacht, als der Regen fiel und es den ersten Frost gab, der Staat strich ihr das Geld, und sie musste vermieten. Aber ich sah, was sie meinte, sie war ehrlich verzweifelt, und ich hatte die Tafel mit den Dichternamen am Eingang gelesen. In diesem Haus hatte zeitweise Anna Achmatowa gewohnt und viele andere und auch Marina Zwetajewa, der zähe, ortlos durch Europa schwirrende, bettelarme russische Kolibri. Ihr Gesicht hellte sich auf, als ich die Namen nannte. »Sie kennen sie? O Gott, die meisten, die jetzt kommen, haben sie nie gehört, sie haben keine Ahnung, wo sie hier sind.« Sie warf den Männern in den schwarzen Lederjacken einen bösen Blick zu, die draußen im Hof in ihre neuen, schweren Wagen stiegen, holte ihre Arznei aus dem Kühlschrank, ein kleines Fläschchen, dann bekreuzigte sie sich und entließ mich wie einen geheimen Kurier der Literatur.

Der Morgen war eisig, aber wenigstens klarte es auf. Eine halbe Stunde vor Mittag schlug ich meine Karte zum letzten Mal um: Moskau, die Stadt. Eine Stoßstange rammte mich dabei, der Moskwitsch rollte mir von hinten in die Kniekehlen, ich beugte mich neugierig zu ihm herab, doch der Fahrer dachte nicht daran, sich zu entschuldigen, und sei es mit einer stummen Handbewegung, er fuhr einfach los. Noch vor einer Woche hätte es mich wütend gemacht, jetzt fand ich es komisch. Ein starker Wind kam auf und fegte den Himmel frei, die Kälte blieb, aber die Sonne tat gut, und dann sah ich das erste Flugzeug seit drei Monaten, das musste der Flughafen Wnukowo sein dort drüben. Ich blieb stehen, um zu beobachten, wie es aufstieg, es schrieb eine Linie in den makellos blauen Himmel, die gerader war als alles, was ich in den letzten Monaten gesehen hatte. Ich schaute an mir herab, befühlte mein Gesicht und fragte mich, ob ein solches Flugzeug mich aufnehmen würde. Und wie es wäre, darin zu sitzen und zehntausend Meter über dem Land, durch das ich gegangen war, hinzufliegen, den ganzen Weg zurück in zwei Stunden.

Nun war kein Halten mehr, das Land entglitt, trat zurück, ließ mich los, links und rechts verschwanden ganze Wälder, als seien sie nie da gewesen, Steppen, Hütten, Herden, Sümpfe, lebende und tote Birken, das hohe gelbe Gras verschwand, alles entglitt, und die Stadt, auf die ich zulief und die so groß war, dass ich drei Tagesmärsche gebraucht hätte, um ihr anderes Ende zu sehen, fegte das Land zur Seite und sog mich in sich hinein. Hinter weiten Zäunen schimmerten Villen mit roten Ziegeldächern und tadellos weißen Mauern. Wo Land war, soll Landschaft werden. Ganze Waldstädtchen waren hineingestreut. Lesnoje Gorodok. Dann tauchten rechts im gleißenden Dunst Moskaus Tafelberge auf, seine weißen Schlafstädte. Peredelkino, das verlorene Paradies, ich hatte mir sehr gewünscht, Pasternaks Haus zu besuchen, jetzt ließ ich es rechts liegen, nicht einen Zipfel sah ich davon, ein haushoher grüner Bretterzaun stand als Paravent vor dem Schriftstellerdörfchen und schirmte es ab.

Dann bordete es über und nahm mir die Sicht, die ich so lange gehabt hatte. Es drängten heran Automärkte, Baumärkte, Möbelmärkte, Gebrauchtreifenmärkte, Märkte für englische Kamine und solche für sibirische Kacheln, Alles-für-den-Fischer-Märkte. Und sie wuchsen sich aus zu Autohäusern, Bauhäusern, Möbelhäusern. Ein gigantischer Kubus in Blau rammte sich rechts ins Bild, links einer in Rosa, längst war die Autobahn eine einzige Kaufstraße, ein reißender Warenstrom. Und das Bett fasste den Strom nicht mehr, Autos rasten auf dem Seitenstreifen auf mich zu, von vorn und von hinten. Einem fehlte die Windschutzscheibe, das orthodoxe Kreuz hing vom Rückspiegel und baumelte wild hin und her. Ich wich ihnen nicht mehr aus, ich war stärker. Und schneller. Der Strom, mit dem ich schwamm, gegen den ich ruderte, war träge geworden, es ging nicht voran. Aber ich ging voran. Ich ging so schnell, wie ich noch nie gegangen war. Ich ging nach Moskau. Um zwanzig nach vier flog ich an einem Schild vorbei: Moskau 2,7 Kilometer. Niemand ging außer mir, wirklich niemand. Schwarz tragen und Gas geben, schwarzes Hemd, schwarze Hose, schwarzer BMW. Den Landstreicher da hart fixieren und Kurs halten. Auch ich, mein Junge, war BMW-Fahrer. Auch ich fixiere dich hart, denk nicht, dass ich weiche. Es war kein Gehen mehr. Es war Schwimmen in einem völlig überfüllten Becken. Kein Schwimmen mehr. Pflügen. Ich taxierte die Dinge, die Schwärme, die mir entgegentrieben, den ungeheuren Reichtum, durch den ich mich schob, die schweren schwarzen, silbrigen Autoleiber, nur noch nach ihrem Hinderniswert. Der Lärm um mich her war sehr groß, aber ein Jubel kam auf, der war größer, er kam aus den Sohlen meiner Stiefel, er kam aus den Waden und aus den Schienbeinen, er kam aus den festen, dreckigen Kuppen der Finger und kam die Venen und die Rippen entlang, er bereicherte und berauschte sich auf seinem trunkenen Zug hinauf in die Kehle.

Dann war da noch eine Brücke, ich musste hinüber auf die richtige Autobahnseite, und da drüben, da drüben war so ein kleiner Automarkt unter freiem Himmel, so einer, bei dem man nicht genau weiß, wessen Auto man eigentlich kauft, kaukasische Männer standen herum, in ihren Fingern spielten Rosenkränze und Banknotenbündel, sie wunderten sich, als so ein komischer Penner mit brennenden Augen und einem heiseren Jubelschrei auf das Ortsschild von Moskau zulief und es umarmte. Er war da.

Moskau!

DAS ERSTE, was ich tat, war, mir ein großes, teures Bad zu suchen mit einem großen, teuren Bett nebenan. Ich bezog eine Suite am Roten Platz, trank Tee auf der Twerskaja und sah mir den Rasen und die Blumenbeete an, die Moskau in diesem Sommer bekommen hatte, den ersten Rasen seiner Geschichte. Dann ging ich in die Tretjakow-Galerie. Ich kann mich nicht entsinnen, Bilder jemals so angesehen zu haben, so ausgehungert. Ein Bauer schaut so, der zum ersten Mal das Schloss betritt. Kramskoj, das Selbstbildnis als junger Dandy. Sein Porträt einer jungen Frau, ein aus dunklem Bildgrund aufleuchtendes weißes Kleid, ich starrte es an und sah im Augenwinkel, wie die Aufpasserinnen die Köpfe zusammensteckten.

Als ich ins Rossija zurückging, stand der Kremlstern rot und voll über dem kalten, blassblauen Oktobernachmittag. Ich rief Alexander an, Freunde in Berlin hatten mir seine Nummer gegeben, und Alexander fragte nicht lange, er bat mich, ihm einfach zu sagen, was ich brauche. »Erst mal ein Auto mit Fahrer, ja? Ein anständiges Hotel. Jemand, der dich ein bisschen herumführt. Und sonst? Sonst nichts? Wir sehen uns heute Abend.« Seine Sekretärin kümmerte sich nun um mich. An diesem Nachmittag wurde aus dem Mann, der nach Moskau ging, ein Mann, bei dessen Erscheinen in welcher Tür auch immer eine Limousine heranrollte, und Igor, der Chauffeur, stieg aus und öffnete den rechten hinteren Schlag, und Natalia saß schon auf dem Rücksitz, und während die Tür langsam ins Schloss fiel und der Duft neuer Lederbezüge sich mit Natalias Parfum zu einem Aroma mischte, das nichts versprach, weil doch alles schon da war, fragte Natalia: »Wie war's? Alles gut? Was machen wir jetzt?«

Ich wechselte das Hotel. Selbst das erste Haus am Roten Platz war voller lärmender Reisegruppen aus Ipswich, und so zog ich um ins Ukraina, unterwegs kauften wir mir einen Anzug.

Das Ukraina ist eines der Turmhäuser, die Stalin um das innere Moskau stellen ließ. Stalins Traum von Las Vegas. Ich wollte allein sein und schickte Natalia und den Wagen fort. Ich lag ausgestreckt auf dem Bett, und die Bilder kamen. Manches, was gewesen war, spürte ich erst jetzt. Ich sage nicht, dass ich furchtlos bin, aber ich hatte keine Angst gehabt unterwegs. Nun zuckten Schrecken durch mich, kleine und ein paar große. Es war kein Gedanke, es war vegetativ. Warmes, johannisbeerrotes Blut floss in den Fingerkuppen, bunte Reflexe spielten auf den Innenseiten der Lider, ich ließ es spielen und über mir wetterleuchten, bis es sich langsam, langsam verlor, mit jedem Atemzug. Wenn ich ausatmete, atmete ein Sommer aus.

Irgendwann hatte die Deckenlampe angefangen mich zu beschäftigen, es war ein nach oben offener Schalenleuchter, und ich dachte darüber nach, wieso da oben nur eine Birne brannte. Wollte das Hotel sparen? Eigentlich dachte ich über den Schatten nach. Über dieses kastenförmige Ding in der Lampenschale, von der einzigen Birne schwach, aber deutlich beleuchtet. Ich dachte, man müsse einmal nachsehen, einmal da hochsteigen und den komischen Kasten aus der Nähe betrachten. Und eigentlich dachte ich das alles nicht nur, ich redete vor mich hin, ich hatte mir das angewöhnt an den langen Tagen allein; manchmal, wenn ich wieder unter Menschen kam, musste ich mich zusammennehmen, aber jetzt war ich allein im Zimmer, nichts hinderte mich, ein Selbstgespräch über die Lampe über mir zu führen. Es klopfte an der Tür. Ich zog mich an und öffnete. Ein Mensch im Blaumann stand da, mit Werkzeug und Leiter.

»Möchten Sie zu mir?«

»Sie haben doch Probleme mit dem Licht.«

Er grinste, ging an mir vorbei, stellte die Leiter auf, stieg hoch, hantierte, und nachdem er wieder weg war und ich wieder auf dem Bett lag, fehlte der Kasten im Lampenschirm.

Ich erzählte Alexander von der Sache. »Natürlich«, sagte er, »die haben die alten Anlagen noch. Wenn ich etwas Ernstes zu besprechen habe, gehe ich in den Garten oder in den Wald.« Nach und nach verstand ich, wie reich er war. Alexanders Lieblingslimousine hatte eine Plakette der Präsidenten-Administration auf dem Nummernschild, sie verlieh seinem Chauffeur das Privileg, mit Vollgas auf den Mittelstreifen der vielspurigen Straßen Moskaus zu fahren, wenn der Verkehr wieder einmal stillstand. All die anderen Autos links und rechts steckten fest und mussten die Flaute ertragen, wir glitten mitten durch alle hindurch. Ich genoss es sehr. Manchmal rasten wir einfach nur so den Mittelstreifen entlang.

Auch sonst war die Limousine das Passwort. Wir besuchten Clubs und Gesellschaften, und wenn wir vorfuhren, öffnete sich die Tür. Einmal ging es zu einem feinen alten Hotel, um Alexander zu treffen und zwei wichtige Männer, sie hätten, sagte Alexander am Mobiltelefon, das Igor mir hinhielt, den Wunsch, mich kennen zu lernen und gerade ein wenig Zeit. Die beiden wurden mir nur mit ihren Vornamen vorgestellt, mit jener Nachlässigkeit, die andeutet, dass Namen ohnehin nichts zur Sache tun, dann sprach man über große Geschäfte und große Politik. Der Untersetzte beugte sich vor. Er holte weit aus und entwarf ein Panorama der Interessen und Strategien der großen Mächte und verschiedene Szenarien der näheren Zukunft, bedrohliche und weniger bedrohliche, China spielte darin eine Rolle, Amerika, Deutschland, der Nahe Osten, Russland natürlich. Der andere, ein feiner Mensch mit asiatischen Zügen, rauchte und schwieg. Manchmal schien es mir, als beobachte er mich, dann wieder war es, als hänge er unendlich fernen Gedanken nach oder auch nur den Ringen aus Rauch, die er ins Gegenlicht hauchte, das durch die hohen Fenster fiel. Der Beredte nannte sich selbst einen echten Russen; als er eine Pause machte, fragte ich, ob ihm klar sei, dass er es mit einem zu tun habe, der nach Moskau gegangen sei, sonst nichts. Er winkte ab und nahm seinen Faden wieder auf. Plötzlich unterbrach er sich selbst, sah mich an und fragte, ob ich an Gott glaube. Meine Antwort schien ihn zu befriedigen, jedenfalls bemerkte er, er wäre, hätte ich anders geantwortet, aufgestanden ohne ein weiteres Wort. Muss ich noch sagen, dass ich bis zum Ende nicht begriff, was die zwei von mir wollten oder was ich für sie tun konnte? Nur so viel verstand ich: Ich war an einem seismischen Ort, in einer Zeit im Rohzustand, wo die Dinge rascher geschahen als anderswo, überraschender auch.

Atemlos war ich an Peredelkino vorübergelaufen. An meinem letzten Nachmittag fuhr ich dann doch hinaus. Man konnte Pasternaks Haus besichtigen. Ein paar Dinge waren noch da, ein paar Bücher. Ein seltsames kleines Gerät aus der Frühzeit des sowjetischen Fernsehens, die Mattscheibe sah aus wie eine hypertrophe Tafel Schokolade, davor saß in einigem Abstand eine Art Lupe, so groß, als habe ein Zyklop sich ein Monokel zuschleifen lassen. Ein Foto zeigte Pasternak in dem Moment, als die Nachricht vom Nobelpreis eintrifft, er erhebt ein kleines Römerglas, spricht, schaut weit weg. Neben ihm sitzt die Frau seines Freundes, den man erschossen hat, sie freut sich, alle am Tisch freuen sich und sind glücklich. Er war mutiger als die meisten und war doch mit dem Leben davongekommen. Er war sogar wohlhabend, ein gut situierter Schriftsteller, wenn man will.

Ich betrat sein Arbeitszimmer im ersten Stock. Eine Geschichte der deutschen Literatur stand da, Heidelberg 1955, zuletzt hatte er nur noch deutsch und englisch gelesen. Und die Gedichte. Das, in dem er seinen Tod im Voraus beschrieben hatte. Das über Marburg, wo er studiert hatte auf der anderen Seite der Zeitmauer. Marburg. Etwas riss auf in diesem Moment, ich sah dieselben spitzen Dächer, dieselben Gärten und Wintergärten, dieselben schiefen Fachwerkfassaden. Die krummen Gassen, die mir einmal vertraut waren, die alten Professorenvillen am Hang, die Gegenwelt zur Steppe, Schnörkel und Quaste am gewaltig breiten eurasischen Diwan. Wozu stand ich in seinem Haus? Um daran erinnert zu werden, woher ich kam. Das Zimmer war wunderbar hell, Sonnenlicht fiel durch die vielen Fenster, fiel auf den Boden, honigfarbenes Licht auf den Dielen. Ich verließ den Raum und das Haus und zog die Tür hinter mir zu und ging den Weg durch den Garten, durch Astern und Blätter zur Limousine, und Natalia lächelte und fragte:

»Was machen wir jetzt?«

Dank

Am Weg nach Moskau standen einige Engel. Manche stehen auch im Buch. Vor ihnen verneige ich mich für Hilfe jeder erdenklichen Art. Ich danke außerdem: Alexander Fest und Gunnar Schmidt für die Gespräche, in denen der Plan reifte. Dem Filmproduzenten Jimmy Gerum für seinen Rat. Peter Eduard Meier, München, für die wunderbaren Stiefel. Dem Fotografen Detlef Steinberg für die guten Karten. Gabriele Kleiner, Berlin, Heike Sabel, Dresden, Helmut Harneit und den Historikern H.-D. Enzberg und Rudolf A. Mark für ihre Ratschläge. Leopold Graf Rothkirch für das Gespräch über Winnogora und seinen Vater. Dem Goethe-Institut Minsk und dem PEN Moskau für ihre Hilfe. Nicht zuletzt danke ich der »Welt« für so viel großzügige Geduld mit mir.

Zu Fuß im wilden Osten

Mit diesem Buch wurde Wolfgang Büscher bekannt, ja sogar ein wenig berühmt. Die atemraubende Erzählung seines 82-tägigen Fußmarsches von Berlin nach Moskau im Sommer 2001 war nicht nur ein gefeierter Bestseller, vom Publikum geliebt, von den Kritikern gelobt – sie war auch ein Opus magnum, ein Werk, dessen literarische Qualität schwer zu überbieten sein wird. Auch wenn Büscher, inzwischen Autor der Wochenzeitung »Die Zeit«, auf Vorschlag von Bundespräsident Horst Köhler den Ludwig-Börne-Preis 2006 für sein jüngstes Buch »Deutschland, eine Reise« erhielt – sein Meisterwerk hat er schon 2003 abgeliefert. Es ist immer noch schwer zu entscheiden, was mehr Bewunderung verdient: der Mut, sich völlig allein auf den über 2500 Kilometer langen Weg zu machen, die Zähigkeit und Ausdauer des Rucksackreisenden, der morgens nicht wusste, ob er abends irgendeine Schlafgelegenheit finden würde, oder die nie versiegende Neugier der Beobachtung, die sich in einer ebenso reflektierenden wie phantasiereichen Prosa niederschlug.

Schon zu Beginn zieht es, stilistisch zwischen Alfred Döblin und Céline angesiedelt, den Leser in seinen Bann: »Verkehr kam auf, in den Alleen schrien die Vögel, zitternd sprang die Stadt an…« In extra angefertigten Wanderstiefeln brach er an diesem frühen Morgen auf und folgte der Strecke, die schon Napoleon und Hitlers Heeresgruppe Mitte genommen hatten. Es dauert nicht lang, und er passiert jene »Allee der Gehenkten« kurz vor den Seelower Höhen, wo die SS 1945 Deserteure an Bäumen aufgeknüpft hatte.

Doch Einbildungskraft und Sprachvermögen des Autors verwandeln selbst die Erinnerung an vergangenes Grauen in leuchtende poetische Gegenwärtigkeit. Innerhalb eines Satzes verbindet er genaue Betrachtung, ästhetische Inszenierung und geschichtsbewusste Reflexion. So ist Büschers Erkundung der östlichen »Terra incognita« weder ein Selbsterfahrungstrip im Ich-Ich-Ich-Tremolo noch eine gebildete, aber langweilige Vermessung der postsowjetischen Welt: Der Wanderer aus Deutschland komponiert die Bruch- und Fundstücke aus dem »Tagebau des Tragischen« derart virtuos, dass das anspruchsvolle Werk sogar unterhaltsamer ist als manch marktgerecht hingedrechselte Zeitgeist-Fibel.

Die Beschreibung eines Augenblicks, die Skizze einer Person, Gesellschaftsanalyse wie unterm Mikroskop – alles passiert wie im Vorübergehen und ist doch präzise und eindringlich. Ob in Tschernobyl oder Katyn, im endlosen Landregen auf der einsamen Straße oder in einem weißrussischen Schmugglerinnenbus – falsche Romantik kommt nie auf. Doch das ganze Unternehmen entspringt durchaus einer romantischen Idee, ein bisschen so wie bei Johann Gottfried Seume, der vor zweihundert Jahren von Sachsen nach Syrakus lief.

Auch bei Büscher fasziniert vor allem der ständige Perspektivenwechsel bei der Suche nach der »wahren« Wirklichkeit: eben noch ein schäbiger grauweißer Kioskvorhang mit russischer Depressionsästhetik, dann wieder ein pittoreskes Pferdefuhrwerk, das die Chaussee entlangrumpelt wie zu Vorväters Zeiten – damals, als Anton Tchechows Brüder und Schwestern riefen: »Nach Moskau, nach Moskau!«

Nur einmal, kurz vor dem ersehnten Moskau, als es im Hotel wieder mal keine Dusche gibt und er zwischen Wintergärten und Trümmern seinen Weg sucht, bricht es aus dem tapferen Wanderer kulturpessimistisch und russlandkritisch heraus: »Hausschrott. Staatsschrott. Essundtrinkschrott. Autoschrott. Atomschrott. Stadtlandflussschrott. Benimmschrott. Kirchenschrott. Seelenschrott (...) Was habt ihr aus eurem Land gemacht.«

Es ist das schönste Wunder dieses Buches, dass der Leser glücklich ist, den wilden Osten erleben zu können, ohne selbst einen Schritt vor die Tür zu setzen.

Reinhard Mohr

WOLFGANG BÜSCHER, geboren 1951 bei Kassel, hat lange Zeit für die Magazine der »Süddeutschen Zeitung«, der »Neuen Zürcher Zeitung« und für »Geo« geschrieben. Zuletzt leitete er das Ressort Reportage bei der »Welt« und ist heute Autor bei der »Zeit«.

2002 erhielt Wolfgang Büscher für seine Reportagen den Theodor-Wolff-Preis. Für das vorliegende Buch wurde er im Jahr 2003 mit dem Kurt-Tucholsky-Preis für literarische Publizistik ausgezeichnet, ebenso wie mit dem Literaturpreis des Landes Sachsen-Anhalt und mit dem Johann-Gottfried-Seume-Preis für Reiseliteratur.

Im Jahr 2006 erhielt Wolfgang Büscher den Ludwig-Börne-Preis für hervorragende Leistungen in der Sparte »Reportage«.

Von Wolfgang Büscher sind folgende Titel lieferbar:

Drei Stunden Null.
Deutsche Abenteuer
Fest Verlag / Rowohlt Taschenbuch Verlag
1998/2003

Deutschland, eine Reise
Rowohlt Berlin Verlag
2005

SPIEGEL Edition **DIE BESTSELLER.**

01 *Javier Marías* Mein Herz so weiß
02 *Günter Grass* Das Treffen in Telgte
03 *Golo Mann* Wallenstein
04 *Wolfgang Büscher* Berlin–Moskau
05 *Leon de Winter* Hoffmans Hunger
06 *John Updike* Ehepaare
07 *Nelson Mandela* Der lange Weg zur Freiheit
08 *Marion Gräfin Dönhoff* Kindheit in Ostpreußen
09 *Ian McEwan* Abbitte
10 *Thomas Brussig* Helden wie wir
11 *Samuel P. Huntington* Kampf der Kulturen
12 *Oliver Sacks* Der Mann, der seine Frau mit einem Hut verwechselte
13 *Saul Bellow* Herzog
14 *J. M. Coetzee* Schande
15 *Willy Brandt* Erinnerungen
16 *Stephen Hawking* Eine kurze Geschichte der Zeit
17 *Philip Roth* Der menschliche Makel
18 *Max Frisch* Montauk
19 *Sebastian Junger* Der Sturm
20 *Sigrid Damm* Christiane und Goethe

21 *Isabel Allende* Das Geisterhaus

22 *Martin Walser* Ein fliehendes Pferd

23 *Victor Klemperer* Ich will Zeugnis ablegen bis zum letzten

24 *Hans Magnus Enzensberger* Einzelheiten I & II

25 *Christoph Ransmayr* Die letzte Welt

26 *Milan Kundera* Der Scherz

27 *Martin Doerry* »Mein verwundetes Herz«

28 *Erich Fromm* Haben oder Sein

29 *Michail Bulgakow* Der Meister und Margarita

30 *Salman Rushdie* Des Mauren letzter Seufzer

31 *Joachim Fest* Hitler

32 *Barbara Tuchman* Der ferne Spiegel

33 *Michel Houellebecq* Plattform

34 *Heinrich Böll* Ansichten eines Clowns

35 *Jörg Friedrich* Der Brand

36 *Bill Bryson* Eine kurze Geschichte von fast allem

37 *Zeruya Shalev* Liebesleben

38 *Peter Handke* Der kurze Brief zum langen Abschied

39 *Rüdiger Safranski* Nietzsche

40 *Marcel Reich-Ranicki* Mein Leben